O.W. BARTH ✱

PETER MALINOWSKI

CHARAKTER STÄRKE

Mit Achtsamkeit
deine positiven Eigenschaften
erkennen und entwickeln

O.W. BARTH ✳

Besuchen Sie uns im Internet:
www.ow-barth.de

Originalausgabe 2023
© 2023 O. W. Barth Verlag
Ein Imprint der Verlagsgruppe
Droemer Knaur GmbH & Co. KG, München
Alle Rechte vorbehalten. Das Werk darf – auch teilweise –
nur mit Genehmigung des Verlags wiedergegeben werden.
Vermittelt durch die Agentur Stefan Linde
Redaktion: Ralf Lay
Covergestaltung: Isabella Materne
Coverabbildung: Benjavisa Ruangvaree Art/
Shutterstock.com
Satz: Wilhelm Vornehm, München
Druck und Bindung: CPI books GmbH, Leck
ISBN 978-3-426-29327-0

2   4   5   3   1

INHALT

VORWORT

Liebe Leser, es ist mir eine riesige Freude und große Ehre, mein tiefes Vertrauen in menschliche Qualitäten – in die Stärken unseres Charakters – mit euch zu teilen. Dieses Buch ist das vorläufige Endprodukt einer langen Entwicklung. Schon seit Beginn meines Psychologiestudiums in den frühen 90er-Jahren hat mich begeistert, was Menschen können, aber weniger, was sie nicht können. Ich fand Stärken interessanter als Schwächen. Es dauerte ein paar Jahrzehnte, bis ich diese Begeisterung voll in meine berufliche Tätigkeit als »Reader in Cognitive Neuroscience« – Professor für Kognitive Neurowissenschaften – einbringen konnte.

Dank meines Arbeitgebers, der Liverpool John Moores University, konnte ich einen neuen Masterstudiengang »Positive Psychology & Wellbeing« entwickeln und aufbauen. Um das Herzstück dieses Studiums geht es in diesem Buch. Es verbindet das Beste der Positiven Psychologie mit dem Besten, was säkulare psychologische Zugänge zu Meditation bisher herauskristallisiert haben. Es verbindet Charakterstärken mit Achtsamkeitsmeditation.

Mittlerweile ist unser Masterstudiengang durch drei volle Zyklen gelaufen. Selbst meine kühnsten Erwartungen wurden übertroffen. Das wäre ohne den Einsatz meiner Kollegen und die Begeisterungsfähigkeit unserer Studenten nicht möglich gewesen. Doch habe ich keinerlei Zweifel, dass die praktische Arbeit mit Achtsamkeit und Charakterstärken der entscheidende Faktor für die persönliche sowie berufliche Weiterentwicklung vieler Studenten war. Es ist ein großes Geschenk, an diesen Entwicklungen teilhaben zu dürfen.

Mein Dank geht an erster Stelle an den großen buddhistischen Meister Lama Ole Nydahl. Gemeinsam mit seiner viel zu früh verstorbenen Ehefrau Hannah hat er mein Vertrauen in die Buddhanatur, die unerschütterlichen menschlichen Qualitäten, geweckt. Mit unermüdlicher Tatkraft und Freude haben Lama Ole und Hannah mir – und Hunderttausenden – alles in die Hände gelegt, um ein bestmögliches Leben zu leben.

Ohne Ryan Niemiec, dem Architekten des Programms »Mindfulness-Based Strengths Practice«, wäre ich vielleicht nie auf die Idee gekommen, Charakterstärken und Achtsamkeit zu kombinieren. Danke! Kira Ternes hat mit ihrem frischen Blick Ungereimtheiten im Manuskript entdeckt und meine Nase auf Passagen gestoßen, die harscher klangen, als ich sie meinte. Hoffentlich habe ich dank ihrer Rückmeldungen alle unnötigen Kanten ausreichend abgerundet. Vertrauensvorschuss und Feedback von O. W. Barths Lektor Andreas Klaus haben mir Gewissheit gegeben, dass alles in eine gute Richtung geht. Mein Dank geht auch an Stefan Linde, dessen Impulse bei der Konzeptentwicklung besonders nützlich waren.

Und dann sind da noch all die großartigen Menschen in allen Ecken der Welt, denen ich gar nicht genug danken kann. Elfriede, Hans, Uwe, Katja, Ina, Dana, Sarah, Tjorge, Florinda, Guido, Joan Paul, Patricia, Klaus, Silke, Jeremiah, Yomi, Holger, Ike, Roman, Melanie, Gustavo, Peter, Peter, Christos, Crissie ... und viele, viele mehr. Nicht zu vergessen all meine Studenten, die sich für diesen neuen Ansatz öffnen und begeistern konnten und ihre Erfahrungen und Einsichten so freigebig geteilt haben.

Lilis Liebe, Geduld und freudvolle Unterstützung haben mich an jedem Punkt angespornt und getragen – *shoulder to shoulder and back to back*.

Ich hoffe, euer Leben erblüht: mehr Kraft, mehr Freude, mehr Lebenssinn, mehr Freiheit und mehr Erfüllung.

EINLEITUNG

George war ein besonders sympathischer, warmherziger und gutmütiger Student, der gerade unseren Masterstudiengang in Positiver Psychologie begonnen hatte. Schon nach kurzer Zeit sah er sich mit nicht besonders guten Noten für seine ersten Aufsätze und Hausarbeiten konfrontiert. Frustration und Enttäuschung waren ihm ins Gesicht geschrieben, und seine eingesunkene Körperhaltung habe ich noch deutlich vor Augen. Umso überraschender war es dann, ihn schon kurze Zeit später mit freudvollem, energetischem Strahlen zu sehen. Was war passiert? Wie kam es zu dieser Transformation? Wie schaffte es George, die Enttäuschung über sich selbst in Freude, Tatkraft und wachsende Begeisterung für das Studium zu wandeln und für sich selbst eine innere Gewissheit zu finden?

Um diese Fragen dreht sich das Buch. Es bietet einen Leitfaden für Entwicklung und Transformation. Es zeigt auf, wie du mit Achtsamkeit deine positiven Charaktereigenschaften erkennen kannst, um sie dann sinnvoll einzusetzen. Die Arbeit mit Charakterstärken zieht sich als roter Faden durch unseren gesamten Masterstudiengang »Positive Psychology & Wellbeing«. Unsere Studenten lernen ihre persönlichen Charakterstärken kennen, bringen Achtsamkeit in das Beobachten und Erforschen ihrer Charakterstärken ein und üben sich darin, ihre Stärken in bewusster und ausgeglichener Weise in ihr Leben zu bringen.

Die Entwicklung von Charakterstärken ist für mich die herausragende Erfolgsgeschichte der Positiven Psychologie, die ich dir hier praktisch nahebringen möchte. Es ist ein wissenschaftlich fundierter Ansatz, der die Einzigartigkeit jeder menschlichen Person ernst nimmt und auf dieser Grundlage dazu einlädt, die Stärken unseres Charakters bewusst in unser Leben zu integrieren. Innerhalb von wenigen Jahren hat sich die Arbeit mit Charakterstärken in verschiedensten Kontexten etabliert, in der Arbeitswelt, in Schule und Universität, als Möglichkeit, unser privates und soziales Leben zu bereichern, und zunehmend auch in der therapeutischen Arbeit, in Beratung und Coaching. Immer deutlicher zeigt sich auch, dass wir noch erfolgreicher mit Charakterstärken umgehen können, wenn Achtsamkeit einbezogen wird, und dass umgekehrt auch achtsamkeitsbasierte Zugänge durch Charakterstärken bereichert werden können.

Kurz gesagt, möchte ich dich mit dem Buch inspirieren, deine Stärken zu erkennen und deutlicher wahrzunehmen, welche Bedeutung sie in deinem Leben spielen und welche sie noch annehmen können. Doch es geht mir nicht nur um deine eigenen Stärken, nicht nur um eine nach innen gerichtete, persönliche Perspektive. Der achtsame Umgang mit Charakterstärken ist grundlegend sozial und zwischenmenschlich. Kannst du die Charakterstärken deiner Mitmenschen – Freunde, Familie, Kollegen und sogar Leute, denen du nur kurz begegnest – deutlicher wahrnehmen, lernst du sie auf tieferer Ebene kennen. So wirkst du auch der »angeborenen« menschlichen Tendenz entgegen, besonders stark auf alles »Störende« zu reagieren, und entwickelst eine größere Bewusstheit für menschliche Qualitäten. Nach außen gerichtet, bereichert diese Wertschätzung für das Gute im Menschen unser menschliches Miteinander. Nach innen gerichtet, bedeutet es eine größere Wertschätzung deiner eigenen positiven Eigenschaften und letztendlich ein reicheres Innenleben, ein Leben und Handeln im Einklang mit deinen Werten und Überzeugungen, mit mehr innerer Freiheit, mehr Energie und Kraft für ein authentisches Leben.

Und das ist genau die beeindruckende Verwandlung, die ich bei George – und vielen meiner Studenten – beobachten durfte und darf. In seinem persönlichen Charakterprofil stach *Liebe zum Lernen* besonders hervor, und das sehr zu seiner eigenen Überraschung, war er doch mehr schlecht als recht durch Schule und Uni gekommen. Die Idee, *Liebe zum Lernen* sei ein zentraler Bestandteil seines Wesens, überkam ihn zuerst wie ein Schock. Doch mit Reflexion und achtsamem Beobachten gewann er ein besseres Verständnis, wie er wirklich tickt: Obwohl er sich bis zu diesem Zeitpunkt nie selbst so gesehen hatte, behielt sein wissenschaftlich untermauertes Charakterprofil recht. Seine Interessen und besonders erfüllenden Aktivitäten waren tatsächlich ein Ausdruck seiner *Liebe zum Lernen*. Er führte sich seine Freude daran vor Augen, sich mit der Geschichte seines Dorfes und mit der Entwicklung des Handwerks in der Region zu beschäftigen. Plötzlich sah George viel deutlicher, wie breit und vielseitig seine Interessen sind und mit welcher Begeisterung er neue Themen erforscht – wahrlich ein Ausdruck davon, wie sehr es ihn mit Energie erfüllt, Neues zu erforschen.

In Georges Charakterprofil erschienen neben *Liebe zum Lernen* auch *Güte* und *soziale Intelligenz* als Top-Charakterstärken, sogenannte Signaturstärken. Mit dem Wissen über seine eigenen Signaturstärken ausgestattet, besann er sich der wirklichen Gründe, warum er Positive Psychologie studieren wollte: nicht, um einen besonders guten Abschluss zu machen, nicht, um akademisch zu glänzen. Vielmehr wollte er so viel wie möglich über Positive Psychologie lernen, um in seiner pädagogischen Arbeit seine Schüler noch besser unterstützen zu können. Das Besinnen auf seine Stärken brachte George wieder in Kontakt mit seinen Werten und Zielen und beseelte ihn wieder mit Energie und Freude. Er fand Bedeutung statt Frustration, und seine Tatkraft war wiederbelebt.

Nach Ende des Studiums erzählte mir George noch, wie viel

es ihm gebracht hat, seine Stärken zu verstehen. Er wollte lernen, um zu helfen, nicht, um zu glänzen. Die Auseinandersetzung mit den eigenen Charakterstärken führte ihn so zu einem authentischen Sein und gibt seither seinem Leben eine deutliche, sinnerfüllte Ausrichtung.

Ein äußerst lohnender Aspekt meiner Arbeit als Universitätsprofessor ist, an der menschlichen Entwicklung meiner Studenten teilhaben zu dürfen, besonders in dem intensiven Austausch mit den Studenten unseres Masterkurses »Positive Psychology & Wellbeing«. Georges Geschichte ist nur eine von vielen, wie Achtsamkeit und Erkennen der eigenen Stärken zu einer deutlichen Ausrichtung, einem authentischen und sinnerfüllten Leben führen.

Mit diesem Buch möchte ich dir diesen erfolgreichsten Ansatz der Positiven Psychologie in praktischer Weise nahebringen, möchte vermitteln, wie du deine positiven Charaktereigenschaften nutzbringend – für mehr Glück, Freude, Sinn und Erfüllung – in die Welt bringen kannst. Mithilfe von Achtsamkeit und Meditation lernst du deine Charakterstärken besser kennen, entdeckst sie in deinem Denken, Fühlen und Handeln, bemerkst sie in deinen Mitmenschen und kannst sie dann gezielt stärken und anwenden. Im Gegenzug kannst du auch deine Charakterstärken einsetzen, um deine Achtsamkeit zu schärfen und deine Meditation zu vertiefen.

Für die Entwicklung von Charakterstärken hat sich ein Drei-Stufen-Plan bewährt, *Erkennen – Vertiefen – Anwenden* (kurz: EVA), auf den ich hier immer wieder zurückgreifen werde. Du wirst dieser erfolgreichen Schleife in vielen praktischen Übungen begegnen, und ich rate, diese drei Schritte zu verinnerlichen:

- *Erkennen:* Im ersten Schritt geht es darum, genau zu beobachten, welche Charakterstärken in einer Situation eine Rolle spielen und gerade ausgedrückt werden.

- *Vertiefen:* Hast du die vorrangigen Charakterstärken ausgemacht, geht es dann im zweiten Schritt darum, ein differenziertes Verständnis zu entwickeln, indem du genauer beobachtest und analysierst, in welcher Weise die Stärken ausgedrückt werden, wie sie sich in bestimmten Kontexten und Situationen zeigen, wo du sie vielleicht zu wenig oder zu viel ausdrückst und auch in welcher Weise verschiedene Stärken zusammenwirken.

- *Anwenden:* Letztendlich geht es jedoch nicht nur darum, Charakterstärken genau zu verstehen, sondern deine Beobachtungen und Einsichten in Handlung umzusetzen.

Je nach konkreter Situation kann dieser dritte Schritt natürlich sehr unterschiedlich aussehen. Als Lehrer im Klassenzimmer bedeutet es vielleicht, dass du eine Schülerin auf ihre Stärken aufmerksam machst, sie vielleicht dafür lobst, dass sie Güte und Vergebung für sich selbst aufbringen konnte, so ihre Unzufriedenheit mit den eigenen Noten hinter sich ließ und in Zuversicht und Ausdauer beim Lernen umwandeln konnte. Vielleicht ist es auch der Klassenclown, bei dem du einerseits die Signaturstärke Humor wertschätzt, ihn dann aber auch dabei unterstützt, Güte und Weitsicht einzusetzen, um mit Selbststeuerung seinen Humor in angemessener Weise einzubringen.

Oder du hast bei dir selbst erkannt, dass Verzeihen eine deiner geringeren Stärken ist. Du siehst mittlerweile deutlicher, dass du leicht von Kleinigkeiten genervt bist, weil du an Vergangenem festhältst, dich damit selbst einschränkst und in sozialen Situationen steifer auftrittst, als du gern möchtest. Deine Analyse verschiedener Erfahrung hat dir klargemacht, dass dein Urteil manchmal etwas engstirnig ist und du nicht siehst, dass die Person, die dich gerade nervt, es gar nicht auf dich abgesehen hatte, sondern selbst in einer schwierigen Lage war. Aufgrund fehlender Weitsicht kamst du zu dem voreiligen Urteil, dass du das Ziel bist. Verzeihen fällt dann schwer, und Beziehungen leiden.

Die Analyse der Charakterstärkendynamik bietet hier eine interessante Lösung. Du verstehst, dass deine Tendenz zur Engstirnigkeit mit der Charakterstärke Urteilsvermögen zu tun hat. Statt diese Stärke zu verdammen oder aufzugeben, kannst du nun üben, von schnellen voreiligen Urteilen abzusehen. Du kannst dich entscheiden, jedes Mal eine weite Perspektive – Weitsicht – einzunehmen, wenn du dich auf dem hohen Ross ertappst, wenn du jemanden abwertend beurteilst oder schnell ein »vernichtendes« Urteil fällst. Doch statt dich dann selbst für dein vorschnelles Urteilen anzuprangern, kannst du nun verstehen, dass Urteilsfähigkeit eine Stärke ist, die in vielen Situationen enorm nützlich ist, aber schädlich werden kann, wenn sie sich ungezügelt austobt. Vielleicht schaffst du sogar, etwas Humor hinzuzuziehen und beim nächsten Mal deinem ungezügelten Urteilsvermögen mit einem inneren Lächeln zu begegnen: »Ach, du schon wieder!«

Kommst du so zu einem ausgeglicheneren, vielleicht sogar optimalen Umgang mit deinem Urteilsvermögen, fällt auch das Verzeihen leichter. Statt dein Gegenüber zu verurteilen, hilft dir die neu gewonnene Einsicht, dich in seine Lage zu versetzen und seine Beweggründe zu verstehen. So verstehst du, dass das ganze Drama unnötig war, nichts mit dir zu tun hatte, und dem Verzeihen folgt sogar etwas Güte, der Wunsch, deinem Gegenüber, das dich gerade noch genervt hat, hilfreich zur Seite zu stehen.

Das war ein typisches Beispiel einer EVA-Schleife im Alltag: Zuerst hast du die Charakterstärken erkannt, dann bei vertiefender Analyse ihr Zusammenspiel durchschaut und daraufhin einen praktischen Weg gefunden, um dein Verständnis anzuwenden, damit du zu einem positiven Ergebnis kommst. Ertappst du dann deine Tendenz zu vorschnellen Urteilen deutlicher und schneller, kannst du diesen Moment als Auslöser für eine weitere EVA-Schleife nehmen. Mit der Zeit wird dann dein übertriebenes Urteilsvermögen zur Ruhe kommen, und ein ausgeglichenerer Ausdruck deiner Charakterstärken stellt sich ein.

In diesem Buch beschränke ich mich jedoch nicht auf Charakterstärken allein. Verbindest du die drei EVA-Schritte mit Achtsamkeit, mit der Fähigkeit, eine Situation mit innerer Ruhe und etwas Abstand zu beobachten, ohne von Gefühlen mitgerissen zu werden, gewinnt die Arbeit mit Charakterstärken an Präzision und Tiefe. Achtsamkeit wird so zu einem nützlichen Helfer für deine Charakterstärken. Doch auch unabhängig von Charakterstärken kann Achtsamkeit äußerst nützlich sein, was die gut 2500-jährige Geschichte buddhistischer Meditationspraxis deutlich zeigt. Seitdem Achtsamkeitsmeditation auch in die psychologische und therapeutische Praxis integriert wird, bestätigen Forschungsergebnisse ihren Nutzen für geistige Gesundheit deutlich. Diese eigenständige Qualität von Achtsamkeit kann zudem durch unsere Charakterstärken unterstützt werden. Wir können unsere Stärken einbringen, um mehr Achtsamkeit zu entwickeln.

Diese positiven Wechselwirkungen – achtsame Charakterstärken und charakterstarke Achtsamkeit – machen den Ansatz besonders interessant. In dem strukturierten Acht-Wochen-Programm »Mindfulness-Based Strengths Practice« (MBSP)[1] werden Achtsamkeit und Charakterstärken als gleichwertige Partner kombiniert und die positiven Wechselwirkungen zwischen beiden betont. Und mittlerweile zeigen erste Forschungsergebnisse, dass dieses Programm in manchen Situationen etablierten psychologisch-therapeutischen Achtsamkeitsprogrammen überlegen sein kann.[2]

Aufgrund meiner persönlichen Erfahrungen, meiner praktischen Arbeit mit Charakterstärken und mit dem MBSP-Programm sowie immer deutlicheren positiven Forschungsergebnissen bin ich von diesem Ansatz überzeugt. Dieses Buch zielt daher auf eine Frage ab: Wie kannst du Achtsamkeit und Charakterstärken entwickeln und zusammenbringen, um durch ihre Wechselwirkung mehr Erfüllung, Sinn und innere Freiheit zu erfahren, ein authentisches Leben zu führen und in allen Lebensbereichen deine Werte und Ideale zum Ausdruck zu bringen?

Ich habe das Buch in drei Hauptteile gegliedert. Zuerst führe ich in das Thema Charakterstärken ein, erkläre den wissenschaftlichen Hintergrund, gebe ein paar Hinweise, wie Charakterstärken gruppiert und unterteilt werden können, sowie Ratschläge, wie du durch verschiedene Übungen dein Verständnis und Feingefühl für Charakterstärken entwickeln kannst.

Der zweite Teil widmet sich dann der Achtsamkeit. Achtsamkeitsmeditation hat sich ja mittlerweile zu einem echten Modethema entwickelt – achtsames Gehen, Essen, Trinken, Kochen, Arbeiten, achtsamer Sex, achtsame Eltern, achtsame Kinder, achtsame Männer. Sogar *Achtsam morden* darf als Buchtitel herhalten. Vom Morden mal abgesehen, kann eine achtsame Haltung in all diesen Bereichen einen positiven Beitrag leisten, doch viel zu häufig verlieren sich die Darstellungen in Oberflächlichkeiten, wobei das Entwicklungspotenzial, das Achtsamkeit bietet, leicht verloren geht. Der zweite Teil wird daher zu den Kernprinzipien von Achtsamkeit zurückführen und grundlegende Methoden erklären, die sowohl von buddhistischen Meditationslehrern anerkannt sind als auch in psychologisch-therapeutischen Achtsamkeitsprogrammen Anwendung finden. Also keine Sorge, ich werde dir nicht raten, die Buntstifte aus deiner Kindheit zu reaktivieren, um ganz achtsam ein Malbuch zu füllen. Vielmehr geht es darum, ein Verständnis dafür zu entwickeln, was bei Achtsamkeitsmeditation wirklich wirkt, und auch, worauf du beim Meditieren achten solltest.

Im dritten Teil geht es dann um die Synergien, um die positiven Wechselwirkungen zwischen Achtsamkeit und Charakterstärken. Während die Teile 1 und 2 auch theoretische Hintergründe und historische Entwicklungen einbeziehen, geht es nun fast ausschließlich um die praktische Anwendung, darum, wie du Achtsamkeit mit dem Verständnis von Charakterstärken in verschiedenen Kontexten und Situationen kombinieren kannst, wie du mehr Energie, mehr Kraft, mehr Übersicht, mehr Freude und mehr Mitmenschlichkeit erwecken kannst, um immer bessere Lösungen zu finden und bessere Resultate zu erlangen.

Ich empfehle, dem Aufbau des Buches zu folgen und es vom Anfang bis zum Ende zu lesen. Die Abfolge soll dich dabei unterstützen, immer tiefer in die Materie einzudringen und dabei praktische Erfahrungen zu sammeln, sodass es kein rein theoretisches Unterfangen bleibt. An vielen Stellen habe ich Fragen zur Selbstbeobachtung eingebaut oder schlage bestimmte Aktivitäten vor, die dir helfen können, dein Verständnis zu vertiefen und die Charakterstärken praktisch in dein Leben zu bringen. Um dein Lernen zu verankern und es leichter zu machen, auf deinen eigenen Entwicklungsprozess zurückzublicken, würde ich ebenfalls vorschlagen, ein Charakterstärken-Tagebuch oder -Notizbuch anzulegen. Es hilft uns dabei, Gedanken präziser zu formulieren, und kann daher dazu beitragen, dass unsere Erfahrung konkreter und reflektierter wird.

Sollte Neugier eine deiner Signaturstärken sein, möchtest du vielleicht als Allererstes herausfinden, was dein persönliches Charakterprofil ist. In dem Falle kannst du sofort zum Kapitel »Deine Charakterstärken erkennen und verstehen« springen, dort meinen Anleitungen folgen und den VIA-Charakterstärken-Fragebogen online ausfüllen. Dieser Fragebogen – »VIA Inventory of Strengths« (VIA-IS) – steht in 40 Sprachen zur Verfügung, einschließlich Deutsch. Nach dem Ausfüllen kannst du auf der Webseite des VIA Institute on Character dein kostenloses Charakterstärken-Profil direkt herunterladen.

Mit deinem persönlichen Profil ausgestattet, springst du dann zum ersten Kapitel »Was sind Charakterstärken?« zurück, um tiefer in die Materie einzudringen. Im Kapitel »Die 24 Charakterstärken und sechs Tugenden« findest du detaillierte Beschreibungen der sechs Tugenden und 24 Charakterstärken. Im Anhang stelle ich auch noch 24 Merkblätter zur Verfügung, die die wichtigsten Punkte zu jeder Charakterstärke in einer Kurzübersicht zusammenfassen. Diese Merkblätter sind sehr kompakt, und manche Inhalte erschließen sich wohl erst voll, wenn du weite Teile des Buches gelesen hast.

TEIL 1:
CHARAKTERSTÄRKEN UND TUGENDEN

Was sind Charakterstärken?

*Charakterstärken sind die positiven Anteile
unserer Persönlichkeit, die sich konkret in unserem
Denken, Fühlen und Handeln ausdrücken.*

Der menschliche Charakter: schwer fassbar und bedeutend zugleich. Von unseren Politikern und anderen Persönlichkeiten im Rampenlicht der Öffentlichkeit erwarten wir einen guten Charakter – und werden doch immer wieder enttäuscht, wenn unerwartete Charaktereigenschaften zutage treten. Ein guter Charakter wirkt anziehend, von einem schwierigen halten wir uns lieber fern.

Wir hoffen, dass unsere Kinder Charakterstärke entwickeln, und wollen als Eltern einen positiven Beitrag dazu leisten. Kindergärten und Schulen sehen sich zunehmend in die Verantwortung genommen, an der Charakterbildung unserer Kinder mitzuwirken. Mit dem Slogan »Schulen bilden auch Herz und Charakter« wirbt das Bayerische Kultusministerium für seine Werteinitiative.[3] Selbst Fanklubs erwarten, dass ihre angehimmelten Fußballprofis einen beispielhaft guten Charakter besitzen. Ein moralischer Fehltritt ruft Entsetzen hervor, und das Vorbild fällt schnell in Ungnade – die Berühmtheit von heute kann schon morgen Persona non grata sein.

Häufig wird Charakter aus einer solchen Schwarz-Weiß-Perspektive betrachtet. Entdecken wir – oder die Medien – ein Verhalten, das auf einen »schlechten Charakter« schließen lässt, ist jemand schnell untendurch. Ein Twitter-Shitstorm sorgt in kurzer Zeit dafür, dass eine beliebte Person zur Unperson wird.

Dann interessieren all die guten Eigenschaften, die sie vorher so beliebt gemacht haben, nicht mehr. Denn entweder hat jemand einen guten Charakter oder eben nicht. Doch diese Etikettierung als gut / schlecht oder positiv / negativ wird der Komplexität unseres Lebens – und unseres Innenlebens – kaum gerecht. Unser Charakter hat viele Nuancen und drückt sich zu verschiedenen Zeiten und in verschiedenen Situationen in unterschiedlicher Weise aus. Dieser Vielschichtigkeit werden wir aber nur gerecht, wenn wir Charakter als das Zusammenspiel vieler Eigenschaften verstehen, als ein Potpourri mehr oder weniger ausgeprägter Persönlichkeitsmerkmale und Tendenzen.

Charakter ist plural.

Dieses nuancierte Verständnis ist aber nicht nur für die Persönlichkeitsforschung wichtig. Erst wenn wir konkret werden und Charakter in seiner Vielschichtigkeit akzeptieren, bekommt unsere Sicht praktische Bedeutung. Wenn wir anerkennen, dass jeder Mensch unterschiedliche Charakterzüge besitzt, ist es sinnvoll zu fragen, ob und wie sich diese Eigenschaften entwickeln lassen. Und wie schon erwähnt ist dies für mich die größte Errungenschaft der Positiven Psychologie: ein differenziertes Verständnis positiver Charaktereigenschaften – unserer Charakterstärken –, verbunden mit konkretem Wissen, wie sich diese Stärken entfalten und in optimaler Weise ausdrücken können.

Charakter ist dynamisch.

Charakterstärken sind dynamisch. In unterschiedlichen Situationen sind unterschiedliche Charakterstärken gefragt. Manchmal ist Neugier angesagt und hilft uns, die Situation eines Freundes besser zu verstehen – ein andermal völlig fehl am Platz, und wir halten uns besser raus.

Verschiedene Menschen werden auf die gleiche Situation mit unterschiedlichen Stärken reagieren. Zudem unterscheiden wir uns darin, wie sehr eine jede Charakterstärke ausgeprägt ist. So ist es nicht der Fall, dass jemand entweder neugierig ist oder nicht, sondern eine Person ist tendenziell eher mehr oder weniger neugierig. Sie mag bei manchen Themen besonders viel Neugier aufbringen, während sie andere Themen kaltlassen. Handelt es sich um die neuesten technischen Entwicklungen, fahren wir vielleicht alle Antennen aus, doch gähnen wir beim nächsten Relegationsspiel der Fußballbundesliga müde.

Es ist wohl auch nicht so, dass wir entweder Humor besitzen oder nicht, sondern wir neigen zu mehr oder weniger Humor. Bestimmt kennst du Personen, die immer einen Scherz parat haben, die sich an alle Witze erinnern können und diese zu jeder Zeit zum Besten geben können. Wenn wir an sie denken, fällt uns als eine der ersten Eigenschaften ihr Humor ein. Doch lässt sich unsere humorvolle Freundin nicht auf diese eine besondere Eigenschaft reduzieren. Sie ist auch eine liebevolle Mutter und zeichnet sich in ihrer Arbeit besonders durch ihre Ausdauer und ihre Führungsqualitäten aus.

Und ebenso bedeutet dies nicht, dass ein anderer Freund, der uns eher nachdenklich erscheint, keinerlei Humor besitzt. Er kann ebenso lachen und uns zum Lachen bringen. Doch bei ihm erinnern wir uns eher an die tiefgründigen Gespräche und an seine Stärke, schwierige Situationen mit Bedacht und aus verschiedenen Blickwinkeln betrachten zu können und nicht zu voreiligen Schlüssen zu neigen. Bei ihm stechen Urteilsvermögen – die Fähigkeit, Dinge zu durchdenken und von allen Seiten zu betrachten – und Weitsicht besonders hervor.

Wie wir uns später genauer ansehen werden, bezeichnet die Positive Psychologie solche besonders auffälligen und herausragenden Charakterstärken wie gesagt auch als Signaturstärken. Sie sind so etwas wie unser Markenzeichen. Eine ganze

Reihe wissenschaftlicher Studien belegt, dass Menschen mehr Glück und Lebenszufriedenheit empfinden und sich weniger depressiv fühlen, wenn sie sich ihrer Signaturstärken bewusst werden und diese daraufhin immer deutlicher in angemessener Weise in ihr Leben einbringen.[4]

Schon seit Jahrtausenden beschäftigen sich Philosophen mit der Frage, was einen guten Charakter ausmacht, und die verschiedenen Religionen und Weltanschauungen haben klare Vorstellungen, Regeln und Rituale, um einen guten und festen Charakter zu bilden. Doch bis vor Kurzem fehlte eine gemeinsame konkrete Sprache, ein geteiltes Verständnis, das die Unterschiede zwischen Kulturen, Weltanschauungen und Religionen überbrückt, Charaktereigenschaften mit genügend Präzision beschreibt und gleichzeitig offen und flexibel genug ist, um der Vielfalt an positiven Charaktereigenschaften gerecht zu werden.

Als um die Jahrtausendwende die Positive Psychologie als neue psychologische Ausrichtung auf der Bildfläche erschien und die Fragen aufwarf, was ein gutes und erfülltes Leben ausmacht, was gute menschliche Eigenschaften sind und wie insbesondere junge Menschen darin unterstützt werden können, ihr volles Potenzial zu entfalten, wurde schnell deutlich, dass ein konkretes Vokabular fehlte, um positive menschliche Qualitäten systematisch zu beschreiben.[5] Die vorherrschende vorrangig auf Defizite ausgerichtete Psychologie hatte zwar detaillierte Klassifizierungen, Definitionen und Beschreibungen von menschlichen Schwierigkeiten und psychologischen Problemen entwickelt, doch gab es kein entsprechendes System für positive Eigenschaften oder Errungenschaften. Zum Beispiel werden in der ICD-11,[6] der neuesten Fassung des Klassifikationssystems für Krankheiten der Weltgesundheitsorganisation, in der Rubrik »Psychische Störungen, Verhaltensstörungen oder neuronale Entwicklungsstörungen« mehr als 20 Krankheitsbilder mit einer Vielzahl von Untergruppen gelistet.[7] Im englischsprachigen Raum wird häufig das von der American Psychiatric Association herausgegebene Manual »Diagnostic and Statistical Manual of Mental Disorders« (DSM-5, in fünfter Revision) verwendet, um psychische Störungen in 22 Kategorien einzuordnen. Für die psychologische Forschung und die Behandlung dieser Störungen sind diese Klassifikationen von enormer Bedeutung. Erst die klaren Definitionen und Beschreibungen von psychischen Krankheitsbildern machten es möglich, weitreichende Forschungsprojekte durchzuführen, die Ergebnisse unterschiedlicher Studien miteinander zu vergleichen und darauf aufbauend gezielte Behandlungsansätze zu entwickeln.

Schlagen wir eine Parallele zur Positiven Psychologie, zu psychologischen Stärken und Fähigkeiten, wird deutlich, dass auch für positive menschliche Eigenschaften und menschliche Stärken ein solches Vokabular nützlich wäre und dass es ohne konkrete Definitionen und detaillierte Beschreibungen unmöglich bleibt, mit Forschung und Anwendung gezielt voranzuschreiten.

Diese Einsicht führte zu der wohl bemerkenswertesten und folgenreichsten Initiative der Positiven Psychologie. Angeleitet von Professor Chris Peterson,[8] einem der führenden Denker der Positiven Psychologie, haben 55 renommierte Forscher drei Jahre lang die Literatur aus Philosophie, Tugendethik, Moralerziehung, Psychologie und Schriften der Weltreligionen (Konfuzianismus, Christentum, Buddhismus, Taoismus, Hinduismus, Judentum, Islam) der vergangenen rund 2600 Jahre durchforstet. Um sicherzugehen, dass nichts Wesentliches unbeachtet bleibt, ließen die Forscher keinen Stein auf dem anderen. Ihre Suche umfasste auch andere Kulturprodukte wie zum Beispiel Texte aus populären Musikstücken, von Grußkarten, Autoaufklebern, Nachrufen, Kleinanzeigen, Graffiti, Tarotkarten, Profilen von Pokémon-Charakteren sowie den Hogwarts-Unterkünften in »Harry Potter«-Büchern. Die Forscher hatten sich zum Ziel gesetzt, universelle Eigenschaften eines guten Charakters zu identifizieren, Eigenschaften, die über alle Kulturen, Nationen, Religionen, Weltanschauungen und Glaubenssysteme hinweg Gültigkeit haben.

In dieser Mammutarbeit schälten sie zuerst sechs universell geschätzte menschliche Werte – oder Tugenden – heraus, Kategorien, die sich beim Durchforsten der historischen Quellen immer wieder zeigten.

In ihrer weiteren Arbeit ordneten sie diesen sechs Tugenden dann 24 konkrete Charakterstärken zu, wie zum Beispiel Neugier, Tapferkeit, Liebe, Fairness, Bescheidenheit und Dankbarkeit. Tabelle 1 gibt einen Überblick über die sechs Tugenden und die zugeordneten 24 Charakterstärken sowie eine Kurzdefinition jeder Stärke. Während Tugenden abstraktere menschliche Eigenschaften bezeichnen – Qualitäten, auf die wir eher schließen, als dass wir sie direkt beobachten –, sind Charakterstärken die konkreten Wege zu diesen Tugenden. Mit anderen Worten erschließen sich Tugenden durch Charakterstärken.

Ein Beispiel: Wir kommen zu dem Schluss, dass ein guter Freund wirklich weise ist (die universell geschätzte Tugend: Weisheit und Wissen), weil er mehrmals in der Lage war, uns genau den richtigen Ratschlag zu geben (Charakterstärke Weitsicht), weil er sich für unsere Situation interessierte (Neugier), sich die Zeit nahm, unsere Lage gut zu durchdenken (Urteilsvermögen), um uns dann mit einem unkonventionellen Lösungsvorschlag zu überraschen (Kreativität). Neben diesen vier Charakterstärken, die mit Weisheit und Wissen zusammenhängen, waren auch noch weitere Stärken im Spiel, sicherlich zwischenmenschliche Stärken, die Ausdruck seiner Menschlichkeit sind.

Diese sechs Tugenden sind Weisheit und Wissen, Mut, Menschlichkeit, Gerechtigkeit, Mäßigung und Transzendenz.

Petersons Forschungsteam führte also ein Klassifikations-system ein, bestehend aus den sechs Tugenden Weisheit und Wissen, Mut, Menschlichkeit, Gerechtigkeit, Mäßigung und Transzendenz sowie 24 Charakterstärken, die diesen Tugenden zugeordnet sind.[9] Dieses System und das dazugehörige Voka-bular machen es möglich, auch Persönlichkeitsstärken konkret zu benennen, zu definieren und zu beschreiben. Ein Wort-schatz wurde zusammengestellt, mit dem wir deutlich präziser als jemals zuvor über das Gute im Menschen reden können.

Im Verlaufe des Buches werde ich dich immer wieder dazu anregen, auf Entdeckungsreise zu gehen und dich mit dieser Begrifflichkeit vertraut zu machen. Wenn du dann beginnst, Tugenden und Stärken deutlicher zu sehen und in deine Spra-che einzubauen und Familie, Freunde und Kollegen auf ihre Stärken hinzuweisen, wirst du erstaunt sein, wie viel Nähe dies bringt. So berichten meine Studenten immer wieder, wie sich Beziehungen und Freundschaften allein dadurch ver-tiefen, dass sie sich über persönliche Stärken austauschen. Auch wenn dir die ersten Schritte vielleicht etwas gestelzt und künstlich vorkommen, fällt es mit etwas Übung immer leichter, die Nuancen der Charakterstärken zu entdecken und unsere neue Begrifflichkeit passend anzubringen.

Das Endprodukt der Arbeit von Chris Peterson und seinem 55-köpfigen Team ist in dem Buch *Character Strengths and Virtues* (»Charakterstärken und Tugenden«)[10] zusammenge-fasst. Mit mehr als 800 Seiten wahrlich ein Schinken. Wie hoffentlich schon deutlich wurde, ist dies, historisch gesehen, ein echter Meilenstein, dessen Bedeutung sich insbesondere in der Forschung und Anwendung der Positiven Psychologie immer deutlicher zeigt. Denn obwohl Tugenden und positive menschliche Eigenschaften seit Menschengedenken in allen Kulturen und Weltanschauungen eine Rolle spielen, gibt es hier zum ersten Mal ein System, das eine gemeinsame Spra-che bietet, ein System, das auf einem universellen Verständnis vom Guten im Menschen aufbaut und dies in praktischer Weise ausdrückt. In unserem zunehmend globalisierten Leben, in dem Entfernungen und Grenzen kaum noch eine Rolle spielen und sich Kulturen und Weltanschauungen mehr und mehr durchdringen, scheinen mir ein gemeinsames Vokabular und ein geteiltes Verständnis von Werten, Tugenden und Charakterstärken dringend notwendig, um miteinander statt nur nebeneinander leben zu können.

Ich habe Charakterstärken hier als positive und relativ stabile Anteile unserer Persönlichkeit beschrieben, die konkret in unserem Denken, Fühlen und Handeln erfahrbar sind. An dieser Stelle möchte ich kurz innehalten, um genauer zu betrachten, was wir hier mit »positiv« meinen.

Positiv bedeutet, dass für uns selbst und für unsere Mitmenschen ein Nutzen entsteht, wenn wir eine Charakterstärke ausdrücken.

Positiv bedeutet, dass es sich um Eigenschaften handelt, die, wenn wir sie ausdrücken, für uns selbst und für unsere Mitmenschen einen Nutzen bringen. Würde eine Charaktereigenschaft nicht auf einen solchen Nutzen abzielen, würden wir nicht von einer Stärke sprechen. Der Nutzen kann klein oder groß, weniger oder mehr bedeutend sein. Positive Effekte reichen von einem angenehmen Gefühl oder einem inneren Lächeln bis hin zu Handlungen, die das Leben unserer Mitmenschen verbessern, schützen oder gar retten. Positiv bedeutet ebenso, dass niemand herabgesetzt, erniedrigt, unterdrückt oder anderweitig geschädigt wird, wenn wir die Charakterstärken ausdrücken. Stärken haben damit eine klare ethische oder moralische Ausrichtung. Gedanken, Gefühle oder Handlungen, die schädigende Ziele haben – für uns selbst, unsere Mitmenschen oder gar für ganze Gemeinschaften –, können niemals als Stärken verstanden werden. Sie sind damit eher ein Ausdruck unserer Schwächen und in manchen Fällen des Missbrauchs einer Stärke.

Obwohl diese Charakterstärken relativ stabil sind, wohnt ihnen ein enormes Entwicklungspotenzial inne. Und darum geht es mir in diesem Buch. Wir können die Charakterstärken – und damit uns selbst – genauer kennenlernen, die Stärken unter die Lupe nehmen und dann in immer angemessenerer Weise einbringen.

Das Charakterstärken-System – 24 Stärken sind sechs Tugenden zugeordnet

1. Weisheit und Wissen: Stärken, die den Erwerb und den Gebrauch von Wissen beinhalten

Kreativität Du findest neue und effektive Wege, Dinge zu erschaffen, zu tun oder zu erreichen.

Neugier Du hast lebendiges Interesse an aktuell Erlebtem, an deinen Mitmenschen und der Umwelt.

Urteilsvermögen Es liegt dir, Dinge genau zu durchdenken und von allen Seiten zu betrachten.

Liebe zum Lernen Es macht dir Freude, neue Fähigkeiten zu erlernen oder dir Wissen anzueignen.

Weitsicht Du bewahrst den Überblick, siehst das große Ganze und bist in der Lage, Entwicklungen vorherzusehen.

2. Mut: emotionale Stärken, die dir erlauben, unter Einsatz von Willenskraft innere und äußere Hindernisse zu überwinden, um Ziele zu erreichen.

Tapferkeit Du stellst dich Herausforderungen und begibst dich in Gefahr, um dich Bedrohung oder Schmerz nicht zu beugen.

Ausdauer Du vollendest, was du begonnen hast, auch wenn es mit Schwierigkeiten verbunden ist.

Ehrlichkeit Dir ist es wichtig, die Wahrheit zu sagen und aufrichtig und authentisch aufzutreten und zu leben.

Begeisterte Aktivität Du begeisterst dich leicht für verschiedenste Themen und Aktivitäten und engagierst dich voller Tatkraft.

3. Menschlichkeit: zwischenmenschliche Stärken, die liebevollen menschlichen Austausch ermöglichen

Liebe Du schätzt menschliche Nähe, und es fällt dir leicht, sie herzustellen.

Güte Du hast eine positive und freundliche Einstellung zu deinen Mitmenschen, die sich in Kommunikation und Handeln ausdrückt.

Soziale Intelligenz Es fällt dir leicht, deine eigenen Beweggründe und Gefühle sowie die deiner Menschen zu erkennen.

4. Gerechtigkeit: Stärken, die das Gemeinwesen und Zusammenleben fördern

Teamwork Du kannst gut als Mitglied eines Teams arbeiten.

Fairness Dir sind Gleichheit und Gerechtigkeit wichtig. Du legst großen Wert darauf, alle Menschen nach diesem Prinzip zu behandeln.

Führungsvermögen Es liegt dir, innerhalb von Gruppen Verantwortung zu übernehmen, sie zu leiten, Aktivitäten zu ermöglichen und zu organisieren.

5. Mäßigung: Stärken, die extremen Handlungen und Reaktionen entgegenwirken

Verzeihen Du kannst denen verzeihen, die dich verletzt oder dir Unrecht zugefügt haben.

Bescheidenheit Du kannst die eigene Leistung gut einschätzen und das Erreichte für sich selbst sprechen lassen.

Vorsicht Du kannst Impulsen widerstehen und handelst so, dass du es später nicht bereuen musst.

Selbststeuerung Du bist dir deiner Handlungen und Gefühle bewusst und kannst sie in angemessener Weise regulieren.

6. Transzendenz: Stärken, die Lebenssinn stiften, uns einer höheren Macht näherbringen oder uns für überpersönliche Sicht öffnen.

Sinn für Exzellenz und das Schöne Du hast ein Gespür für Exzellenz und Schönheit. Du erkennst und schätzt beide in verschiedensten Lebensbereichen.

Dankbarkeit Dir fällt es leicht, gute Dinge, die dir widerfahren, zu schätzen und deinen Dank auszudrücken.

Zuversicht Du hast eine positive Ausrichtung auf die Zukunft, erwartest gute Ergebnisse und setzt dich dafür ein, diese zu erreichen.

Humor Du schätzt Frohsinn, Lachen und Humor und bringst andere Menschen gern zum Lachen.

Spiritualität Du hast kohärente Überzeugungen über Sinn und Bedeutung des Lebens, die deiner Haltung und deinem Verhalten eine klare Ausrichtung geben.

Tabelle 1: Das Charakterstärken-System – 24 Stärken sind sechs Tugenden zugeordnet

Beim Herausarbeiten der universellen Charakterstärken legten die Forscher zehn Bedingungen fest, die erfüllt sein müssen, damit eine Persönlichkeitseigenschaft als Charakterstärke gelten kann: (1) Es muss erfüllend sein, die Stärke auszudrücken. (2) Sie muss generell als moralisch wertvoll anerkannt sein. (3) Sie auszudrücken geht nicht auf Kosten anderer. (4) Die Stärke hat ein negatives, nicht Glück bringendes Gegenteil. (5) Es handelt sich um eine überdauernde Eigenschaft. (6) Sie lässt sich klar von anderen Eigenschaften abgrenzen. (7) Es gibt Vorbilder, die diese Stärke besonders deutlich zum Ausdruck bringen. (8) An den vorherigen Punkt anknüpfend, gibt es »Wunderkinder«, die die Charakterstärke schon von klein auf mitbringen. (9) Es gibt Personen, bei denen genau diese eine Charakterstärke fehlt. (10) Es gibt Institutionen, die sich darauf ausgerichtet haben, diese Charakterstärke zu fördern.

Nur wenn eine Eigenschaft fast all diese Kriterien erfüllt, wurde sie in das System der Charakterstärken aufgenommen. Und dem Ziel des gesamten Projekts treu bleibend, wurden natürlich nur solche Eigenschaften aufgenommen, die universell, also sehr weit verbreitet sind. Eigenschaften, die nur in bestimmten Kulturen besonderes Ansehen genießen, wie zum Beispiel Sparsamkeit, Stille oder Sauberkeit, wurden hingegen nicht berücksichtigt. Als weiterer Gesichtspunkt spielte es dann eine Rolle, ob sich eine Eigenschaft klar definieren lässt und damit auch messbar ist – für die psychologische Forschung ein wichtiges Kriterium.

Mit dieser Arbeit war damit ein System geschaffen, dessen praktische Bedeutung in den letzten knapp 20 Jahren immer deutlicher wurde. Charakterstärken-Programme sind mittlerweile in Schulen, Universitäten und in der Arbeitswelt im Einsatz und haben positiven Einfluss auf unseren Alltag in der Familie, mit Freunden und auf weitgefächerte soziale Kontakte. Zunehmend wird auch erprobt, wie nützlich die Betonung von Charakterstärken in der therapeutischen Behandlung psychischer Störungen und in der Gesundheitsförderung mehr allgemein ist. Auch für die wissenschaftliche Forschung hat sich dieser Ansatz als enorm nützlich herausgestellt, da er positive menschliche Eigenschaften an klaren Kriterien festmacht, diese Stärken genau definiert und somit fassbar und messbar macht – vorrangig mittels Fragebögen. Laut Ryan Niemiec, dem pädagogischen Leiter des VIA Institute on Character,[11] gibt es mittlerweile mehr als 800 wissenschaftliche Publikationen, die sich mit Charakterstärken beschäftigen.

Charakterstärken sind wissenschaftlich fundiert.

Aufbauend auf dem Charakterstärken-System, haben Psychologen in Zusammenarbeit mit dem VIA-Institut mittlerweile eine ganze Reihe an Fragebögen für die Charakterstärken-Forschung entwickelt. Der wichtigste all dieser Fragebögen bleibt der *VIA Inventory of Strengths* (VIA-IS). Mehr als 21 Millionen Personen[12] haben diesen Online-Fragebogen ausgefüllt und somit nicht nur Einsicht in ihre Charakterstärken bekommen, sondern auch zur Vertiefung der Forschung beigetragen. Die vielen Datensätze machten es möglich, den ursprünglichen Fragebogen, der direkt aus der Arbeit von Chris Peterson und Kollegen hervorging, immer weiter zu verfeinern. Die jüngste Version steht seit 2017 online zur Verfügung.[13] Füllst du diesen Fragebogen online aus, wird dein persönliches Charakterstärken-Profil sofort erstellt. Dieses Profil gibt eine Kurzbeschreibung jeder Charakterstärke und ordnet alle 24 Stärken nach ihrer Ausprägung, von der stärksten bis zur geringsten. Für Millionen von Menschen war der VIA-IS die erste Berührung mit dem Charakterstärken-System mit häufig unerwarteten Einsichten.

Bevor wir uns im nächsten Kapitel den Charakterstärken und übergeordneten Tugenden im Detail zuwenden, möchte ich noch etwas Trennschärfe einbringen und genauer darauf schauen, was Charakterstärken sind, wie sie sich von anderen Stärken unterscheiden und welche Rolle sie innerhalb stärkenbasierter Ansätze spielen. Häufig wird in der Positiven Psychologie unter der Überschrift »ressourcenorientierte« oder »stärkenbasierte« Ansätze eine ganze Reihe sehr unterschiedlicher Stärken zusammengewürfelt. Doch nicht jede Stärke ist eine Charakterstärke. Für eine gezielte Entwicklungsarbeit ist daher eine klare Abgrenzung nützlich. Wie wir sehen werden, kommt Charakterstärken eine besonders zentrale Rolle zu.

Nicht jede Stärke ist eine Charakterstärke.

Indem wir uns kurz damit beschäftigen, was Charakterstärken nicht sind, wie sie sich von anderen Arten von Stärken unterscheiden, aber auch wie sie mit ihnen interagieren, rücken die besonderen Eigenschaften und die zentrale Bedeutung von Charakterstärken für unsere Entwicklung in den Mittelpunkt.

Generell lassen sich mindestens fünf weitere Stärkenbereiche unterscheiden:

- Talente und Begabungen,
- Fähigkeiten,
- Interessen und Leidenschaften,
- Werte und
- Ressourcen

Talente und Begabungen

Talente und Begabungen sind natürliche, vielleicht auch angeborene Stärken, die wir in bestimmten Bereichen haben. Wenn jemand völlig selbstverständlich etwas gut kann oder ihm etwas besonders leicht von der Hand geht, gilt die Person als besonders talentiert. Wollen wir eine besondere Begabung bis zur wahren Meisterschaft entwickeln, kommen wiederum Charakterstärken ins Spiel. Vielleicht hast du schon bei deinem siebenjährigen Sohn die Begabung für logisches Denken beobachtet, was sich auch in für sein Alter überraschend gut durchdachten Zügen bei den gemeinsamen Schachpartien zeigt. In den folgenden Jahren hilft ihm dann eine Reihe von Charakterstärken, sein Talent zu entwickeln: seine Begeisterung, seine Ausdauer und seine Liebe zum Lernen in den zahllosen Stunden, die er mit Durchdenken von Schachpartien und klassischen Schachzügen, mit Training im Schachverein und mit erst nationalen und dann auch internationalen Turnieren verbringt.

In dem verfilmten Buch *The Queen of Katwe* erzählt Tom Crothers die wahre und inspirierende Geschichte des Mädchens Phiona Mutesi nach.[14] Phiona wuchs in Katwe auf, einem Slum in Uganda. Allen Widrigkeiten zum Trotz schaffte sie es, ihre Begabung für Schach zu entwickeln. Mit 15 Jahren wurde sie nationale Schachmeisterin von Uganda, vertrat danach ihr Land in internationalen Schachturnieren und erlangte den internationalen Schachtitel »Candidate Master« der Frauen.[15] Wie Buch und Film so sensibel nachzeichnen, bringt Phiona einige ihrer Charakterstärken zum Tragen, um ihre Ziele zu erreichen; Tapferkeit, um die enormen Widrigkeiten von Armut zu überwinden und trotz aller Vorurteile gegen sie weiterzumachen, Ausdauer und Zuversicht, um sich nicht von ihrem Ziel abbringen zu lassen, soziale Intelligenz, um mit Feindseligkeiten geschickt umzugehen, und natürlich all die schon genannten Charakterstärken, die die Entwicklung ihres Schachtalents selbst fördern.

Fähigkeiten

Anders als natürliche Talente erwerben wir Fähigkeiten in verschiedensten Bereichen durch Wiederholung und Übung. Häufig handelt es sich hier um eine praktische Fertigkeit oder ein besonderes Geschick, das wir im Laufe unseres Lebens in Schule, Ausbildung, Berufsleben oder als Hobby mit zunehmender Übung und Erfahrung aufgebaut oder uns selbst beigebracht haben. Fähigkeiten können in unserem Leben eine wichtige Bedeutung annehmen, doch anders als Charakterstärken sind sie nicht Kern unserer Persönlichkeit.

Obwohl ich nicht besonders sprachbegabt bin, habe ich mir während meiner Schulzeit mit etwas Ausdauer die Grundzüge der englischen Sprache angeeignet. Etwas positiver Zukunftssinn (Zuversicht), verbunden mit Weitsicht und Urteilsvermögen sowie einem Hauch an Tapferkeit und etwas Neugier, hat mich dann dazu gebracht, nach absolviertem Unistudium und Promotion eine universitäre Anstellung in England anzunehmen. Und obwohl auch nach mehr als 20 Jahren im Vereinigten Königreich mein Englisch mit Sicherheit nicht perfekt ist und mein deutscher Akzent noch immer durchscheint, hat sich meine Fähigkeit, Englisch zu sprechen, zu schreiben und mittlerweile auch zu denken und träumen, deutlich weiterentwickelt. Trotzdem ist weder Englisch noch meine Muttersprache Deutsch Teil meines Charakters, meiner Persönlichkeit oder Identität.

Du denkst vielleicht auch: Was hat dieses banale Beispiel mit Charakterstärke zu tun? Stimmt! Das kann man sich fragen. Ich habe es aber ganz bewusst gewählt, um an dieser Stelle zweierlei zu verdeutlichen. Zum einen zeigt das Beispiel, dass sich unsere Charakterstärken in vielen, vielleicht sogar allen Entscheidungen und Handlungen wiederfinden lassen, wie eben dem Aneignen einer Fremdsprache. Zum anderen vermittelt es, dass es sich nicht immer um extreme, Ehrfurcht gebietende Situationen handeln muss, dass Charakterstärken auch im Alltäglichen eine Rolle spielen. Unsere Charakterstärken sind ein Teil von uns, im Kleinen wie im Großen.

Interessen und Leidenschaften

Unsere Interessen sind weitere Stärken, die unserem Handeln Richtung geben, die uns motivieren und beleben. Doch auch sie sind nicht Kern unseres Charakters. Es handelt sich um Themen, Hobbys oder Aktivitätsbereiche, für die wir eine besondere Leidenschaft empfinden, ein spezielles Interesse an einer bestimmten Sportart, einer künstlerischen Tätigkeit oder auch unserem gewählten Berufsfeld. Während unsere Charakterstärken recht stabil sind, können sich unsere Interessen sehr verschieben. Sie sind eher Bereiche, in denen wir unsere Charakterstärken ausdrücken, sind aber nicht unser Charakter selbst.

Werte

Auch Werte, tief verwurzelte Überzeugungen, die unser Leben mit Bedeutung füllen, können wichtige Stärken sein. Unsere Werte können eng mit Tugenden in Verbindung stehen und sogar identisch mit ihnen sein. So kann die Tugend Menschlichkeit für uns ein richtunggebender Wert sein, doch ebenso stellen Gesundheit, Familie, Glück, Freiheit oder Frieden für viele Menschen wichtige Werte dar.

Wie Tugenden, so sind auch Werte eher abstrakt und manifestieren sich in unseren Vorstellungen, in Gedanken und Gefühlen. Sie können richtungsweisend für unser Verhalten sein, sagen aber für sich selbst genommen erst mal nichts über unser Verhalten und Handeln aus. Dank unserer Charakterstärken können wir dann unsere Werte konkret in unser Leben bringen.

Denken wir zum Beispiel an Gesundheit, ein Wert, der für viele Menschen eine besondere Rolle spielt. Obwohl die Wertschätzung von Gesundheit natürlich nicht Teil unseres Charakters ist, setzen wir einige Charakterstärken ein, um ein möglichst gesundes Leben zu führen. Vielleicht brauchst du Zuversicht, Weitsicht und Ausdauer, um deinen Gesundheitszustand durch höherwertige Ernährung und mehr körperliche Aktivität langfristig zu verbessern. Dazu kommt vielleicht noch Liebe zum Lernen, wenn du in die Details gesunder Ernährung eintauchst. Häufig wird auch Selbststeuerung, die Fähigkeit, mit unseren Impulsen und emotionalen Reaktionen geschickt umzugehen, wichtig sein, wenn wir einen gesünderen Lebensstil aufbauen wollen.

Ressourcen

Unsere Ressourcen, auf die wir zurückgreifen können, sind weitere bedeutsame Stärken. Während es sich bei Talenten, Fähigkeiten, Interessen und Werten um unsere persönlichen Stärken handelt, meine ich hier Ressourcen, die extern und häufig zwischenmenschlich sind: die Familie, die uns Halt gibt, die Kollegen, mit denen wir ein gutes Team geschaffen haben, der enge Freundeskreis, der uns mit Rat und Tat zur Seite steht, oder die Gemeinschaft, in der wir uns spirituell zu Hause fühlen. Ich zähle auch unsere demokratischen, sozial ausgerichteten Gesellschaftsstrukturen mit ihren Institutionen zu diesen wichtigen externen Stärken: ein funktionierendes Sozialsystem, gute Bildungseinrichtungen, ein transparentes Rechts- oder ein effektives Transportsystem.

Wie schon gesagt, ist hier eine gewisse Trennschärfe wichtig. All diese Stärkenbereiche spielen eine Rolle, wollen wir ein positives, sinnerfülltes Leben führen. Sie sind aber nicht unser Charakter. Unser Charakter, unser persönliches Gemisch an Charakterstärken, belebt diese verschiedenen Stärken. Für stärkenbasierte Ansätze sind Charakterstärken Dreh- und Angelpunkt. Sie untermauern die Entwicklung von Talenten und Fähigkeiten, beflügeln unsere Interessen, helfen uns, im Einklang mit unseren Werten zu leben, ermöglichen uns, konstruktiv auf externe Ressourcen zurückzugreifen und diese zu schützen und zu stärken. Kurz gesagt, machen es Charakterstärken möglich, all die verschiedenen Stärkenbereiche auf ein erfolgreiches und erfülltes Leben auszurichten.

Machst du dich mit deinen Charakterstärken vertraut und lernst du, sie immer passender – optimierter – einzusetzen, so wird dies einen positiven Einfluss auf all die anderen Stärkenbereiche haben.

Die 24 Charakterstärken und sechs Tugenden

Charakterstärken

Jeder Mensch besitzt 24 Charakterstärken – und jeder besitzt diese Stärken in unterschiedlicher, vielleicht einmaliger Kombination. Sortieren wir unsere Charakterstärken nach ihrer Ausprägung, von der größten zu unserer geringsten Stärke, ergibt sich eine Rangliste von 24 Stärken, unser persönliches Charakterstärken-Profil, unsere ganz persönliche Kombination von Charakterstärken. Kurz durchgerechnet, ergeben sich insgesamt – halte dich bitte fest – mehr als 620 Trilliarden mögliche Reihenfolgen oder Kombinationen! Um genau zu sein, sind 620 448 401 733 239 439 360 000 individuelle Charakterprofile möglich. Falls diese Zahl nicht so recht fassbar erscheint, machen wir es mal etwas konkreter: Bei etwa acht Milliarden Menschen – der momentanen Weltbevölkerung – stehen rechnerisch für jeden mehr als 77 Billionen einmalige Profile zur Verfügung (77 556 050 216 655). Okay, das macht es vermutlich auch nicht viel fassbarer.

620 448 401 733 239 439 360 000:
Das ist die Anzahl möglicher Charakterstärken-Profile.

Wozu diese Zahlenakrobatik? Ich möchte damit rüberbringen, dass jeder von uns einmalig ist, dass sich die 24 Charakterstärken in enorm vielfältiger und unterschiedlicher Weise zeigen. Es gibt also viel zu entdecken – bei uns und unseren Nächsten.

Und ich möchte dich auf diese spannende Entdeckungsreise einladen. Es gibt viel Gutes in uns und unseren Mitmenschen, und es ist somit sinnvoll, etwas genauer hinzuschauen.

Unser Charakterstärken-Profil erstreckt sich von unseren größten Stärken bis zu den geringsten. Nachdem jemand den VIA-IS-Fragebogen ausgefüllt hat und zum ersten Mal das eigene Profil sieht, wird der erste Blick vielleicht auf die eigenen Top-Stärken fallen. Wir wollen »überprüfen«, ob das Profil recht hat, ob es mit unserer Selbstwahrnehmung übereinstimmt. Danach wird unser Interesse häufig direkt zum Ende des Profils wandern, um unsere eigenen »Schwächen« zu finden. An diesem Punkt sollten wir ein häufiges Missverständnis gleich ausräumen. Das Charakterstärken-System beschäftigt sich nicht mit Schwächen! Selbst die geringste Stärke, die in 24. Position erscheint, ist eine Stärke. Durch unsere Antworten im Fragebogen zeichnen sich die geringeren Stärken als die aus, die im Allgemeinen für uns die geringste Bedeutung haben, die am wenigsten hervorstechen oder deren wir uns am wenigsten bewusst sind. Bei mir selbst sowie bei vielen anderen Personen auch ist Selbststeuerung diese geringste Stärke. Das bedeutet glücklicherweise nicht, dass ich unfähig wäre, meine Handlungen, Impulse oder Emotionen zu kontrollieren. Ohne eine relativ gesunde Selbststeuerung wäre es sicherlich unmöglich, seit mehr als 20 Jahren glücklich verheiratet oder in meinem anspruchsvollen Beruf relativ erfolgreich zu sein.

Selbst die geringste Charakterstärke ist
eine Stärke und keine Schwäche.

Trotzdem hat die Rangordnung natürlich Bedeutung. Und später werden wir uns auch damit beschäftigen, wie wir uns mit unseren geringeren Stärken sinnvoll auseinandersetzen können.

Bevor wir tiefer in die 24 Charakterstärken und sechs

Tugenden eintauchen, möchte ich noch kurz innehalten und dazu einladen, dich wirklich auf diesen Zugang einzulassen. Jedes System hat natürlich Begrenzungen. Du wirst vielleicht nicht immer das Gefühl haben, dass die Beschreibung einer Tugend oder einer Charakterstärke für dich exakt zutrifft und passt. Das war zumindest mein erster Eindruck, als ich in das Thema eintauchte.

Wie schon beschrieben, ist dieses System das Ergebnis einer umfassenden inhaltlichen Analyse der wichtigsten Weltanschauungen, Religionen und Philosophien. Enorme Anstrengungen wurden unternommen, die gewonnenen Erkenntnisse in ein System zu gießen, das universell praktisch anwendbar ist. Es mussten Ausdrücke und Beschreibungen gefunden werden, die allgemein genug sind, um große Themen abzudecken, aber gleichzeitig konkret genug, damit sich eine einzelne Person – unabhängig von ihrem kulturellen oder religiösen Hintergrund – in dem System wiedererkennt. Natürlich bedeutete dies auch, dass einige Nuancen nicht berücksichtigt werden konnten und dass Tugenden und Stärken nicht immer in der vollen Tiefe, die ihnen in bestimmten Weltanschauungen beigemessen wird, ausgedrückt sind.

Als ich das Charakterstärken-System kennenlernte, hatte ich anfangs beispielsweise den Eindruck, dass Mitgefühl und Weisheit, Tugenden, die mir als Buddhist von besonderer Bedeutung sind, nicht ausreichend betont sind. »Weisheit und Wissen« wird zwar als erste Tugend genannt, doch fand ich, dass die philosophische Tiefgründigkeit, verbunden mit einer praktischen Ausrichtung, die ich am buddhistischen Verständnis von Weisheit so sehr schätze, hier nicht voll zum Ausdruck kam. Noch deutlicher schien mir die Begrenzung hinsichtlich Mitgefühls. Diese – für mich wichtigste – menschliche Qualität wird nicht einmal als eine der sechs Tugenden direkt benannt und kam, für meinen Geschmack, auch in den Stärken nicht so recht zum Ausdruck! Daher stellte ich mir natürlich die Frage, ob – oder wie sehr – ich mich in diesem System wiederfinden kann. Für mich selbst habe ich eine passende Antwort gefunden. Als meine Top-Stärke sticht Spiritualität deutlich hervor. Spiritualität ist Ausdruck einer klaren Ausrichtung und eines tiefgründigen, überpersönlichen Lebenssinns, was sich in meinem Fall in dem Wunsch widerspiegelt, für meine Mitmenschen nützlich zu sein. Die Charakterstärke Spiritualität bietet einen Rahmen, der weit genug ist, um einerseits die tiefe Bedeutung zu fassen, die ich für mich gefunden habe, andererseits aber dabei andere spirituelle Sichtweisen nicht ausschließt. Verbunden mit meinen weiteren Signaturstärken – Liebe, Zuversicht, Fairness und Urteilsvermögen –, habe ich so insgesamt das Gefühl, dass das Charakterstärken-System ein für mich passendes Gerüst bietet, ohne dabei die exakt gleiche Begrifflichkeit verwenden zu müssen, die ich in meiner eigenen Weltsicht bevorzuge.

Je mehr ich mich dann auch auf dieses System einlassen konnte, je mehr Gespür ich für die Nuancen der verschiedenen Charakterstärken entwickelte und je häufiger ich die ausgelöste Transformation bei meinen Studenten erleben durfte, umso mehr konnte ich mich für diesen Ansatz begeistern. Und durch die Auseinandersetzung mit meiner eigenen anfänglichen Skepsis verstand ich deutlich, dass eine oberflächliche Betrachtung, die stur an meiner gewohnten Begrifflichkeit festhält, statt für Neues offen zu sein, Lernen und neue Einsichten verhindert.

Tugenden

Während sich Charakterstärken ziemlich direkt in unserem Innenleben und Handeln ausmachen lassen, handelt es sich bei Tugenden um Ideale, die wir anstreben. Sie beschreiben allgemein geschätzte ethische oder moralische Ziele. Unsere

Charakterstärken sind dann die konkreten Wege, um diese Tugenden – so weit wie möglich – zu verwirklichen. Tugenden beschreiben das Ziel, unsere Charakterstärken sind die Wege zu dem Ziel.

Tugenden beschreiben das Ziel, Charakterstärken den Weg.

Dass das VIA Institute on Character »VIA« im Namen trägt, wird heute als Ausdruck dieses Weges von Charakterstärken zu Tugenden verstanden, ist *via* doch das lateinische Wort für »Weg, Straße«. Historisch ergab sich VIA jedoch als Abkürzung der Bezeichnung *values in action,* ein Begriff, der bei der Entwicklung des Charakterstärken-Systems ursprünglich eine Rolle spielte, aber mittlerweile in den Hintergrund getreten ist und praktisch aufgegeben wurde.[16]

Bei der Entwicklung des VIA-Systems[17] identifizierten die Forscher im ersten Schritt zunächst sechs historisch und kulturell allgegenwärtige Tugenden, bestimmten dann 24 Charakterstärken und ordneten im letzten Schritt diese Stärken den Tugenden zu. Wie von universellen Tugenden nicht anders zu erwarten, sind sie uns recht vertraut. So spiegeln sie beispielsweise eine Vierergruppe von Tugenden wider, die mit leicht unterschiedlichen Betonungen schon seit der Antike Bedeutung hat, insbesondere in der Form von Platons vier grundlegenden Tugenden Weisheit *(sophía),* Gerechtigkeit *(dikaiosýne),* Tapferkeit *(andreia)* und Selbstbeherrschung *(sophrosýne).* Bei dem römischen Politiker und Philosophen Cicero taucht in der Vierergruppe dann Mäßigung statt Selbstbeherrschung auf. Später schlagen sich diese vier dann auch als Kardinaltugenden im Christentum nieder, zum Beispiel bei Thomas von Aquin. Obwohl Menschlichkeit und Transzendenz nicht immer explizit als Tugenden aufgelistet sind, tauchen sie doch deutlich in den Schriften der verschiedenen Traditionen auf – von Buddhismus und Christentum bis zu Judentum und Taoismus[18] –, sodass die sechs Tugenden des VIA-Systems wirklich universelle Spannbreite zu haben scheinen.

Ich verstehe diese Tugenden vorrangig als ethischen oder moralischen Hintergrund für die Auseinandersetzung mit unseren Charakterstärken. Sie können uns darauf aufmerksam machen oder daran erinnern, dass die Entwicklung unseres Charakters mit einem höheren Ziel verbunden ist. Die Tugenden bieten eine – wenn auch nicht die einzige – Antwort auf die Frage: »Warum?« Sie zeigen auf, dass Charakterstärken direkt mit universellen Werten zu tun haben, von denen zumindest manche – Gerechtigkeit, Menschlichkeit und Mäßigung – auch wichtige Bausteine für unser soziales Leben, für den Zusammenhalt menschlicher Gesellschaften, sind.

Im Kapitel »Charakterstärken: Weitere Unterteilungen und Facetten« werden wir uns noch andere Möglichkeiten anschauen, wie sich die 24 Charakterstärken sinnvoll gruppieren lassen. An der Stelle wird dann auch noch deutlicher, dass die Unterteilung in sechs Tugenden das Ergebnis einer inhaltlichen Analyse der Weltreligionen und Philosophien ist, sich jedoch ein etwas anderes Bild ergibt, wenn man sich der gleichen Frage mit statistischen Analysen annähert.

Die praktisch gesehen wichtigste Botschaft an dieser Stelle ist allerdings nicht, welche Gruppierung am besten passt. Viel wichtiger für deinen Einstieg ist, dass Charakterstärken deine Wege zu menschlichen Werten und Tugenden sein können, also direkt mit dem Sinn, der Bedeutung und der Ausrichtung deines Lebens zu tun haben. Ob wir den Kuchen dann in der einen oder anderen Weise schneiden, ist zwar interessant, tut aber dieser tiefen Bedeutung keinen Abbruch.

In diesem Kapitel wenden wir uns nun den 24 Charakterstärken im Detail zu. Nach einer kurzen Einführung der jeweils übergeordneten Tugend kommen wir dann zu den Charakterstärken selbst. Ich beginne mit einer Kurzbeschreibung, um danach die Nuancen der jeweiligen Stärke zu betrachten, einschließlich wichtiger wissenschaftlicher Hintergründe. Ich richte das Augenmerk auch darauf, wie die jeweilige Charakterstärke genutzt wird, was es bedeutet, wenn wir sie zu wenig einbringen *(underuse)*, zu viel einbringen *(overuse)*, und wie sie in ausgeglichener, optimaler Weise eingesetzt werden kann *(optimal use)*. Diese Detailbetrachtungen sollen dir dabei helfen, jede Charakterstärke genauer kennenzulernen. Dies ist der erste Schritt – Erkennen – in der EVA-Schleife. Daran schließt sich dann eine Reihe von Fragen zur Selbstbeobachtung an, als erste Inspiration für den zweiten Schritt in der EVA-Schleife – Vertiefung. Die Fragen sollen anregen, dein Wissen zu vertiefen, die Information auf dein Leben, auf deine persönliche Situation zu beziehen und damit für dich bedeutsam zu machen. Wir werden zu diesem Schritt des Vertiefens immer wieder zurückkommen, denn bei jeder Charakterstärke gibt es viel zu entdecken. Daran schließt sich eine erste Beschäftigung mit dem dritten EVA-Schritt an – Anwendung. In dem Block »Aktivität« findest du ein paar Vorschläge, wie du die jeweilige Charakterstärke konkret in dein Leben bringen und weiterentwickeln kannst.

Wenn wir dann im dritten Teil des Buches zur Symbiose von Achtsamkeit und Charakterstärken kommen, werden wir auch sehen, wie eine achtsame Haltung eine besonders nuancierte Vertiefung fördern kann und, darauf aufbauend, die Anwendung der Charakterstärken in Verbindung mit Achtsamkeit gefördert wird sowie im Gegenzug unsere Achtsamkeit durch Charakterstärken eine klare positive Ausrichtung bekommt.

Weisheit und Wissen

Kreativität | Neugier | Urteilsvermögen | Liebe zum Lernen | Weitsicht

Die Tugend Weisheit und Wissen *(wisdom)* umfasst die positiven Persönlichkeitseigenschaften, die mit dem Aneignen und, von ebenso großer Bedeutung, dem Gebrauch von Information und Wissen zu tun haben. Kognitive Aspekte stehen hier im Vordergrund. Es geht dabei jedoch nicht vorrangig darum, besonders viel zu wissen, und diese Tugend kann auch nicht mit Intelligenz gleichgesetzt werden. Intelligenz mag sicherlich für Weisheit und Wissen eine Rolle spielen, doch zählt Intelligenz selbst eher zu unseren Talenten, nicht zu den Tugenden oder Charakterstärken. Weisheit und Wissen wohnt eine ausgesprochen praktische Dimension inne, vielleicht können wir es praktische Weisheit oder Erfahrungsweisheit nennen. Es geht darum, wie wir mit Wissen umgehen, wie wir unser Wissen und unsere Erfahrung einsetzen. Es geht auch um unsere Einstellung zum Wissen. Können wir Ziele klar erkennen oder bestimmen, und sind wir weise genug, den besten Weg auszumachen, um diese Ziele zu erreichen? Setzen wir die entsprechenden Charakterstärken ein, um unseren Mitmenschen guten Rat zu geben? Sind wir offen für neues Wissen, auch wenn es unseren Vorlieben, Überzeugungen, Erwartungen und Vorstellungen widerspricht? Sind wir in der Lage, unser Wissen in nützlicher Weise anzuwenden?

Die fünf Charakterstärken Kreativität *(creativity)*, Neugier *(curiosity)*, Urteilsvermögen *(judgement)*, Liebe zum Lernen *(love of learning)* und Weitsicht *(perspective)* sind praktischer Ausdruck dieser Tugend und decken sowohl ab, wie wir Wissen und Erfahrung ansammeln, als auch, wie wir dies dann in angemessener Form – mit Weisheit – zum Einsatz bringen.

Kreativität

Tugend: Weisheit und Wissen.

Kurzbeschreibung: Du findest neue und effektive Wege, Dinge zu erschaffen, zu tun oder zu erreichen. Es fällt dir leicht, originelle Lösungen zu finden.

Häufig denken wir bei Kreativität zuerst an künstlerisches Schaffen, an Gemälde, Skulpturen, Filme und Musikstücke oder an neue Erfindungen oder Entdeckungen – an Bildhauer, Regisseure, Komponisten oder Ingenieure, Designer und Wissenschaftler. Herausragendes künstlerisches Schaffen, technischer Fortschritt oder wissenschaftliche Durchbrüche befinden sich an einem Ende des Kreativitätsspektrums, dem besonders auffälligen Ende, das manchmal als große Kreativität bezeichnet wird. Für den kulturellen, intellektuellen und auch ökonomischen Reichtum einer Gesellschaft sind diese Arten kreativen Schaffens von großer Bedeutung. Doch ist auch das andere Ende des Spektrums von Relevanz, die sogenannte kleine Kreativität, die sich in unserem Alltag zeigt. Für die meisten von uns spielt wohl diese Alltagskreativität eine ebenso große, wenn nicht größere Rolle. Im Alltäglichen die passende Idee zu haben, um ein Problem zu überwinden oder in neuen Weisen über Ursachen und Wirkungen verschiedener Prozesse nachdenken zu können, kann für unsere eigene Situation hilfreich sein, erlaubt uns aber auch, im Zwischenmenschlichen positive Impulse zu setzen. In der Arbeitswelt kann deine Kreativität ein ganzes Team beflügeln und so vielleicht deine Leitungsposition bereichern. Neuartige, manchmal auch unkonventionelle Lösungsansätze können Kollegen in ihrer Arbeit motivieren. Kreativität bedeutet auch, dass du sinnvolle Verbindungen zwischen verschiedenen Teilen oder Situationen knüpfen und in flexibler und passender Weise etwas von Wert oder mit Bedeutung schaffen kannst. Allgemein können neue oder ungewöhnliche Ideen unser Leben bereichern und den Alltag schöner machen. Kreativität steht auch im Gegensatz zu Stagnation, wenn wir stets im alten Trott weitermachen. Sie bedeutet daher auch persönliche Entwicklung.

Obwohl künstlerische Aktivität gelegentlich mit der Vorstellung von negativen Gefühlszuständen behaftet ist, mit dem Bild des leidenden Künstlers, der sein melancholisches Dasein in kreativen Ausdruck umwandelt, zeichnet die psychologische Forschung eher ein anderes Bild. Kreative Aktivitäten scheinen einen positiven Einfluss auf unser geistiges Wohlbefinden zu haben. Dieser Zusammenhang zeigt sich sowohl bei jungen Menschen[19] als auch bei älteren Generationen,[20] und generell berichten Menschen von mehr Lebenszufriedenheit und Wohlbefinden, wenn sie Kreativität in ihre Alltagsroutinen integrieren können.[21]

Was für alle anderen Charakterstärken gilt, gilt auch hier: Vieles hängt davon ab, wie du deine Kreativität einsetzt. Bringst du zu wenig Kreativität in dein Leben, bleibt dein Handeln eher konform und angepasst. Wenn der kreative Funken fehlt, der eine verfahrene Situation in eine neue Richtung lenken könnte, macht man einfach in bestehenden Routinen weiter. In solchen Situationen gefangen, empfindest du dich vielleicht selbst als langweilig, oder du wirst von anderen als Langweiler angesehen. Zu viel Zeitdruck, zu steife Systeme und Kontrollen und auch vorschnelle Kritik können jegliche Kreativität schnell im Keim ersticken.

Tendierst du zu dem anderen Extrem – zu viel des Guten –, wird dein Verhalten exzentrisch, und die Kontinuität fehlt, die nötig ist, um Ziele zu erreichen. Im Zwischenmenschlichen kann exzessive Kreativität hinderlich sein, falls du enge Beziehungen aufbauen möchtest. Wenn uns jemand ständig mit neuen, exzentrischen Handlungen überrumpelt, ist es nicht leicht, eine gemeinsame Vertrauensbasis zu finden. Permanent mit neuen Ideen anzukommen, ohne die vorherigen Vorschläge geklärt zu haben, kann unsere Mitmenschen schnell überfordern und für Spannungen sorgen.

In ausgeglichener und angemessener Weise kreativ zu sein ist hingegen sehr attraktiv. Hilft dein kreativer Rat einem Freund, ein festgefahrenes Problem zu lösen, oder hast du inspirierende Ideen, wie du mit deinem Freundeskreis das lange Wochenende verbringen kannst, tut das deiner Beliebtheit gut und stärkt Freundschaften. Bei genügend Offenheit wirkt es bereichernd, Dinge in unerwarteter Weise zu betrachten. Bei der Arbeit bringst du deine neuen Ideen im nächsten Brainstorming-Meeting ein und baust dabei auf die Vorschläge deiner Kollegen auf. Um deine Kreativität in Balance zu halten und im Einklang mit der Situation optimal einzubringen, beziehst du mindestens zwei weitere Charakterstärken ein: soziale Intelligenz, um die Reaktionen deiner Kollegen an ihrer Körperhaltung und ihrem Gesichtsausdruck abzulesen, sowie Teamwork, um mit den Ideen und Reaktionen des gesamten Teams auf ein gemeinsames Ziel hinzuarbeiten.

Eine meiner Studentinnen hat in ihrer Abschlussarbeit den Zusammenhang zwischen Kreativität, Wohlbefinden und Flourishing etwas genauer unter die Lupe genommen. In der Positiven Psychologie fassen wir unter Flourishing zentrale Merkmale eines erfüllten Lebens zusammen, zum Beispiel positive Beziehungen, das Gefühl, unser Leben kompetent zu meistern und auch Sinn und Bedeutung im Leben zu finden.[22] Das wichtigste Ergebnis dieser Studie war, dass sowohl Flourishing als auch Wohlbefinden mit einem ausgeglichenen Einsatz von Kreativität zusammenhängen. Je mehr die Teilnehmer Kreativität optimal einsetzten, umso größer waren ihr Wohlbefinden und ihr Gefühl von Flourishing. Dagegen spielte es kaum eine Rolle, als wie kreativ sie sich selbst einstuften.

Fragen zur Selbstbeobachtung:

- Was bedeutet Kreativität für dich? Wie drückst du dich in deinem Alltag kreativ aus? Kannst du die kleine Kreativität in deinem alltäglichen Handeln entdecken?
- Kannst du dich an eine Situation erinnern, in der du eine kreative Lösung für ein Problem gefunden hast? Was erlaubt dir, kreativ zu sein?
- Gibt es Gewohnheiten, Hindernisse und Stolpersteine, die dich zurückhalten?
- Welche anderen Charakterstärken unterstützen deine Kreativität, welche behindern sie?

Aktivität:

Ein weites Übungsfeld bietet sich an, um deine Kreativität zu stärken, denn prinzipiell ist fast jede Situation dafür geeignet, diese Stärke zu üben. Hier ein paar Ideen:

- Wähle ein kleines bestehendes Problem aus. Anstatt einfach bei der »erstbesten« Lösung zu bleiben, nimm dir etwas Zeit, um verschiedene Alternativlösungen zu generieren.
- Entscheide dich in deiner Beziehung ganz bewusst, mit deinem Partner oder deiner Partnerin besonders kreative oder ungewöhnliche Ideen zu entwickeln, wie ihr das nächste Wochenende verbringen könnt.
- Gib deinen Mitarbeitern beim nächsten Arbeitstreffen bewusst mehr Raum und Gelegenheit, um im Brainstorming neue Vorschläge zu entwickeln.
- Kommt es in Familie, Partnerschaft oder Berufstätigkeit zu einem zwischenmenschlichen Konflikt, überlege dir, ob du vielleicht in einer anderen Weise reagieren könntest, als du es gewohnt bist. Welche Alternativen gibt es für dich? Welche weiteren Charakterstärken könnten dir helfen, Alternativen zu finden oder auszudrücken?

Neugier

Tugend: Weisheit und Wissen.

Kurzbeschreibung: Du hast ein lebendiges Interesse an aktuell Erlebtem, an deinen Mitmenschen und der Umwelt. Du erforschst und entdeckst gern.

Der Sinn des Lebens ist, gelebt zu werden, und Neugier muss lebendig bleiben. Man darf niemals, aus welchem Grund auch immer, dem Leben den Rücken zukehren.

Mit dieser Aussage schließt Eleanor Roosevelt das Vorwort ihrer Autobiografie ab[23] und fasst die zentrale Bedeutung von Neugier für ihr Leben und für das menschliche Dasein insgesamt zusammen. Die Motivation, zu lernen, zu verstehen, Neues zu entdecken und Unbekanntes zu erforschen, hängt direkt mit hoher Lebenszufriedenheit, Erfolg und einem erfüllten Leben zusammen. Die Forschung weist diese zentrale Bedeutung besonders deutlich für die Entwicklung und den schulischen Erfolg unserer Kinder nach.[24] Doch es wird auch immer deutlicher, wie wichtig Neugier für das Wohlbefinden älterer Menschen ist und dass sie sogar zum Schutz vor altersbedingtem Abbau – geistig sowie körperlich – beitragen kann.[25] Es ist daher nicht verwunderlich, dass Neugier zu den fünf Glücksstärken gezählt wird (mehr dazu im Kapitel »Charakterstärken: Weitere Unterteilungen und Facetten«). Dass Menschen deutlich im Vorteil sind, wenn sie auch unter schwierigen Bedingungen neugierig bleiben und bereit sind, sich auf Ungewissheit und Schwierigkeiten einzulassen, deutet darauf hin, wie wichtig diese Charakterstärke ist.

Unsere Neugierde zeigt sich als Interesse an Erfahrung und Geschehen selbst. Verschiedenste Themen faszinieren uns, und wir haben Freude daran, zu erforschen und zu entdecken,

Herausforderungen anzunehmen, neue Fähigkeiten zu entwickeln oder uns neues Wissen anzueignen. Es ist die grundlegende Einstellung, bei der unsere Antennen ausgefahren sind.

Neugier ist eine Stärke, bei der sich recht eindrücklich zeigt, wenn wir sie nicht ausreichend nutzen oder sie überstrapazieren. Hast du die generelle Tendenz, Neugierde zu wenig einzubringen oder auszudrücken, zeigt sich dies als allgemeines Desinteresse am Geschehen in der Welt und um dich herum. Du fühlst dich häufig gelangweilt oder wirst von anderen als desinteressiert und gelangweilt wahrgenommen. Der Funke scheint zu fehlen. Bei einem Arbeitstreffen bist du häufig geistesabwesend, in einer Univorlesung scrollst du lieber halb dösend durch Instagram-Postings, und in der Partnerschaft hast du wenig Interesse daran, zu verstehen, wie es deiner Partnerin geht.

Den Spieß umgedreht, stellt sich auch die Frage, wie sehr wir die Neugier unserer Mitmenschen schätzen und fördern. Haben wir eine berufliche Leitungsfunktion, können wir die Neugier unseres Personals erwecken, nähren oder belohnen. Oder siehst du es als verschwendete Zeit an, die Mitarbeiter in die neuesten Entwicklungen einzubeziehen? Erwarten wir von unserem Partner, dass er unsere Gedanken lesen kann und intuitiv weiß, was wir denken, wünschen oder ersehnen, oder sind wir für seine Neugier offen und tragen dazu bei, dass er unser Innenleben – unsere Hoffnungen, Sorgen oder Wünsche – besser verstehen kann? Wenn uns unsere junge Tochter mal wieder mit der Warum-Frage löchert, können wir ihre Neugier schätzen und mit unserer Reaktion am Leben halten?

Überengagement von Neugier kann sich hingegen darin zeigen, dass du geistig nie zur Ruhe kommst, ständig Neues suchst und generell rastlos von einem Input zum nächsten springst oder nie das Handy zur Seite legen kannst. Im Zwischenmenschlichen zeigt sich übertriebene Neugier vielleicht besonders in deinem Interesse an Klatsch und Gerüchten, was dann auch schnell dazu führen kann, dass wir zu einem aktiven Koch in der Gerüchteküche werden. Oder es ist die Gier nach Insiderinformation, von der du einen beruflichen Vorteil erwartest. In der Partnerschaft kann extreme Neugier erstickend wirken und Ausdruck von tief sitzendem Misstrauen sein oder als solches verstanden werden. Können wir unserer Partnerin keinen Freiraum geben und müssen wir immer über alles informiert sein, wann sie wo mit wem redet und warum, ist das einer vertrauensvollen Beziehung eher abträglich. Ein modernes Phänomen, das wohl in die gleiche Kategorie fällt, ist Cyberstalking, das Überwachen der Online-Aktivität eines anderen (unseres Partners) ohne dessen Erlaubnis oder sogar das unerlaubte Einloggen in seine Accounts.

Da ein zentraler Aspekt von Neugier das Interesse an unseren Mitmenschen ist, hat diese Stärke eine besonders ausgeprägte zwischenmenschliche Dimension. Es geht nicht nur um unsere eigenen Interessen. Häufig ist es sinnvoll, auch im Auge zu behalten, wie unsere Mitmenschen unsere Neugier wahrnehmen – von absolutem Desinteresse über wertschätzendes Interesse bis hin zu Aufdringlichkeit. In besonders deutlicher Weise kann sich das in der Interaktion mit den eigenen Kindern zeigen. Vielleicht hat sich vor nicht allzu langer Zeit der Sohn im Teenageralter darüber beschwert, dass sich die Eltern »nie dafür interessieren«, wie es ihm geht, um sich kurze Zeit später genervt in seinem Zimmer einzuschließen, weil sie »immer überall« ihre Nase reinstecken müssen.

Einige dieser Beispiele machen deutlich, wie wichtig Neugier für unser Zusammenleben ist. Zwischenmenschlich ausgeglichene Neugier zeigt sich in unserem aufrichtigen Interesse daran, was jemand zu sagen hat, wie es jemandem geht, oder allgemein an der Situation anderer Menschen. Ebenso spielt ausgeglichene Neugier für unsere moderne Arbeitswelt eine große Rolle. Sie ist die Grundlage dafür, dass Mitarbeiter neue Trends rechtzeitig entdecken und sich die dafür benötigten Fähigkeiten aneignen. Ähnliches gilt auch für organisatorische Veränderungen, bei denen Neugier für neue Entwicklungen möglicher Frustration entgegenwirken kann. Daher ist es auch nicht verwunderlich, dass Neugier positiv zur Leistung am Arbeitsplatz beitragen kann.[26] Eng verbunden damit ist das Zusammenspiel von Neugier und Kreativität, einer Weisheits-Charakterstärke, die wir schon betrachtet haben. Neugier kann Kreativität sowohl generell unterstützen als auch spezifisch zur Kreativität am Arbeitsplatz beitragen.[27]

Fragen zur Selbstbeobachtung:

- In welchem deiner verschiedenen Lebensbereiche bringst du Neugier besonders deutlich ein?
- Gibt es bestimmte Situationen, bei denen es sich besonders gut anfühlt, neugierig zu sein?
- In welchen Situationen wird deine Neugier von anderen Menschen wahrgenommen und wertgeschätzt?
- Gibt es Situationen, in denen dich deine Neugier in Schwierigkeiten gebracht hat?
- Welche Charakterstärken, welche Gewohnheiten und welche äußeren Umstände erschweren es, deine Neugier auszudrücken?

Aktivität:

- Versuche, dich an eine konkrete Situation zu erinnern, in der sich zu viel Neugier als unangemessen herausgestellt oder dich direkt in Schwierigkeiten gebracht hat. Lass diese Situation wie einen Film geistig ablaufen. Danach überleg dir kurz, in welcher Weise du deine Neugier ausgeglichener hättest einbringen können. Wie hätte die Situation mit etwas gedrosselter Neugier ausgesehen? Was hätte anders sein müssen, oder was hätte dich darin unterstützt, deine

Neugier optimal einzubringen? Nachdem du etwas Klarheit bezüglich dieser Fragen gewonnen hast, lass den Film nochmals vor deinem inneren Auge ablaufen, diesmal in der »optimierten« Version.

- Du kannst die gleiche Übung auch mit zu wenig Neugier durchführen. Stell dir wiederum eine konkrete Situation vor, doch diesmal mit zu wenig oder fehlender Neugier. Lass sie vor deinem geistigen Auge ablaufen. Überleg dir dann, wie sich die Situation mit stärkerer Neugier entwickelt hätte? Was hättest du gebraucht oder hättest du anders machen können, um deine Neugier optimal einzubringen? Wenn du dies für dich beantwortet hast, lass den optimierten Film nochmals innerlich ablaufen.

Urteilsvermögen

Tugend: Weisheit und Wissen.
Kurzbeschreibung: Es liegt dir, Dinge genau zu durchdenken und von allen Seiten zu betrachten, bevor du deine Schlüsse ziehst. Es fällt dir leicht, angesichts neuer Information deine Meinung zu ändern.

Die Charakterstärke Urteilsvermögen ist die dritte von fünf Stärken, die zur Tugend Weisheit und Wissen zugeordnet sind. In Kombination mit Weitsicht drückt sie am klarsten aus, was wir gewöhnlich unter Weisheit verstehen, die ausgeprägte Charaktereigenschaft, ein tiefgründiges Verständnis zu besitzen und, darauf aufbauend, unparteiische und vertrauenswürdige Ratschläge zu geben, Entscheidungen zu treffen, ja, sogar Urteile zu fällen. In den traditionsreichen Bildern der Stammesältesten oder der weisen Urgroßmutter, die im Hintergrund die Angelegenheiten der Familie steuert, ist dieses Verständnis passend ausgedrückt. Doch unser Urteilsvermögen ist nicht auf Altersweisheit beschränkt. In unserem Berufsleben erlaubt es uns, Situationen und Sachverhalte zu analysieren, kritisch zu hinterfragen und aus unterschiedlichen Perspektiven zu beleuchten, sodass die bestmöglichen Entscheidungen getroffen werden können. Die kognitive Flexibilität und geistige Offenheit, die mit ausgeglichenem Urteilsvermögen einhergehen, sind auch besonders nützlich, wenn es um Veränderungen geht.

Zu geringes Urteilsvermögen kann dazu führen, dass wir zu gutgläubig sind oder unsere Entscheidungen zu sehr von Gefühlen beeinträchtigt sind. Ebenso neigen wir dann dazu, hartnäckig an einer Meinung festzuhalten, ohne je ein umfassendes Bild gewonnen oder andere Sichtweisen bedacht zu haben. Emotionen können die Oberhand haben, unsere Sicht trüben und verhindern, dass wir eine Situation kritisch begutachten oder unterschiedliche Argumente, Positionen oder Sichtweisen zulassen und gegeneinander abwägen.

Überstrapaziertes Urteilsvermögen kann uns hingegen unnötig kritisch machen und sich als Tendenz zeigen, Situationen oder andere Menschen auf Grundlage selbst minimaler Information zu verurteilen. Es kann auch dazu führen, dass es uns schwerfällt, zu einer Entscheidung zu kommen, weil immer noch weitere Information zu analysieren ist. Wir verlieren uns mit unserer Analyse in unwichtigen Details, schaffen es aber nicht, ein Ende zu finden.

Auch in unseren zwischenmenschlichen Beziehungen ist ausgeglichenes Urteilsvermögen von Bedeutung. Hat ein Freund beispielsweise eine andere politische Überzeugung, sind wir offen für diese Position und verwenden diese Charakterstärke, um seinen Zugang besser zu verstehen. Wir sind in der Lage, die verschiedenen Nuancen und Schwerpunkte in konträren Sichtweisen zu sehen, ohne uns in emotionalen Verurteilungen oder oberflächlichen Plattitüden zu verlieren. Wir verfallen nicht in Stammesdenken, das billig ein »Wir gegen sie« verfolgt und Gruppenzugehörigkeit über Inhalte, Argumente und offenen Dialog stellt. Mit entwickeltem Urteilsvermögen bist du in der Lage, verschiedene Sichtweisen und Perspektiven wertzuschätzen und aufgrund eigener Abwägungen relativ vorurteilsfreie Entscheidungen zu treffen, die situationsangemessen und auf den größtmöglichen Nutzen ausgerichtet sind. Es bedeutet auch ein gewisses Feingefühl, Situationen richtig zu lesen, sodass du entscheiden kannst, wann dein kritischer Einwand sinnvoll ist und wann eher störend.

Kennst du die amerikanische Sitcom *The Big Bang Theory,* fällt dir vermutlich auch gleich der Charakter Sheldon Cooper als Paradebeispiel für überstrapaziertes Urteilsvermögen ein. Einerseits verwendet er seinen kritischen Verstand, um seine wissenschaftliche Tätigkeit als theoretischer Physiker voranzubringen (Spoiler-Alarm: Die zwölfte Staffel der Sitcom endet damit, dass ihm gemeinsam mit seiner Ehefrau Dr. Amy Farrah Fowler der Nobelpreis in Physik verliehen wird.), andererseits nervt er seine Freunde damit, komplexe Entscheidungsprozesse auf seinem Whiteboard abzubilden und selbst für trivialste Entscheidungen aufwendige Wahrscheinlichkeitsberechnungen durchzuführen.

Gesundes Urteilsvermögen trägt auch zum Gelingen unserer Partnerschaft bei. Um die eigene Familie gemeinsam durch Untiefen zu navigieren, müssen wir immer wieder Entscheidungen treffen, manchmal mit weitreichender Bedeutung für die gemeinsame Zukunft. Reicht das gemeinsame Einkommen aus, um eine Hypothek aufzunehmen? Ist es sinnvoll, die angebotene Versetzung anzunehmen, obwohl es den Umzug in eine andere Stadt und einen Schulwechsel für alle drei Kinder bedeutet? Undurchdachte, emotionale Entscheidungen sind da wenig sinnvoll. Hingegen würden wir unser Urteilsvermögen etwas überstrapazieren, wenn wir vor jedem Wochenendeinkauf eine Familienkonferenz einberiefen.

Diese Charakterstärke ist jedoch nicht nur nach außen gerichtet. In der Form von Selbstbeurteilungen spielt sie auch für unser Innenleben eine bedeutende Rolle. Mit gesundem Urteilsvermögen können wir unsere eigenen Persönlichkeitsmerkmale, Qualitäten und Stärken kritisch betrachten, unterentwickelte Anteile entdecken, um damit weitere Entwicklungen anzustoßen. Doch kann es auch zu einer überkritischen Betrachtung kommen, bei der du nur Fehler findest und damit dein negatives Selbstbild fütterst.

Unterentwickeltes Urteilsvermögen kann hingegen dazu führen, dass du bei dir selbst keinerlei Entwicklungspotenzial siehst, weil ja schon alles perfekt ist. Ein gutes Anzeichen kann hier sein, dass wir auf kritische Anmerkungen oder selbst auf positiv formulierte Entwicklungsvorschläge emotional reagieren. Statt geäußerte Kritik als Hinweis zu sehen, dass es bei uns möglicherweise blinde Flecken gibt, und sie als Einstieg in eine genauere Betrachtung zu nehmen, reagieren wir mit Empörung, Wut oder Abwertung.

Manchmal kann unklar sein, ob wir zu viel oder zu wenig Urteilsvermögen einbringen, da die Schwierigkeiten, die daraus erwachsen, recht eng beieinanderliegen können. In beiden Fällen kann das Resultat sein, dass wir uns nicht in ausgeglichener und fairer Weise mit Argumenten auseinandersetzen. Entweder blocken wir ein Argument oder eine Position ab, weil wir nicht in der Lage sind, ausgeglichen zu argumentieren (zu wenig Urteilsvermögen), oder weil wir die entsprechende Situation oder Person schon abgeurteilt haben (zu viel Urteilsvermögen).

Wenn wir nicht analysieren wollen, nicht nachdenken wollen und unsere Position emotionsgeladen verteidigen, dann ist es ein Anzeichen für unterentwickeltes Urteilsvermögen. Werten wir unser Gegenüber ab oder müssen wir hingegen alles – selbst die trivialsten Entscheidungen – ständig hinterfragen, sehen wir stets Fehler und Schwierigkeiten, oder fällt es uns schwer, zu einer Entscheidung zu kommen, weil es ja immer noch weitere Information geben könnte, dann ist unser Urteilsvermögen überstrapaziert. Während ausgeglichenes Urteilsvermögen bemüht ist, alle Seiten und Argumente abzuwägen, kann übertriebenes Urteilsvermögen engstirnig, voreingenommen und vorverurteilend sein.

Menschen mit einem ausgeglichenen Urteilsvermögen werden gern um ihre Meinung und ihre Beurteilung gebeten, da sie für ihren ausgewogenen Standpunkt bekannt sind, dafür, dass sie nicht einfach an lieb gewonnenen Ideen festhalten oder besonders populäre Meinungen nachplappern.

Oft geht Urteilsvermögen Hand in Hand mit Weitsicht, einer weiteren Weisheitsstärke, die wir uns gleich genauer anschauen werden. Während Urteilsvermögen dich genau hinschauen und kritisch hinterfragen lässt, sorgt Weitsicht dafür, dass du dich nicht in Details verlierst. Du kannst einschätzen, wie weit die Analyse gehen muss und wann es Zeit ist zu entscheiden, sodass Ressourcen nicht in unwichtigen Details gebunden sind. Zudem identifizierst du dank deiner Weitsicht die weiteren Sichtweisen und Argumente, die vor einer Entscheidung berücksichtigt werden. Dieser breite, unvoreingenommene Überblick macht es dir dann auch leicht, angesichts neuer Information deine Position zu ändern.

Fragen zur Selbstbeobachtung:

- Erinnere dich an Situationen, in denen du dein Urteilsvermögen eingebracht hast, vielleicht als deine kritische Analyse besonders gefragt war. In welcher Weise hast du deine Sichtweisen oder Vorschläge ausgedrückt?
- Kannst du dich an Situationen erinnern, in denen du vorschnell geurteilt hast? Wie kam es dazu? Was hat dazu beigetragen? Hatte dein schnelles Urteil Folgen?

- Gibt es Situationen, in denen du unverbrüchlich an deiner Meinung festhältst und dabei besonders emotional wirst? Was zeichnet solche Situationen aus?

Aktivität:

- Finde eine Meinung, vielleicht eine politische Position, die deiner eigenen widerspricht. Versuche, dich in die Lage einer Person zu versetzen, die diese Position vertritt, und nimm dir Zeit, alle Gründe und Argumente zu sammeln, die für diese Position sprechen. Versuche, ein klares Bild dafür zu entwickeln, warum die Position von anderen Menschen vertreten wird.
- Falls es in deiner Arbeit eine Aufgabe oder ein Ziel gibt, bei dem noch unklar ist, wie es am besten angegangen werden kann, oder falls es verschiedene Meinungen gibt: Setz deine Fähigkeit zur kritischen Analyse sowie dein Urteilsvermögen ein, um die verschiedenen Lösungsansätze zu verstehen und abzuwägen.

Liebe zum Lernen

Tugend: Weisheit und Wissen.
Kurzbeschreibung: Du bringst viel Energie auf und es macht dir Freude, neue Fähigkeiten zu erlernen oder dir Wissen anzueignen.

Liebe zum Lernen ist eine Weisheitsstärke, die eng mit Neugier verbunden ist. Häufig sind beide in ähnlicher Weise ausgeprägt. Trotz ihrer Nähe bezeichnen sie unterschiedliche Qualitäten und können klar voneinander abgegrenzt werden. Neugier drückt die Faszination von etwas Neuem aus und die Motivation, es zu entdecken. Liebe zum Lernen bezieht sich hingegen auf den Erwerb von Wissen selbst. Neugier ist Drang oder Inspiration zu Neuem. Liebe zum Lernen ist dann unsere Leidenschaft, das Neue in all dem Reichtum und mit allen Facetten kennenzulernen und zu verinnerlichen, die Begeisterung für Wissen und dafür, etwas im Detail zu kennen und zu verstehen. Liebe zum Lernen gibt uns die Energie und Ausdauer, uns in ein Thema oder eine Aktivität tief einzugraben, bis wir sie von allen Seiten beleuchtet haben.

In manchen der noch recht seltenen deutschsprachigen Veröffentlichungen über Charakterstärken wird diese Stärke auch als »Lernfähigkeit« bezeichnet. Als Übersetzung von *love of learning* ist der Begriff doch etwas ungenau und erfasst die Bedeutung nicht voll. Denn dass wir *fähig* sind, etwas zu lernen, bedeutet nicht, dass wir gern lernen, dass es unsere Herzensangelegenheit ist, uns neues Wissen anzueignen. Es ist durchaus möglich, dass ich die Fähigkeit habe, effektiv zu lernen, es aber nicht gern tue. Obwohl Liebe zum Lernen etwas gestelzt erscheinen mag, trifft es den Kern dieser Charakterstärke in recht passender Weise.

Jemand, der Liebe zum Lernen als Signaturstärke hat, wird häufig zur Quelle an Information für seine Mitmenschen. Bei dieser Stärke fällt mir sofort unser guter Freund Rick ein, der uns in so vielen praktischen Situationen geholfen hat. Als wir mit unserem Auto auf der Autobahn liegen geblieben sind, irgendwo zwischen London und Liverpool, war unser erster Gedanke, Rick anzurufen, nicht etwa den Rettungsdienst unseres Automobilklubs. Noch heute erfüllt es mich mit Staunen, wie er uns per Telefon angeleitet hat, verschiedene Komponenten unter der Motorhaube zu überprüfen. Seine Beschreibung der jeweiligen Teile, ihrer Position, Form, Art der Befestigung sowie der benötigten Handgriffe war so präzise, als hätte er direkt neben uns gestanden und wir hätten uns gerade gemeinsam über den Motorraum gebeugt. Aber er ist nicht einmal Automechaniker und gab diese Anleitung, während er zu Hause auf dem Sofa saß!

Ähnliche Situationen wiederholten sich in den letzten 20 Jahren unzählige Male. Der Laserdrucker zieht das Papier nicht mehr richtig ein – Rick erklärt genau, welche Walze wie zu reinigen ist. Ist Gold eine gute Geldanlage? Wie ersetze ich die Heizspirale im elektrischen Ofen? Welches Wi-Fi-Protokoll ist am sichersten? Welche englische Satzkonstruktion ist am elegantesten, um eine bestimmte Bedeutung rüberzubringen? Rick gibt nicht nur nützliche Antworten, sondern liefert auch relevante Hintergrundinformation, sodass wir selbst davon lernen können. Ausgeglichene Liebe zum Lernen zeigt sich auch in dem Anliegen und der Fähigkeit, Wissen in nützlicher Weise zu teilen.

Obwohl es so erscheinen mag, kann Liebe zum Lernen nicht mit einer guten Ausbildung, mit Abitur oder Uniabschluss gleichgesetzt werden. Akademisches Wissen kann zwar auch eine Rolle spielen, doch zeigt sich diese Stärke in den verschiedensten Bereichen, wo immer es etwas zu wissen gibt, sei es beim Pflegen des Schrebergartens, beim Bewirtschaften eines Milchviehbetriebs, beim Erlernen einer neuen Sprache oder beim Verständnis der Relativitätstheorie. Liebe zum Lernen bedeutet, dass wir Freude daran haben, ein Thema wirklich zu durchdringen. Neugier bringt uns zum Thema und führt dazu, dass wir vielleicht ein Buch lesen oder uns den einen oder anderen Dokumentarfilm anschauen. Unsere Liebe zum Lernen lässt uns dann aber tiefer einsteigen. Statt mit einem Buch zufrieden zu sein, lesen wir sieben Bücher, die das Thema aus unterschiedlicher Perspektive beleuchten.

Ist Liebe zum Lernen zu wenig ausgeprägt, bleiben unser Interesse und Wissen oberflächlich, und wir erscheinen irgendwie gehemmt, wenn es darum geht, Neues zu erlernen. Es kann auch zu einer gewissen Selbstgefälligkeit führen, wenn wir weder beruflich noch im sozialen Umfeld oder in unserer Partnerschaft ein wirklich tieferes Verständnis entwickeln wollen und uns mit dem Status quo, der vielleicht schon seit Jahren unverändert ist, zufriedengeben.

Das andere Extrem ist der Besserwisser, der Altkluge, der mit seinen Details und Fakten jeden Dialog abwürgt, jemand, mit dem man nicht so gern ein Gespräch beginnt, weil man schon weiß, dass es ein stundenlanger Monolog wird, aus dem wir uns nur mit einer recht unfreundlichen Aktion befreien könnten. Dann lieber erst gar nicht fragen! In einer Diskussion zeigt sich überaktive Liebe zum Lernen darin, dass nur Zahlen, Fakten und Wissen als Argumente anerkannt werden. Wird sie übertrieben, kann diese Stärke unser Sozialleben auch noch in ganz anderer Weise beeinträchtigen, wenn wir uns so tief in ein Thema eingraben, dass wir die Welt und die Menschen um uns herum praktisch vergessen, unsere Verantwortlichkeiten vernachlässigen, weil uns der Drang, Neues zu lernen, völlig vereinnahmt und erfüllt.

Hier zeigt sich nochmals, was auch für alle anderen Charakterstärken gilt, nämlich dass sie nicht für sich allein stehen. Um Liebe zum Lernen ausgeglichen und in situationsangemessener Weise einzubringen, können wir andere Stärken heranziehen. Zum Beispiel kann soziale Intelligenz helfen zu erkennen, wann es passt, dein Wissen zu teilen; und Bescheidenheit kann es leichter machen, nicht all dein Fachwissen an den Mann bringen zu müssen.

Hast du Liebe zum Lernen in einer ausgeglichenen Weise entwickelt, kannst du verschiedenste Situationen als interessante Lernmöglichkeiten begrüßen, ohne jedoch alles, was geschieht, in eine Lernsituation verwandeln zu müssen. Wie wir am Beispiel von Rick gesehen haben, kannst du für Familie, Freunde und Kollegen zu einer reichen Wissensquelle werden, die sprudelt, wenn es nützlich ist, und sich bescheiden zurückhalten kann, wenn Faktenwissen oder andere Details gerade nicht gefragt sind. Für die sich mit immer rasanterer

Geschwindigkeit verändernden Anforderungen unserer Wissensgesellschaft ist deine Fähigkeit dann besonders gefragt. Denn obwohl das Internet eine enorme Menge an Fakten direkt zugänglich macht, ist noch mehr Wissen erforderlich, um die Spreu vom Weizen zu trennen und die diversen Fakten in einem passenden Zusammenhang sehen zu können.

Fragen zur Selbstbeobachtung:

* Welche Themengebiete, handwerklichen oder körperlichen Fähigkeiten findest du am interessantesten? Welche interessieren dich eher weniger?
* Was belebt dich beim Lernen am meisten, der Prozess des Lernens oder das Wissen selbst?
* In welchen Situationen oder Lebensbereichen hat dir dein Wissen am meisten geholfen?

Aktivität:

* Falls du den Eindruck hast, dass du deine Liebe zum Lernen nicht ausreichend lebst, setz dir das Ziel, ein bestimmtes Thema, eine Aktivität oder einen Wissensbereich zu vertiefen. Oft hilft es, einen konkreten Plan zu verfassen, wie du vorgehen möchtest. Willst du deine Fremdsprachenkenntnisse verbessern, kannst du zum Beispiel jeden Tag drei neue Vokabeln lernen. Oder du findest eine App für dein Handy, die dich dabei unterstützt und deinen Fortschritt registriert. Möchtest du deine Gärtnerkunst vertiefen, nimm dir vor, jede Woche eine neue Pflanze, ein weiteres Obst oder ein weiteres Gemüse zu erforschen. Halte deinen Plan in deinem Charakterstärken-Tagebuch fest und notiere, wie erfolgreich du deinen Plan umsetzt.
* Du könntest dir auch vornehmen, jede der 24 Charakterstärken für eine gewisse Zeit (eine Woche / drei Tage / einen Tag)

genauer zu erforschen. Zum Beispiel machst du für diesen Zeitraum Humor zu deinem Thema und versuchst, ihn von allen Seiten zu verstehen, in Filmen, Theaterstücken oder bei deinen Vorgesetzten und so weiter zu entdecken. Du analysierst, wie Humor mit anderen Stärken interagiert, und beobachtest, wie du ihn in verschiedenen Situationen ausdrückst. Um noch tiefer einzusteigen, kannst du dich zudem mit Büchern, Blogs, Podcasts oder der Information auf der Webseite des VIA-Instituts auseinandersetzen. Danach könntest du dann zur nächsten Charakterstärke übergehen. Das Arbeitsblatt »Charakterstärke im Fokus« (siehe Anhang) kann ein nützlicher Ausgangspunkt für so eine Analyse sein.

Weitsicht

Tugend: Weisheit und Wissen.
Kurzbeschreibung: Du bewahrst den Überblick, siehst das große Ganze und bist in der Lage, Entwicklungen vorherzusehen.

Die Charakterstärke Weitsicht rundet die Tugend Weisheit und Wissen ab. Wir verbinden sie noch mehr als die Stärke Urteilsvermögen mit Weisheit und setzen sie manchmal sogar mit ihr gleich. Etwas verwirrend, wird daher ihre englische Bezeichnung *perspective* in manchen Abhandlungen der Charakterstärken auch als Weisheit übersetzt.

Weitsicht bedeutet, dass wir den übergeordneten Sinn hinter vielen Ereignissen verstehen, wir daher eher langfristig denken und nicht vorrangig auf kurzfristige Gewinne oder Nutzen aus sind. Zusammenhänge zu sehen, langfristige Abläufe zu überblicken und unterschiedliche Sichtweisen, Zugänge und Lösungen berücksichtigen zu können erlaubt es dir, guten, weisen Rat zu geben. Du kannst die richtigen Fragen stellen und bist dir auch deiner eigenen Situation und Begrenzungen bewusst. Wenn sich Weitsicht ausgeglichen ausdrückt, erkennst du den Kern eines Problems schnell und verstehst die zugrunde liegenden Prinzipien. Daher sind Menschen mit Weitsicht geschätzt und werden gern um Rat gebeten.

Ist unsere Weitsicht jedoch unterentwickelt, sehen wir den Wald vor lauter Bäumen nicht. Wir verlieren uns in Details und haben keinen Überblick. Bei fehlender Weitsicht halten wir starr an einem Ereignis oder einer Erinnerung fest mit der Tendenz, diese zu verallgemeinern. Im Berufsalltag sind wir völlig im Detailwissen gefangen, sehen jedoch nicht, wie unser Expertentum in das Gesamtkonzept passt oder wie sich der gesamte Betrieb entwickelt und umorientiert. Wenn uns der Abstand fehlt, neigen wir dazu, aufgrund einzelner Geschehnisse, Situationen und Teilinformationen weitreichende Schlüsse zu ziehen. Ein Anzeichen dafür kann die Gewohnheit sein zu verallgemeinern: »Du machst nie den Abwasch«, »Du hast nie ein gutes Wort für mich«, »Immer muss ich mich um alles kümmern«, »Der Chef bevorzugt immer andere« oder auch »Ich krieg nie was auf die Reihe« ... Zu wenig Weitsicht kann dann auch dazu führen, dass wir ängstlich oder gestresst in Details gefangen sind, uns von Information überwältigt fühlen, uns nicht bewusst sind, was um uns herum passiert, oder blind sind für die Langzeitfolgen unserer Handlungen.

Weitsicht kann jedoch auch überstrapaziert werden. Geht es darum, ein konkretes Problemchen zu lösen, hilft uns ein Vortrag über Weltpolitik wenig. Ärgert sich ein Freund gerade über ein Knöllchen, möchte er vermutlich weder eine Abhandlung über Verkehrspolitik in einer Großstadt hören noch darüber, warum ein Strafzettel fürs Falschparken überhaupt als »Knöllchen« bezeichnet wird. Übertriebene Weitsicht kann auch dazu führen, dass wir uns als weiser Ratgeber aufspielen, ohne den passenden Hintergrund zu haben. Wir können dann leicht als abgehoben oder altklug erscheinen.

Mit ausgeglichener Weitsicht bringst du weisen Rat an, wenn es angemessen ist, kannst jedoch auch schweigen oder dein kritisches Denken ganz auf ein Detail konzentrieren. Eine weite Perspektive wird helfen, besser mit Stress, Verletzungen und Traumata umzugehen. Sie hilft uns auch, aus Fehlern zu lernen, in Krisenzeiten den Kopf über Wasser zu halten und Orientierung oder Neuausrichtung zu finden.

Fragen zur Selbstbeobachtung:

- Für welche anderen Charakterstärken benötigst du Weitsicht, damit du sie in angemessener Weise ausdrücken kannst?
- Helfen dir bestimmte Charakterstärken, um deine Weitsicht in bester Weise zu leben?
- Gibt es bestimmte Lebensbereiche oder Situationen, in denen deine Weitsicht besonders nützlich ist oder du sie verwenden kannst, um deinen Mitmenschen zu helfen?

Aktivität:

- Wenn in deinem Berufsalltag oder im Privaten eine Entscheidung ansteht, versuche, das Netz so weit wie möglich zu werfen und so viele Perspektiven wie möglich einzubeziehen.
- Erinnere dich an eine wichtige Entscheidung, die du getroffen hast, und versuche nachzuvollziehen, wie du zu dieser Entscheidung gekommen bist. Was hat dich motiviert? Welche Informationen und Meinungen hast du herangezogen?

Mut

Tapferkeit | Ausdauer | Ehrlichkeit | Begeisterte Aktivität

Die Tugend Mut *(courage)* umfasst all die emotionalen Stärken, die uns erlauben, häufig unter Einsatz unserer Willenskraft, innere und äußere Hindernisse zu überwinden, um Ziele zu erreichen. Mut, die Fähigkeit, Angst und Schwierigkeiten zu meistern, wird universell geschätzt, während sein Gegenteil, Kleinmütigkeit, Feigheit und Schwäche, wenig Ansehen genießt. Die Fähigkeit, für etwas einzustehen, selbst wenn es unangenehm oder gar gefährlich ist, kann sich im Großen wie im Kleinen zeigen. Unter Mut werden vier Charakterstärken zusammengefasst: Tapferkeit *(bravery)*, Ausdauer *(perseverance)*, Ehrlichkeit *(honesty)* und begeisterte Aktivität *(zest)*.

I need ammunition, not a ride!

»Ich brauche Munition, keine Mitfahrgelegenheit«, war die Antwort des ukrainischen Präsidenten Wolodymyr Selenskyj auf das US-amerikanische Angebot, ihn zu Beginn der russischen Invasion im Februar 2022 zu evakuieren. Dieser Ausdruck von Mut und die Inspiration für das ukrainische Volk sowie die internationale freiheitsverbundene Gemeinschaft – Selenskyjs Reaktion auf Putins Krieg – werden sicherlich in die Geschichte der hoffentlich weiterhin freien und selbstbestimmten Ukraine eingehen.

Tolkiens *Herr der Ringe,* Lindgrens *Brüder Löwenherz* oder Rowlings *Harry Potter* ..., immer wieder sind Jung und Alt von dem Mut fasziniert, von der Bereitschaft, alles zu riskieren, um für grundlegende menschliche Werte und Prinzipien einzustehen. Doch die Tugend Mut ist nicht beschränkt auf besondere heroische Handlungen, wenn jemand sein eigenes Leben in Gefahr bringt. Sie impliziert auch kaum sichtbare Aspekte, die mehr mit unserem Innenleben als mit atemberaubenden Handlungen zu tun haben. Insbesondere diese inneren Aspekte von Mut werden deutlicher, wenn wir uns mit den vier Charakterstärken genauer beschäftigen.

Tapferkeit

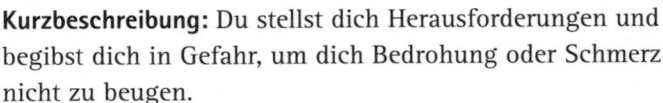

Tugend: Mut.

Kurzbeschreibung: Du stellst dich Herausforderungen und begibst dich in Gefahr, um dich Bedrohung oder Schmerz nicht zu beugen.

Tapferkeit ist die Charakterstärke, die gemeinhin am ehesten mit Mut in Verbindung gebracht wird, sodass die beiden Begriffe im alltäglichen Sprachgebrauch häufig synonym verwendet werden. Das System der Charakterstärken unterscheidet jedoch zwischen den beiden. Mut ist weiter gefasst und beschreibt die Haltung und Lebenseinstellung, die Tapferkeit ermöglichen. Tapferkeit bezieht sich auf konkrete Handlung, wenn du dich einem Risiko, Schwierigkeiten oder Unannehmlichkeiten aussetzt, um für etwas Bedeutendes einzustehen oder etwas Wichtiges zu erreichen. Mut umfasst jedoch mehr als tapfere Handlungen. Ehrlichkeit, Ausdauer und begeisterte Aktivität sind weitere Stärken, die zu ihm beitragen.

Ähnlich wie bei Kreativität fällt uns möglicherweise auch bei Tapferkeit zuerst die große, besonders sichtbare und beeindruckende Tapferkeit ein. Vielleicht denken wir an die Selbstaufopferung von Helden, die auch gern in Hollywoodfilmen zelebriert wird, von Bruce Willis als John McClane in *Stirb langsam* bis zu Gerard Butler als Leonidas in *300* oder als Mike Banning in *Olympus Has Fallen – Die Welt in Gefahr*. Sie wurden zu solchen Kassenschlagern, weil Tapferkeit, verbunden mit Gerechtigkeitssinn, uns als Menschen so sehr berührt, etwas in uns anspricht, was wir zutiefst wertschätzen. Die große Tapferkeit, die dort zur Schau gestellt ist, hat viel mit Kampfgeist und dem Einsatz unseres Körpers, unserer Gesundheit und unseres Lebens zu tun, wenn ein Held wirklich aufs Ganze geht. Die gesellschaftliche Wertschätzung dieser Stärke spiegelt sich direkt in der höchsten Auszeichnung der Bundeswehr wider, dem Ehrenkreuz der Bundeswehr für Tapferkeit, das seit dem Jahr 2009 »für außergewöhnlich tapfere Taten« verliehen wird.

Doch Tapferkeit hat viele weitere Facetten, die für unseren Alltag von zentralerer Bedeutung sein können. Neben der körperlichen Tapferkeit spielt auch die psychologische eine wichtige Rolle. Sie ist nach innen gerichtet und erlaubt uns, ehrlich zu uns selbst zu sein und geistige und emotionale Schwierigkeiten direkt anzugehen, statt sie zu vermeiden. Zuvorderst bedeutet dies, sich eigener Begrenzungen bewusst zu sein und sie ernst zu nehmen, statt den Helden spielen zu müssen.

Eine Freundin teilte ihre Beobachtung mit mir, wie ihr junger Sohn sich vorsichtig an neue Dinge herantastet und ihr ganz ehrlich eröffnet, wenn ihm etwas nicht ganz geheuer ist. Hier sehen wir deutlich, wie die beiden Charakterstärken Ehrlichkeit und Tapferkeit zusammenkommen. Er ist tapfer genug, um ehrlich zu sich selbst zu sein und dies mit seiner Mutter zu teilen.

Gehen wir etwas weiter, brauchen wir innere Tapferkeit auch, um uns eigene Probleme oder Mängel selbst einzugestehen und über die eigenen Begrenzungen hinauszugehen. Für unsere persönliche Entwicklung benötigen wir sie, um uns mit unseren eigenen Schwierigkeiten und Schwächen zu konfrontieren, lieb gewonnene Gewohnheiten aufzugeben und Schritte ins Ungewisse zu machen. Zudem kann es dann durchaus wichtig sein, die tapfere Entscheidung zu fällen, bestimmte emotionale Themen in der Beziehung oder auch am Arbeitsplatz anzusprechen.

Eine weitere Facette von Tapferkeit ist eng mit unserem Gerechtigkeitsgefühl und einem Sinn für Fairness verbunden. Wir scheuen uns nicht davor, für Recht einzutreten, wenn wir Ungerechtigkeiten oder inakzeptables Verhalten feststellen. Selbst wenn es zu unserem eigenen Nachteil ist, verwenden wir die richtigen Kanäle, um auf Missstände, Fehlverhalten, Korruption oder schikanierendes Verhalten aufmerksam zu machen.

Fehlt es an ausreichender Tapferkeit, stehen wir nicht dafür ein, was wir für wahr und richtig halten, und wählen stattdessen den Weg des geringsten Widerstands. Fehlende Tapferkeit kann sich auch als ein Gefühl von Hilflosigkeit manifestieren, wenn wir einfach keine Idee haben, wie wir eine schwierige Situation angehen könnten.

Das Gegenteil, übertriebene Tapferkeit, kann uns waghalsig und draufgängerisch machen. Sie kann sich als Besessenheit für Extremsportarten zeigen, wenn wir uns immer radikaleren Erfahrungen aussetzen müssen, ohne Rücksicht auf Verluste. Dann fehlt vielleicht auch die Rücksicht auf unsere Mitmenschen, auf jene, die uns nahestehen und von Sorgen gemartert sind, oder auf jene unbekannten Verkehrsteilnehmer, die wir mit unserem waghalsigen Fahrstil in Lebensgefahr bringen. Am Arbeitsplatz kann sich diese Tendenz auch als eine gewisse Besessenheit von einem bestimmten Thema zeigen, das wir einfach nicht gehen lassen können, wodurch wir blind für andere Perspektiven und Lösungsansätze sind. Ebenso können wir als rechthaberisch oder provokativ rüberkommen.

Ausgeglichene Tapferkeit ist hingegen sehr attraktiv. Sie weckt Vertrauen, denn unsere Mitmenschen wissen, dass sie sich auf uns verlassen können, auch wenn es schwierig wird. Sie drückt sich zumeist im Zusammenspiel mit anderen Charakterstärken aus. Weitsicht und Fairness tragen dazu bei, dass du deine Tapferkeit in eine angemessene Richtung lenkst, während Ehrlichkeit der Auslöser dafür sein kann, nicht tatenlos zuzuschauen, wenn Unrecht geschieht. Auf uns selbst, unsere Entwicklung und unser Innenleben ausgerichtet, helfen uns Ehrlichkeit und Tapferkeit, eigene Gewohnheiten und Meinungen ohne Beschönigung zu betrachten und dank einer weiteren Charakterstärke, Zuversicht, Veränderungsschritte einzuleiten.

Fragen zur Selbstbeobachtung:

- In welchen Lebensbereichen und Situationen spielt Tapferkeit für dich eine besondere Rolle?
- Gibt es Situationen, in denen du gerne tapferer wärest?
- Welche anderen Charakterstärken erlauben dir, deine Tapferkeit zu leben?

Aktivität:

- Gibt es in einem deiner Lebensbereiche ein Thema, das dir Sorgen macht und bei dem du etwas ängstlich bist, es anzugehen? Wenn ja, mach dir zuerst bewusst, was dir Angst bereitet, und stell dir im zweiten Schritt vor, wie du ohne diese Angst handeln würdest.
- Nimm dir auch einen Moment Zeit, um dir vorzustellen, wie du dich danach fühlen würdest. Versuche dann im nächsten Schritt, die vorgestellte Handlung wirklich auszuführen, wenn sich die Gelegenheit dazu ergibt. Machst du dir zum Beispiel über ein Beziehungsproblem Sorgen, versuche, die Tapferkeit aufzubringen, deine Sorgen anzusprechen. Hast du dich bei der Arbeit von einem bestimmten Thema oder einer neuen Entwicklung ferngehalten, verwende deine Tapferkeit, um dein Zögern zu überwinden und dich mit dem Thema zu beschäftigen, vielleicht eine Fortbildung zu belegen oder im Selbststudium in die Materie einzusteigen.

Ausdauer

Tugend: Mut.

Kurzbeschreibung: Du vollendest, was du begonnen hast, auch wenn es mit Hindernissen und Schwierigkeiten verbunden ist.

Ausdauer bedeutet, bei einer Sache zu bleiben, bis sie vollendet ist, selbst wenn es schwierig wird und mit Hindernissen verbunden ist. Bei dieser Charakterstärke schwingen auch eine gewisse Hartnäckigkeit sowie Unnachgiebigkeit mit, was deutlich macht, warum sie mit der Tugend Mut zusammenhängt. Ausdauer bedeutet, dass wir unser Engagement über lange Zeiträume aufrechterhalten und auch eine hohe Intensität mobilisieren können, um unsere Ziele zu erreichen.

Zur Ausdauer, die sich in einer gesunden Balance befindet, gehört auch, im Voraus zu planen, sich Zeit für Pausen zu nehmen sowie ein Gewahrsein dafür zu haben, welche Auswirkungen unser Engagement auf unser soziales Umfeld hat. Soziale Intelligenz ist für diese Stärke daher häufig von Bedeutung. Ebenso gehört dazu zu wissen, wie wir uns selbst motivieren und belohnen können und wie wir am besten bei der Stange bleiben, also wie wir ein gutes Maß an Selbststeuerung einbringen. Jeder wird da seinen eigenen Zugang finden, eine gute Balance von Zuckerbrot und Peitsche.

Für mich selbst habe ich zum Beispiel ein System entwickelt, das mir enorm hilft, wenn ich ein umfassendes Projekt, das langfristigen konsistenten Einsatz benötigt, über die Ziellinie bringen möchte. Um beim Schreiben dieses Buches bei der Sache zu bleiben und nicht in Verzug zu geraten, habe ich in meinem Spreadsheet-Programm ein paar Diagramme entwickelt, die mir zeigen, wie viel Fortschritt ich täglich gemacht habe, wie weit ich noch vom Ziel entfernt bin und auch ob ich mein durchschnittlich benötigtes Tagespensum erreicht habe. Ein Blick auf meine Balken- und Tortendiagramme zeigt mir, wo ich stehe, und motiviert mich, noch etwas mehr zu geben. Ein ähnliches System verwende ich auch, wenn es darum geht, die Unmenge von Aufsätzen und Examensarbeiten meiner Studenten zu korrigieren. Vielleicht erstaunlich, dass mich einfache Diagramme in Grün und Rot so sehr motivieren können – und es passt sicherlich nicht für jeden. Für mich funktioniert es wunderbar, und die psychologische Forschung zeigt ebenfalls, dass es nützlich ist, ein großes Ziel in konkrete Teilziele zu unterteilen, diese zu notieren und dann den Fortschritt – ob jeweilige Teilziele erreicht wurden – festzuhalten.

Meistern wir Herausforderungen und erreichen wir dank unserer Ausdauer anspruchsvolle Ziele, so ist ein natürliches Resultat, dass unser Selbstwertgefühl und unser Wohlbefinden zunehmen. Zudem weisen psychologische Studien nach, dass Ausdauer mit Erfolg in Ausbildung, Beruf und Privatleben in Zusammenhang steht.[28] Kurz gesagt, ist Ausdauer eine sehr nützliche Stärke, und es ist sinnvoll, Wege zu finden, sie in ausgeglichener Weise in unser Leben zu integrieren.

Die Gewohnheit, Dinge aufzuschieben und zu vertagen, Trägheit oder ein Gefühl von Langeweile sind deutliche Zeichen dafür, dass unsere Ausdauer unterentwickelt ist. Haben wir wenig Ausdauer, kann sich auch ein Gefühl von Hilflosigkeit einschleichen, oder wir haben die Tendenz, schnell aufzugeben. Ist dies der Fall, geht es häufig mit geringer Zuversicht oder sogar einer gewissen Hoffnungslosigkeit einher. Gründe dafür können recht unterschiedlich sein und mit geringem Selbstwert zu tun haben – oder mit dem Gefühl, nicht die notwendigen Fertigkeiten oder das erforderliche Wissen zu besitzen.

Fehlende Ausdauer kann sich ebenso auf bestimmte Lebensbereiche beziehen oder sogar noch enger umschrieben sein, wie bei manchen unserer Psychologiestudenten zu beobachten ist. Sie werfen sich voller Ausdauer und mit Neugier, begeisterter Energie und Liebe zum Lernen in bestimmte psychologische Fächer, doch wandelt sich die Ausdauer in Zögerlichkeit, Aufschieben und Vertagen, wenn es darum geht, sich mit statistischen Analyseverfahren – die für die psychologische Forschung unentbehrlich sind – auseinanderzusetzen.

Übertriebene Ausdauer bringt uns dagegen in das andere Extrem. Wir werden vielleicht hartnäckig und störrisch und handeln ohne Rücksicht auf Verluste, komme, was da wolle. Und diese Verluste können natürlich groß sein, für uns selbst und unsere Umwelt.

Ist Ausdauer für uns eine wichtige Charakterstärke und sind wir gewohnt, sie zu mobilisieren, um Schwierigkeiten und Hindernisse zu überwinden sowie Ziele zu erreichen, kann dies auch in Selbstzweifel umschlagen, wenn wir ein Ziel nicht erreicht haben. Wenn uns Ausdauer häufig Erfolg gebracht hat, scheint die Schlussfolgerung auf der Hand zu liegen, dass wir uns nicht genug eingesetzt haben, wenn wir ein Ziel nicht erreichen. Mit etwas kritischem Denken, Weitsicht und vielleicht auch Bescheidenheit kann schnell deutlich werden, dass dem nicht so sein muss. Es ist nicht immer der Fall, dass alles allein von uns abhängt, sondern dass viele andere Faktoren, auf die wir häufig keinen Einfluss haben, ausschlaggebend sind.

Fragen zur Selbstbeobachtung:

- In welchen Situationen oder Lebensbereichen fehlt es dir an Ausdauer?
- Mit welchen anderen Charakterstärken steht Ausdauer in Zusammenhang? Welche Stärken kannst du dank Ausdauer besser ausdrücken? Welche Stärken helfen dir, für Ausdauer die goldene Mitte zu finden?

Aktivität:

- Welches größere Ziel möchtest du in der näheren Zukunft erreichen? Definiere dieses Ziel und unterteile es in Teilziele, kleinere Schritte auf dem Weg zu dem Gesamterfolg. Entscheide dich für eine Methode, die Teilziele festzuhalten und zu notieren, ob oder wann du sie erreicht hast.
- Vielleicht liegt dir ebenfalls ein Spreadsheet, oder du entwirfst eine Tabelle in deinem Charakterstärken-Tagebuch.
- Am Ziel angekommen, reflektiere über den Prozess und überleg dir, ob es dir dieser Zugang leichter gemacht hat, am Ball zu bleiben. Lässt sich die Methode verbessern oder auf andere Bereiche übertragen?

Ehrlichkeit

Tugend: Mut.
Kurzbeschreibung: Dir ist es wichtig, die Wahrheit zu sagen, und du legst Wert darauf, aufrichtig und authentisch aufzutreten und zu leben.

Ehrliche Menschen bemühen sich, im Einklang mit ihren Werten zu leben und sich so zu verhalten, wie sie wirklich sind. Ihnen ist Aufrichtigkeit im Umgang mit anderen Menschen besonders wichtig. Sie werden als vertrauenswürdig angesehen, die vielleicht wichtigste Voraussetzung für tiefe Beziehungen und daher auch Baustein für unser Wohlbefinden. Das Gegenteil – Misstrauen, Hintergehen oder Betrug – verleiht Popmusik, Liebesfilmen und -romanen unzählige dramatische Impulse und wird sicherlich auch im wirklichen Leben einer der Hauptgründe sein, warum Ehen und Partnerschaften auseinandergehen.

Es ist eine enorme Herausforderung, in allen Situationen mit sich selbst und der Umwelt hundertprozentig ehrlich zu sein. Und nur wenige Menschen meistern sie. Bedenken wir allein die vielfältigen Rollen und sozialen Situationen, in denen wir uns befinden, wird die Komplexität schnell deutlich. Wie wichtig ist es, mit einem flüchtigen Bekannten völlig ehrlich zu sein und unsere Meinung zum Besten zu geben? Wo liegen die Unterschiede im Vergleich zu unserer Lebenspartnerin oder zu einem Geschäftspartner?

Ehrlichkeit richtet sich ebenfalls nach innen. Können wir in jeder Situation völlig ehrlich mit uns selbst sein? Sind wir Kritik ausgesetzt, ist häufig ein erster Impuls, unsere eigene Meinung zu verteidigen und Verantwortlichkeit oder Schuld bei anderen zu suchen, eine Art oberflächlicher Selbstschutzmechanismus. »Oberflächlich«, denn letztendlich bietet diese Abwehr keinen wirklichen Schutz. Wenn wir vermeiden, eine Situation ehrlich und aufrichtig zu betrachten, berauben wir uns der Möglichkeit, in sinnvoller Weise mit ihr umzugehen, sie zu beeinflussen und zu verändern. Ein gewisses Maß an Tapferkeit kann nötig sein, um diese Ehrlichkeit mit uns selbst aufzubringen.

Obwohl Ehrlichkeit eine besonders hoch angesehene Stärke ist, kann sie zu Schwierigkeiten führen, wenn sie zu stark ausgeprägt ist oder wir sie zu extrem ausdrücken. Zu viel Ehrlichkeit, die nicht von sozialer Intelligenz und Selbststeuerung ausgeglichen wird, kann verletzend sein. Ähnlich ist es, wenn wir überbetonen, wie authentisch wir sein wollen. Legen wir besonders viel Wert darauf, uns so auszudrücken, wie wir sind, und ziehen wir daher einfach unser eigenes Ding durch, spielen die Bedürfnisse oder Perspektiven unserer Mitmenschen kaum mehr eine Rolle.

Übertriebene Ehrlichkeit ist sich sozialer Situationen wenig bewusst. Es kann recht rücksichtslos sein, ungehemmt auszudrücken, was wir für wahr halten. Verbunden mit übertriebenem kritischen Denken, kann es für unser Gegenüber sehr unangenehm werden. Wir glauben zu wissen, wo bei ihm die Fehler liegen, und haben keinerlei Hemmungen, ihn dies auch wissen zu lassen. Die »Wahrheit« ist das Einzige, was für uns zählt. In manchen Situationen mögen wir durchaus recht haben, doch kann der Schaden trotzdem größer sein als der Nutzen. Oft bringt es wenig, eine »Wahrheit« auszusprechen, wenn dafür keinerlei Offenheit herrscht, selbst wenn wir besonders ehrlich sind. Soziale Intelligenz und andere zwischenmenschliche Stärken können uns dann helfen, das richtige Maß an Wahrheit in richtiger Weise auszudrücken, damit unsere Mitmenschen davon profitieren können. Wenn wir Charakterstärken als positive Persönlichkeitseigenschaften verstehen, bedeutet das eben auch, dass wir den Nutzen für andere berücksichtigen. In vielen Situationen haben wir wahrscheinlich nicht alle Informationen und überblicken die Lage nicht vollständig. Unterstützt von der Charakterstärke Bescheidenheit, weiß unsere ausgeglichene nach innen gerichtete Ehrlichkeit, dass wir nicht alles wissen, insbesondere nicht, wie eine Situation aus der Perspektive unseres Gegenübers aussieht.

Wenn Ehrlichkeit zu schwach ausgeprägt ist, sind Menschen eher angepasst, haben kaum wahrnehmbare eigene Überzeugungen oder stehen nicht leicht für ihre Überzeugungen ein. Oft schließen sie sich der vorherrschenden Meinung an, oder es bedarf großer Überwindung, die eigene Meinung – wenn überhaupt – zu äußern. Wir verwenden unterschiedliche Strategien, um jegliche Kritik an uns abzuwenden und ein Bild zu projizieren, wie wir gerne sein würden. Obwohl in der Partnerschaft Transparenz von entscheidender Bedeutung ist, kann es Situationen oder Beziehungen geben, in denen jemand nicht in der Lage ist, Ehrlichkeit auszudrücken. Vielleicht sind wir aufgrund von schmerzhaften Kindheitserfahrungen verschlossen und hegen die Befürchtung, den Partner zu verlieren, wenn wir teilen, wie wir fühlen oder denken. Manche Menschen haben auch das Gefühl, dass offen und ehrlich zu sein sie zu verletzbar macht, und bleiben daher bei einem aufgebauten Schutzmechanismus.

Hast du deine Ehrlichkeit rund entwickelt, bist du dir einerseits bewusst, welche Impulse und Gefühle dich bewegen, und bist offen für Kritik, die du als Entwicklungsmöglichkeit siehst. Du kannst soziale Signale lesen und »die Wahrheit« in angemessener Weise teilen. Deine Mitmenschen haben Vertrauen zu dir, weil sie erkennen, dass deine Haltung, Kommunikation und Handlung offen und von den gleichen Werten getragen sind.

Das Gefühl zu haben, authentisch zu leben, hängt recht eng mit unseren Signaturstärken zusammen, denn sie drücken aus, wer wir wirklich sind. Daher hilft uns Ehrlichkeit, unsere Signaturstärken in verschiedene Lebensbereiche einzubringen – und andersherum können wir dank unserer Signaturstärken in allen Lebensbereichen eine ehrliche, aufrichtige und authentische Identität leben.

Fragen zur Selbstbeobachtung:

- Gibt es Situationen, in denen du nicht transparent bist und deine Gedanken und Gefühle nicht ausdrückst? Was sind deine Gründe dafür?
- Unsere Ehrlichkeit ist besonders auf die Probe gestellt, wenn wir uns entscheiden müssen, den richtigen oder den einfachen Weg zu gehen. Kennst du solche Situationen? Wie hast du dich entschieden? Welche Charakterstärken helfen hier, ehrlich zu sein, und wie überwindest du innere und äußere Widerstände?

Aktivität:

- Nimm dir eine kurze Auszeit, um darüber nachzudenken, welche drei Aktivitäten oder Aktivitätsbereiche, in denen du dich engagierst, besonders bedeutsam sind. Überlege dir, in welcher Weise sie mit deinen Werten in Verbindung stehen, damit, was deinem Leben Sinn und Ausrichtung gibt.
- Halte in deinem Stärken-Tagebuch fest, was du schon tust und noch tun könntest, um bei diesen Aktivitäten auch langfristig so authentisch wie möglich zu sein.

Begeisterte Aktivität

Tugend: Mut.
Kurzbeschreibung: Du bist voller Lebenskraft, begeisterst dich leicht für verschiedenste Themen und Aktivitäten und engagierst dich voller Tatkraft. Du begegnest dem Leben mit Schwung, Freude, Begeisterung und Energie.

Diese Charakterstärke zeichnet sich besonders durch ein Gefühl von Begeisterung aus, die sich dann als Tatkraft manifestiert. Begeisterte Aktivität bedeutet, dass wir in verschiedenen Lebensbereichen viel Energie mobilisieren können. Ist diese Stärke ausgeprägt, fällt es dir leicht, neue Projekte auf den Weg zu bringen, am Laufen zu halten und fertigzustellen. Während im Englischen der kompakte Begriff *zest* diese Stärke hervorragend zum Ausdruck bringt, müssen wir uns im Deutschen mit einer etwas umständlichen Umschreibung zufriedengeben. Mit dem Begriff »begeisterte Aktivität« versuche ich, diese Bedeutung zu erfassen. Die Betonung liegt dabei aber etwas mehr auf der Begeisterung.

Obwohl es bei dieser Charakterstärke um die freudvolle Energie, den Schwung und das Gefühl von Inspiration geht, lässt sich die Begeisterung doch nicht von der Aktivität abtrennen. Denn eine faule oder träge Begeisterung, die nicht mit Elan, Schwung und Antrieb getränkt ist, würde die Stärke nicht recht erfassen. Manchmal wird diese Stärke auch schlicht als Lebenskraft, Begeisterung oder Enthusiasmus bezeichnet, doch kommt für meinen Geschmack dabei der aktive Anteil zu kurz, der uns dazu bringt, uns zu engagieren und viel einzusetzen.

Dennoch lässt sich diese Stärke auch nicht auf Aktivität und Einsatz allein reduzieren, denn die positive energetisierende Gefühlskomponente wäre nicht abgedeckt. Sind wir zwar aktiv, doch allein um unsere Pflichten abzuarbeiten und ohne jegliche Begeisterung, wäre dies kein angemessener Ausdruck dieser Charakterstärke.

Begeisterte Aktivität ist unsere größte Glücksstärke und eng mit unserem Wohlbefinden verbunden. Es ist intuitiv einsichtig, dass sich Menschen, die voller Vitalität und Begeisterung sind, gut fühlen und dass Menschen, die sich gut fühlen, energetischer und begeisterter sind und ein sehr aktives Leben führen.

Der Tatendrang dieser Stärke drückt sich gewöhnlich als geistige und körperliche Vitalität aus und ist ansteckend. Strotzt du vor enthusiastischer Tatkraft, fällt es dir leicht, Mitmenschen zu begeistern und zu motivieren.

Bei zu geringer Begeisterung mangelt es uns an Energie, was sich oft als Langeweile, fehlendes Interesse, Müdigkeit, Antriebslosigkeit oder gar Krankheit und Depressionen zeigen kann. Insbesondere wenn sich Müdigkeit und fehlende Energie durch alle Lebensbereiche ziehen, kann es wichtig sein, auch mögliche gesundheitliche Gründe abzuklären. Ein häufiger körperlicher Grund für Müdigkeit – aber bei Weitem nicht der einzige – ist eine Unterfunktion der Schilddrüse. Sofern dies medizinisch als Ursache identifiziert wurde, kann eine Behandlung, bei der das fehlende Hormon Thyroxin durch ein

Medikament ersetzt wird, eine grundlegende Müdigkeit und Antriebslosigkeit reduzieren.

Bei einem guten Freund konnte ich eine eindrucksvolle Veränderung beobachten. Seit Jahren fiel es ihm schwer, seine Interessen in wirkliche Aktivität umzusetzen, weil er einfach nicht die Energie aufbringen konnte. Er war von körperlicher Müdigkeit sowie geistiger Antriebslosigkeit geplagt, immer wieder nah an einer Depression. Trotz vielfältiger Interessen tat er sich enorm schwer damit, Ideen und Projekte wirklich voranzutreiben. Als sein Arzt dann eine Schilddrüsenunterfunktion diagnostizierte und die medikamentöse Behandlung begann, veränderte sich sein Leben ziemlich grundlegend, und eine fast jugendliche Begeisterung kehrte zurück. Für jeden war unmittelbar wahrnehmbar, wie sich seine berufliche Tätigkeit, sein Familienleben und auch sein Engagement für verschiedene Hobbys veränderten, wie er mehr Begeisterung ausstrahlte und deutlich zufriedener und erfüllter erschien.

Ich möchte mir natürlich nicht anmaßen, eine bestimmte medizinische Behandlung für Antriebslosigkeit vorzuschlagen. Weder bin ich dazu qualifiziert, noch wäre solch allgemeingültige Aussage zulässig. Und ebenso kann ich mir vorstellen, dass andere – nichtmedikamentöse – Ansätze sinnvoll sein können. Da es für ein erfülltes Leben so grundlegend wichtig ist, uns mit Energie und Begeisterung zu engagieren, und diese Charakterstärke so eng mit unserem körperlichen Grundton verknüpft ist, scheint es mir jedoch angeraten, mögliche medizinische Ursachen nicht außer Acht zu lassen.

Stellen wir fest, dass unsere Aktivität zu gering ist, wir uns nicht so leicht für etwas begeistern können oder die Begeisterung schnell nachlässt, ist es angebracht, zu beobachten oder zu analysieren, was die Ursachen sein könnten, um dann mit ihnen zu arbeiten. Auf psychologischer Ebene hängt das Ausmaß an Begeisterung und Energie häufig davon ab, ob wir etwas als sinnvoll und bedeutsam empfinden. Ist dir dieser Sinn abhandengekommen, können deine Signaturstärken besonders hilfreich sein. Da sie so sehr mit unserem Gefühl von Lebendigkeit und Authentizität verbunden sind, könntest du dich fragen, wie du eine Situation mithilfe von Signaturstärken besser angehen könntest.

Wenn ich mich mal wieder von der Arbeitslast an der Uni überwältigt fühle, hilft es mir, mich meiner Signaturstärken Spiritualität, Fairness und Zuversicht zu besinnen und diese in meiner Arbeit wieder mehr in den Mittelpunkt zu rücken. Meine Spiritualität gibt meiner Lehrtätigkeit in der Positiven Psychologie und meiner Meditationsforschung eine deutliche Ausrichtung. Mein Bezug auf Fairness stärkt meine Bestrebung, all meine Studenten in bestmöglicher Weise zu unterstützen, und Zuversicht belebt mein Vertrauen, dass all die Anstrengungen einen echten Nutzen bringen können.

Unser allgemeines Energieniveau kann auch aufgrund eines müßigen, trägen Lebensstils abgesenkt sein. Nach mehr als zwei Jahren, in denen wir durch Covid-19-Maßnahmen eingeschränkt waren und viele von uns sich mehr oder weniger zum Stubenhocken verdammt fühlten, haben einige Menschen eher beschauliche Gewohnheiten entwickelt. Kritisches Denken, Urteilsvermögen, Weitsicht und Selbststeuerung, aber auch ein wenig nach innen gerichtete Vergebung und Güte können uns dabei helfen, uns langsam aus der trägen Versenkung zu befreien und unsere Alltagsgewohnheiten bezüglich Ernährung, Schlaf, körperlicher Aktivität, Sport, Fortbewegung und so weiter wieder in Richtung sinn- und freudvoller Aktivität auszurichten.

Fallen wir in das andere Extrem – überaktive Begeisterung und Aktivität –, können Verausgabung und Erschöpfung auf uns warten. Ebenso kann unser ständiges »Schneller, Höher, Weiter« für unsere Mitmenschen recht anstrengend sein. Jemand, der nie zur Ruhe kommt, der ständig seine Begeisterung teilen muss, kann zudem auch als unrealistisch, anmaßend oder gar falsch wahrgenommen werden. Fehlt uns die Bewusstheit für den richtigen Zeitpunkt und die richtige Situation und lassen wir keinen Freiraum für Reflexion und Sammlung, kann dies dazu führen, dass sich unsere Mitmenschen eher abwenden und soziale Beziehungen leiden, statt durch unsere begeisternde Art bereichert zu werden.

Drücken wir diese Charakterstärke in balancierter Weise aus, bringt sie Glück für uns selbst und andere. Voller Begeisterung aktiv zu sein und dabei die Situationen richtig zu lesen wirkt anziehend und hilft, sinnvolle und erfüllende Beziehungen aufzubauen. Sind wir voller Enthusiasmus, ist es einfacher, andere Stärken zu entwickeln, seien es andere Charakterstärken oder Talente, Fertigkeiten und Leidenschaften / Hobbys. Es wird leichter, Verhaltensänderungen umzusetzen und gesteckte Ziele zu erreichen.

Fragen zur Selbstbeobachtung:

- Wo kommt deine Begeisterung her? Ist sie »einfach da«, oder gibt es bestimmte Gründe oder Auslöser, die sie aktivieren? Hängt sie zum Beispiel davon ab, um welches Thema oder welchen Lebensbereich es sich dreht?
- Gehst du alles, was du tust, mit begeisterter Aktivität an, oder gibt es große Unterschiede zwischen verschiedenen Themen- oder Lebensbereichen?

Aktivität:

- Möchtest du deine begeisterte Aktivität beleben, kann es nützlich sein, deine Aufmerksamkeit auf Charakterstärken deiner Mitmenschen zu richten und dann deine Begeisterung für die beobachtete Stärke auszudrücken.
- Stärken deiner Begeisterung: Versuche, ganz bewusst den Reichtum, das Besondere und Begeisternde in vielen Situa-

tionen zu sehen und – falls es in der Situation angemessen erscheint – auch auszudrücken.

- Stärken deines Energieniveaus: Entwickle einen realistischen Plan, um deine körperliche Aktivität zu erhöhen, und verfolge ihn. Notiere deinen Fortschritt und halte fest, ob du deine Ziele erreichst.

Menschlichkeit
Liebe | Güte | Soziale Intelligenz

Unter Menschlichkeit *(humanity)* sind die zwischenmenschlichen Charakterstärken zusammengefasst, die einen liebevollen menschlichen Austausch ermöglichen, der von positiven Gefühlen geprägt ist. Sie umfasst Liebe *(love)*, Güte *(kindness)* und soziale Intelligenz *(social intelligence)*.

Menschlichkeit ist eine von zwei Tugenden, die eine vorrangig zwischenmenschliche Ausrichtung haben. Bei ihr steht die Qualität unseres direkten menschlichen Kontakts im Vordergrund, der häufig zwei Personen betrifft, aber nicht darauf beschränkt sein muss. Bei der zweiten zwischenmenschlichen Tugend, Gerechtigkeit, geht es eher um die Qualität der Beziehungen mehrerer Menschen. Doch gibt es Überlappungen. So ist Menschlichkeit nicht ausschließlich auf den Kontakt mit einer weiteren Person beschränkt, und ebenso spielt Gerechtigkeit auch in der Beziehung zwischen zwei Menschen eine Rolle.

Wenn wir Menschlichkeit ausdrücken, ist unser Leben von liebevollem und wertschätzendem Verhalten gekennzeichnet. Wir erkennen und verstehen die Bedürfnisse unserer Mitmenschen und setzen uns dafür ein, dass sie erfüllt werden.

Liebe

Tugend: Menschlichkeit.

Kurzbeschreibung: Du schätzt menschliche Nähe, und es fällt dir leicht, sie herzustellen.

Über kein anderes Gefühl ist so viel geschrieben, gedichtet, gefilmt und gesungen worden wie über Liebe. Sie bedarf keiner Einführung. Doch geht es bei Liebe als Charakterstärke nicht vorrangig um die verschiedenen Gefühlszustände, die häufig als Liebe bezeichnet werden. Vielmehr geht es darum, dass uns verbindliche menschliche Beziehungen und Nähe wichtig sind, dass wir in der Lage sind, solche Beziehungen aufzubauen und aufrechtzuerhalten. Gegenseitige Wertschätzung, beidseitige Verbindlichkeit sowie die Bereitschaft, in diesen Beziehungen großzügig zu sein, sind wichtige Bestandteile.

In manchen Beschreibungen wird diese Charakterstärke auch als Bindungsfähigkeit bezeichnet, doch scheint mir dieser Begriff etwas dünn und mit der Betonung von Fähigkeit zu sehr auf einen psychologischen Mechanismus ausgerichtet. Auch im Englischen wird diese Stärke als *love* bezeichnet, und die Herzensdimension kommt zum Ausdruck. Fähig zu sein, Bindungen und Beziehungen zu kultivieren, ist sicherlich ein Bestandteil von Liebe, doch ist Liebe deutlich mehr als das.

Bei Liebe als Charakterstärke geht es darum, wie sehr wir menschliche Nähe schätzen und wie sehr wir für die Gegenseitigkeit in solchen nahen Beziehungen offen sind. Oft denken wir zuerst an romantische, intime Beziehungen, doch hier ist die Bedeutung viel breiter. Es umfasst auch die fürsorgliche Liebe, wie Eltern sie für ihre Kinder empfinden und ausdrücken, geschwisterliche Liebe innerhalb der nahen Familie, freundschaftliche Liebe, Kameradschaft oder berufliche Beziehungen. Obwohl diese Beziehungen sehr unterschiedlich sind, haben sie alle mit Wertschätzung, Verbundenheit und Verbindlichkeit zu tun. Wir leisten einen aktiven Beitrag, sind hilfsbereit, opfern uns, wenn nötig, auf und bekommen im Gegenzug auch etwas: Kraft, Sicherheit, Anerkennung oder das herzerwärmende Lächeln des neugeborenen Babys.

Doch wie bei allen anderen Charakterstärken kann zu viel des Guten auch negative Folgen haben. Es kann bedeuten, dass wir zu viel Druck oder Erwartung in eine sich entwickelnde Beziehung bringen. Wir versuchen, deutlich mehr Nähe herzustellen, als für die andere Person passt. Zum Beispiel wenn wir intime Erwartungen haben, obwohl unser Gegenüber nicht das Gefühl hat, dass sich die Beziehung so weit entwickelt hat. Es kann sich auch darin zeigen, dass wir unser Interesse an Nähe in einer missverständlichen Weise ausdrücken. Vielleicht sind wir schlicht an einer besseren kollegialen Beziehung interessiert, doch unser Kollege missversteht die größere Aufmerksamkeit und unsere emotionale Offenheit als Bemühung, eine sexuelle Beziehung aufzubauen. Da hier zwei Personen beteiligt sind, kann ein Grund für die unterschiedliche Wahrnehmung sein, dass wir vielleicht Liebe überstrapazieren, während die andere Person eher dazu neigt, diese Charakterstärke zu wenig in eine Situation zu bringen.

Hier noch eine Anmerkung, um ein mögliches Missverständnis auszuräumen. Auch bei der Überbetonung dieser Stärke geht es nicht um Situationen, die zwar als Liebe aufgefasst werden könnten, in Wirklichkeit aber keine zwischenmenschlichen Beziehungen sind, sondern einseitige Gefühlszustände oder Fantasien, zum Beispiel wenn ein Teenager glaubt, in einen Popstar verliebt zu sein, wenn wir einen Helden, Film- oder Fußballstar anhimmeln oder wenn wir einfach in jemanden verknallt sind.

Zu wenig Liebe kann sich als ein Gefühl von Distanz, als fehlende Wärme oder sogar als abweisende Haltung zeigen. Es ist auch die Tendenz, wenig Interesse oder Hilfsbereitschaft für den Partner auszudrücken. Es kann gute Gründe geben, warum wir in Beziehungen zurückhaltend sind. Doch da Liebe so wichtig für unser Selbstwertgefühl, für innere Kraft und generell für unser Wohlbefinden ist, hat es Sinn, diese Charakterstärke genauer zu beobachten und zu verstehen, wie wir unsere Liebe ausdrücken. Stellst du fest, dass du deine Liebe weniger deutlich zeigst, als du passend findest, kannst du versuchen, Wege zu finden, der Stärke einen Schub zu geben, indem du sie konkreter ausdrückst.

Drücken wir Liebe in runder und ausgeglichener Weise aus, kann daraus viel Nutzen erwachsen. Gesunde und tief verwurzelte gegenseitige Beziehungen sind eine Quelle für viel Gutes. Sie hängen zum Beispiel mit gesünderem und längerem Leben zusammen. Dementsprechend ist Liebe auch eine der fünf Glücksstärken und für unser Wohlbefinden bedeutsam.

Fragen zur Selbstbeobachtung:

- Welche Beziehungen sind dir besonders wichtig? Wie drückst du deine Liebe in diesen Beziehungen aus?
- Fällt es dir leicht, Liebe entgegenzunehmen? Gibt es Situationen, in denen dir der Ausdruck von Nähe unangenehm ist?

Aktivität:

- Überlege dir, welche deiner engeren Beziehungen du gerne stärken oder vertiefen würdest.
- Was könntest du tun, welche aktiven Schritte wären angemessen, um deine Liebe auszudrücken und die Beziehung zu stärken? Versuche, diese Ideen umzusetzen und deine Liebe konkret auszudrücken.

Güte

Tugend: Menschlichkeit.

Kurzbeschreibung: Du hast eine positive, freundliche und unterstützende Einstellung zu deinen Mitmenschen, die sich auch in deiner Art, zu kommunizieren und zu handeln, ausdrückt.

Güte bedeutet, eine positive Einstellung zu unseren Mitmenschen zu haben und sie gut zu behandeln. Wir sind freundlich, wir tun gerne einen Gefallen und vollbringen gute Taten. Diese Stärke basiert darauf, dass wir unsere Mitmenschen grundlegend wertschätzen. Güte, *kindness* auf Englisch, wird manchmal schlicht als Freundlichkeit bezeichnet, was mir etwas oberflächlich erscheint. Güte impliziert eine emotionale Wärme und Verbundenheit, die sich situationsangemessen in unserem Handeln zeigen. Freundlich zu sein ist sicherlich ein relevanter Anteil dieser Charakterstärke, doch handelt es sich um eine Freundlichkeit, die aus positiven Gefühlen für unser Gegenüber erwächst und nicht auf Höflichkeit aufgrund einer guten Kinderstube reduziert werden kann. Du handelst mit freundlicher Güte, weil du Personen magst und wertschätzt.

Im Charakterstärken-System gehört zur Güte auch Mitgefühl, unser Wunsch und unser Einsatz dafür, Leiden und Schmerzen unserer Mitmenschen zu mindern. Großzügigkeit ist ein weiterer zentraler Aspekt von Güte. Sie zeigt sich als eine offene geistige Ausrichtung, die grundlegend auf einem Gefühl von Reichtum basiert. Großzügige Menschen teilen ihren Reichtum gerne mit anderen: auf materieller Ebene, mit unserer Zeit, mit Aufmerksamkeit, Zuhören und emotionaler Unterstützung, indem wir andere stärken und schützen, indem wir Wissen, Einsicht und Verständnis teilen. Kurz gesagt, wenn etwas benötigt ist und wir die Ressourcen haben, bereitet es uns Freude, sie zu teilen.

Güte bedeutet also ein tief sitzendes Interesse an unseren Mitmenschen und an ihrem Wohlbefinden. Es ist eine kraftvolle Stärke, die von grundlegender Bedeutung für tiefe menschliche Beziehungen ist. Selbst wenn wir gütige und mitfühlende Taten nur beobachten, sind wir berührt und dazu inspiriert, auch selbst gütig zu sein. Handeln wir selbst voller Güte, stärker wir die Verbindungen mit unseren Mitmenschen, und unser eigenes Wohlbefinden nimmt zu.

Psychologische Forschung weist den Zusammenhang zwischen aktiv ausgedrückter Güte und Wohlbefinden, Gesundheit und Lebenserwartung deutlich nach. Menschen, die sich regelmäßig freiwillig sozial engagieren, berichten über ein signifikant höheres Wohlbefinden als die, die es selten oder nie tun. Dieser Zusammenhang zeigt sich ab einem Alter von etwa 40 Jahren besonders deutlich.[29] Ähnlich verhält es sich mit finanzieller Großzügigkeit. In mehreren Studien wurde gezeigt, dass positive Gefühle zunehmen, wenn wir etwas für andere kaufen, doch kaum, wenn wir den gleichen Betrag für uns selbst einsetzen.[30] Ähnliche Zusammenhänge zeigen sich weltweit. In einer Studie, die 130 Länder umfasst, war die Lebenszufriedenheit höher, wenn Menschen im vorherigen Monat eine finanzielle Spende gemacht hatten. In manchen Ländern, einschließlich Deutschland, gibt es sogar einen Zusammenhang zwischen Wohlbefinden und den entrichteten Steuern.[31] Selbst in Wirtschaftskreisen wächst das Interesse an Güte und Großzügigkeit. Insbesondere die Arbeit von Adam Grant macht deutlich, wie echte Großzügigkeit zu Erfolg führt.[32]

Die beiden Charakterstärken Güte und Liebe gehen oft Hand in Hand, doch gibt es einen wichtigen Unterschied. Bei Liebe geht es um gegenseitige Bindungen und Beziehungen, manchmal auch intim, die uns selbst ein Gefühl von Sicherheit und Geborgenheit geben können. Güte ist hingegen völlig auf unsere Mitmenschen ausgerichtet, und die reinste Form von

Güte ist altruistisch, wenn wir frei von jeder Erwartung oder Gegenseitigkeit etwas Gutes für andere Personen tun.

Strapazieren wir unsere eigene Güte oder Großzügigkeit über und geben wir mehr, als wir eigentlich können, fühlen wir uns vielleicht ausgebrannt, ausgenutzt oder gar wie ein Märtyrer. Haben wir die Tendenz, zu gütig zu sein, und lassen wir uns leicht dazu bringen, mehr zu geben, als unsere Verhältnisse erlauben, werden wir leicht von anderen ausgenutzt und sind dann enttäuscht. Häufig hat die Tendenz zu überstrapazierter Güte emotionale Ursachen. Ehrlichkeit, Tapferkeit, Urteilsvermögen und Weitsicht können dann hilfreich sein, um diese Ursachen zu erkennen und anzugehen und damit zu einer ausgeglicheneren, weiseren Güte zu finden.

Menschen mit zu wenig Güte sind wenig an ihrem Umfeld interessiert, sind eher geizig als großzügig, ihnen kann es an Empathie und Mitgefühl fehlen, und tendenziell interessieren sie sich wenig dafür, wie es ihren Mitmenschen geht. Wenn sie gütig handeln, ist es eher aus Eigeninteresse, weil sie in bestimmter Weise wahrgenommen werden möchten, eigene Ziele im Kopf haben, eine Belohnung oder Rückzahlung erwarten oder sogar bestimmte Abhängigkeiten schaffen wollen. Sie werden üblicherweise eher als kleinlich, egoistisch oder selbstbezogen erlebt.

Ausgeglichene Güte ist sich hingegen der Bedürfnisse der Mitmenschen sowie der eigenen Möglichkeiten und Grenzen bewusst und handelt mit Urteilsvermögen, Weitsicht und frei von Erwartungen. Der tibetisch-buddhistische Meister Künzig Shamar Rinpoche hat erwartungsfreies Handeln mit dem Malen auf der Wasseroberfläche verglichen: Für einen kurzen Moment ergibt sich ein Bild, das schon im nächsten Moment verflossen ist: Wir handeln voller Güte, doch sobald dies vollendet ist, bedarf es keiner weiteren Beachtung. Wir erwarten weder Dank, Anerkennung noch Bundesverdienstkreuz, sondern bleiben im Fluss dessen, was gerade geschieht.

In Zeiten, in denen wir besonders von Selbstkritik geplagt sind und uns soziale Medien ständig unrealistische und unerreichbare Ideale vorgaukeln, kann auch nach innen gerichteter Güte große Bedeutung zukommen. Statt uns selbstkritisch herunterzumachen und an geringem Selbstwertgefühl zu leiden, können wir eine freundliche Offenheit, Sanftheit und Güte auf uns selbst richten. Wenn wir in dieser Weise Selbstmitgefühl mit Achtsamkeitsmeditation kombinieren, zeigt sich deutlich, dass Wohlbefinden und Zufriedenheit mit dem eigenen Körper zunehmen und Probleme mit der Selbstwahrnehmung des eigenen Essverhaltens und des eigenen Körpers abnehmen.[33] Eine entsprechende Meditationsübung, in der wir diese Güte auf unsere Mitmenschen ausrichten, kann eine Aufwärtsspirale zu mehr positiven Gefühlen und mehr Lebenszufriedenheit in Bewegung setzen.[34] Im Unterkapitel »Charakterstärken achtsam anwenden« werden wir uns diese Meditationsübungen genauer anschauen.

Der Nutzen dieser Charakterstärke geht weit über unser eigenes Wohlbefinden hinaus und betrifft unser gesamtes Sozialgefüge. Damit menschliche Gemeinschaften überhaupt funktionieren können, sind gute soziale Kontakte, soziale Nähe und gegenseitige Unterstützung unabdinglich. Aus evolutionspsychologischer Sicht ist es daher sinnvoll, dass es sich gut anfühlt, wenn wir gütig und großzügig sind. In einer gesunden Weise ausgedrückt, trägt es zu unserem Wohlbefinden sowie zu blühenden sozialen Gemeinschaften bei.

Fragen zur Selbstbeobachtung:

* Manche Personen sind zu unbekannten Menschen freundlicher und großzügiger als zu Freunden und Familie, so als wollten sie ein besonderes Bild projizieren. Bei anderen Menschen ist es genau umgekehrt. Wie ist es für dich? Beobachte für eine Weile, ob es Unterschiede gibt, wie gütig,

freundlich und großzügig du in unterschiedlichen Situationen und mit verschiedenen Menschen bist.

Aktivität:

- In der Positiven Psychologie werden sogenannte *random acts of kindness* als Methode verwendet, um Klienten zu helfen, ihr Wohlbefinden zu steigern. Eine ganze Reihe von Studien zeigt, dass diese einfache Methode wirkt.[35] Versuche Folgendes: Führe in der kommenden Woche täglich mindestens fünf bewusste Handlungen voller Güte und Freundlichkeit aus. Notiere jeden Abend, was du getan hast und welche Reaktionen es ausgelöst hat. Zum Beispiel hältst du jemandem die Tür auf, begrüßt jemanden, den du nicht kennst, auf dem Korridor oder hilfst einem Mitstudenten bei der Prüfungsvorbereitung. Es können größere oder kleinere Gefälligkeiten sein, und sie können sich an Menschen richten, die du kennst oder die dir unbekannt sind.[36] Nimm dir am Ende der Woche noch etwas Zeit, um die Erfahrung mit dieser Aktivität zu reflektieren.
- Halte einen Moment inne, bevor du eine berufliche E-Mail abschickst, und schau nach, ob du dich noch mit etwas mehr Wertschätzung oder Güte ausdrücken kannst. Beobachte, ob es auch in deinem weiteren schriftlichen Austausch über soziale Medien und andere Nachrichtendienste (Whatsapp, Telegram, Signal ...) möglich ist, mehr Wertschätzung einzubringen und dich mit mehr Güte auszudrücken.

Soziale Intelligenz

Tugend: Menschlichkeit.

Kurzbeschreibung: Es fällt dir leicht, deine eigenen Beweggründe und Gefühle sowie die deiner Mitmenschen zu erkennen, und du bist dir dieser im Alltag bewusst.

Soziale Intelligenz, die dritte Charakterstärke unter der Tugend Menschlichkeit, hat ähnlich wie Liebe und Güte weitreichende Wirkung. Soziale Intelligenz bezieht sich in erster Linie darauf, wie empfindsam und offen wir unsere Mitmenschen wahrnehmen, worauf dann die Qualität unseres konkreten Verhaltens aufbaut. Soziale Intelligenz trägt dazu bei, dass wir andere, mehr nach außen gerichtete Stärken in nützlicher und situationsangemessener Weise ausdrücken können.

Empathie, unsere Bereitschaft und Fähigkeit, uns in die Situation und emotionale Lage einer anderen Person einzufühlen, ist ein zentraler Bestandteil dieser Charakterstärke. Ebenso fällt es besonders sozial intelligenten Personen leicht, auch subtile verbale und nonverbale Signale, Körpersprache, Gestik und Mimik zu lesen. Sie haben auch dafür ein Gespür, was nicht gesagt wurde. Doch ist soziale Intelligenz nicht auf Einfühlungsvermögen beschränkt. Ebenso ist ein Feingefühl für soziale Zusammenhänge ausgeprägt. Man kennt und erkennt Muster, wie Menschen miteinander interagieren, wie Personen innerhalb einer Gruppe unterschiedliche Rollen einnehmen und wie sich dynamische Prozesse im zwischenmenschlichen Austausch und in der Zusammenarbeit entwickeln.

Ist unsere soziale Intelligenz hingegen unterentwickelt oder neigen wir dazu, sie zu wenig auszudrücken, kann sich das darin zeigen, dass wir Schwierigkeiten haben, soziale Situationen – insbesondere wenn sie komplex oder vielschichtig sind – richtig zu lesen. Es kann sich auch als eine gewisse Naivität oder Unbekümmertheit zeigen – oder darin, dass wir uns unangemessen verhalten, weil wir der emotionalen Situation unseres Gegenübers nicht gewahr sind. Vielleicht erkennen wir die emotional schwierige Situation nicht, in der sich ein Kollege befindet, stellen daher zu bohrende Fragen, geben einen banalen Kommentar ab oder irritieren unser Gegenüber damit, dass wir seine Situation mit unseren eigenen Problemchen gleichsetzen. Vielleicht geben wir – inspiriert von einem Social-Media-Meme – eine Trivialität zum Besten. In einer Situation, in der es angeraten wäre, einfach zuzuhören, unterbrechen wir unsere Freundin wiederholt, um zu erklären, wie sich ihre Situation ganz einfach lösen ließe.

Überbetonte soziale Intelligenz kann hingegen dazu führen, dass wir soziale Signale zu sehr akzentuieren und übersensibel sind, sodass wir uns in vielen Situationen gehemmt, unsicher oder verlegen fühlen. Wir neigen dann dazu, uns zu viele Gedanken darüber zu machen, wie es unseren Mitmenschen geht, und verlieren jegliche Spontaneität.

Insbesondere in Berufen mit einer starken sozialen und zwischenmenschlichen Komponente, zum Beispiel als Arzt, Lehrer, Krankenschwester oder Pfleger, ist soziale Intelligenz unentbehrlich. Doch geht unsere Empathie so weit, dass wir regelmäßig mit unseren Klienten oder Patienten mitleiden und uns von ihren Problemen überwältigt fühlen, kann dies zu emotionaler Erschöpfung und zum Burn-out führen.[37] Um dies zu vermeiden, kann es sinnvoll sein, die Weisheitsstärken Weitsicht und Urteilsvermögen heranzuziehen, um unsere emotionale Beteiligung in Balance zu bringen.

Ist unsere soziale Intelligenz gut entwickelt und ausgeglichen, kommen drei Anteile zusammen: Wir sind uns unserer eigenen Gefühle, Bedürfnisse und Einstellungen bewusst, haben ein gutes Einfühlungsvermögen und sowohl Beobachtungsgabe für als auch Verständnis von sozialen Prozessen und Interaktionen. Wir fühlen uns in verschiedensten sozialen Situationen wie ein Fisch im Wasser, haben ein gutes Gefühl, wie wir uns angemessen verhalten und ausdrücken, und können unsere eigenen Gefühle in passender Weise teilen. Wir reagieren flexibel, wenn sich Situationen verändern, und es fällt uns nicht schwer, die Tonlage unserer Kommunikation zu verändern, wenn die Situation es erfordert.

Es ist leicht einsichtig, wie ausgeglichene soziale Intelligenz in den verschiedensten Lebensbereichen einen positiven Beitrag leisten und zu guten zwischenmenschlichen Beziehungen beitragen kann. Ob es um Familie, Freundeskreis oder Teamarbeit geht, flexibel und angemessen zu interagieren, ermöglicht menschliche Nähe und öffnet verschiedenste Türen.

Fragen zur Selbstbeobachtung:

- Gibt es andere Charakterstärken, die deine soziale Intelligenz unterstützen?
- Gab es Situationen, in denen du deine soziale Intelligenz zu sehr ausgedrückt und dich dadurch selbst behindert hast?
- In welchen Situationen bringst du deine soziale Intelligenz in bestmöglicher Weise ein? Lässt sich dies auf andere Situationen übertragen?

Aktivität:

- Trainiere deine nach innen gerichtete soziale Intelligenz, indem du von Zeit zu Zeit innehältst, deine Aufmerksamkeit auf deinen momentanen Geisteszustand richtest und versuchst, die vorherrschenden Gefühle genau zu benennen. Überlege dir, wie du diese Gefühle in passender Weise in verschiedenen Situationen ausdrücken könntest.
- Versuche auch, die Gefühle deiner Mitmenschen genauer wahrzunehmen. Falls es die Situation zulässt, erlaube dir kurze Momente, um die Gefühlszustände deines Gegenübers innerlich zu benennen. Fällt dir dies anfangs schwer und

hast du das Gefühl, nicht mehr im Fluss der Situation zu sein, kannst du die Übung auch mit einem Film oder einer Fernsehserie ausprobieren. Das würde sogar die Möglichkeiten eröffnen, das Programm kurz zu stoppen, um nichts zu verpassen, oder die Übung mit einer anderen Person auszuführen und dich mit ihr über die Wahrnehmungen auszutauschen.

Gerechtigkeit
Teamwork | Fairness | Führungsvermögen

Nachdem wir uns mit der Tugend Menschlichkeit beschäftigt haben, kommen wir jetzt zu der zweiten zwischenmenschlichen Tugend. Gerechtigkeit *(justice)* fasst die drei Charakterstärken Teamwork *(teamwork)*, Fairness *(fairness)* und Führungsvermögen *(leadership)* zusammen. Diese Stärken sind hauptsächlich auf die Gemeinschaft ausgerichtet, weniger auf zwischenmenschliche Beziehungen und Interaktionen mit einzelnen – oder sehr wenigen – Personen. Diese Stärken haben besondere Bedeutung, wenn es darum geht, wie wir in Familie, Gruppen, Teams, Gemeinschaften und der Gesellschaft allgemein interagieren, darum, das Gemeinwohl und Zusammenleben zu fördern.

In vielen Fällen werden sich Gerechtigkeit und Menschlichkeit sinnvoll ergänzen, doch ist ihre Betonung so unterschiedlich, dass sie auch miteinander im Widerspruch stehen können. Während unsere Menschlichkeit die Wünsche und das Wohlbefinden einer einzelnen Person im Auge hat, geht es bei Gerechtigkeit darum, eine Balance zu finden, die für die jeweilige Gemeinschaft passt. Vielleicht wissen wir als Vorgesetzter, dass einem Mitarbeiter eine Beförderung besonders wichtig wäre, auch weil er in einer familiär sehr schwierigen Situation ist und ihm das zusätzliche Einkommen enorm helfen würde, seine Familie gut zu versorgen. Doch ist uns auch bewusst, dass es einer weiteren Kollegen gibt, der deutlich besser qualifiziert ist und über Jahre hinweg viel Einsatz gezeigt hat, auch wenn er aufgrund seiner persönlichen Situation weniger auf ein höheres Gehalt angewiesen ist. Weder eine ausschließliche Ausrichtung auf Menschlichkeit noch auf Gerechtigkeit würde hier zu einer zufriedenstellenden Lösung führen. Erst im Zusammenspiel beider, häufig unterstützt von Weisheitsstärken, wird es möglich, eine akzeptable Lösung zu finden.

Wir können uns leicht vorstellen, dass ähnliche Situationen auch im familiären Kontext auftreten und das Potenzial haben, Spannungen und Unzufriedenheit auszulösen, wenn Entscheidungen allein aufgrund von Menschlichkeit oder Gerechtigkeit getroffen werden.

Teamwork

Tugend: Gerechtigkeit.
Kurzbeschreibung: Du kannst gut als Mitglied eines Teams arbeiten.

Menschen mit der ausgeprägten Charakterstärke Teamwork empfinden eine hohe Loyalität für ihr Team oder ihre Gruppe. Bei dieser Beschreibung fallen uns vielleicht zuerst Teams von Arbeitskollegen ein oder Sportteams, doch es kann sich ebenso um Familien oder eine Gruppe von Freunden handeln. Es geht bei dieser Charakterstärke um Zusammenarbeit, darum, dass wir die Gemeinschaft wertschätzen und uns gemeinsame Ziele wichtig sind, selbst wenn es bedeutet, eigene Interessen zurückzustellen. Wir empfinden es als bereichernd, dem Team anzugehören, fühlen uns ihm verbunden und verpflichtet und genießen es, gemeinsam zu arbeiten. Wir können generell mit gemeinschaftlichen Entscheidungen gut leben, selbst wenn es nicht völlig unserer eigenen Sicht entspricht. Das Gemeinschaftsgefühl inspiriert und bestärkt uns in der gemeinsamen Tätigkeit, und wir fühlen uns eher unwohl und eingeschränkt, wenn die Atmosphäre im Team nicht stimmt und nicht alle Mitglieder an einem Strang ziehen.

Ist Teamwork nicht ausreichend aktiviert, ist man eher ein Einzelgänger und auf sich allein gestellt. Bei der Arbeit haben wir vielleicht die Vorstellung, dass es einfacher, schneller oder effektiver ist, etwas selbst zu erledigen, als sich mit Kollegen zu koordinieren. Ist gemeinsame Anstrengung gefordert, um ein Ziel zu erreichen, hält man sich zurück und schaut eher zu, wie »die anderen« sich einsetzen. Man wird eher als Außenseiter wahrgenommen und betont vielleicht eher persönliche, selbstbezogene Ziele.

Wird Teamwork hingegen übertrieben, kann die Gruppe oder das Team, dem man zugehört, eine zu große Bedeutung bekommen, und wir verlieren unsere Unabhängigkeit oder den Sinn dafür, was für uns selbst besonders wichtig ist. Für neue Mitarbeiter kann es auch schwierig werden, in einem eng gestrickten Team einen Platz zu finden. Außenseiter sind vielleicht unerwünscht, und es kann ein starkes Konkurrenzdenken zu anderen Teams und Gruppen geben. Das Team kann auch zu sehr von Gruppendenken eingenommen sein und sich Ideen und Einflüssen von außen verschließen. Betonen Einzelpersonen diese Stärke zu sehr, kann sich das darin zeigen, dass sie wenig Individualität haben und sich sehr auf andere beziehen, sich über die Gruppe definieren, keine eigenen Meinungen haben und ohne Unterstützung ihre Ziele nicht erreichen. Weil sie zu sehr auf die Gemeinschaft setzen, kann es ihnen innerhalb des eigenen Teams schwerfallen, die eigenen Sichtweisen oder Ideen vorzubringen, oder sie verlieren das Gefühl dafür, was ihr eigener Beitrag ist.

Drückst du die Charakterstärke Teamwork dagegen in ausgeglichener Weise aus, trägst du gerne zu gemeinsamen Zielen bei und bist offen für die Beiträge der Teammitglieder. Das gemeinsame Ziel vor Augen, scheust du aber nicht davor zurück, eine unabhängige Meinung zu vertreten, für Ziele, die dir selbst wichtig sind, einzutreten oder den Konsens zu hinterfragen.

In der heutigen Arbeitswelt mit häufig recht komplexen Abläufen sind wir auf Zusammenarbeit angewiesen. Es gibt immer weniger Bereiche, in denen Mitarbeiter völlig auf sich selbst gestellt sind. Teamwork wird daher weitgehend als ein Muss angesehen. Damit hat diese Charakterstärke für unser Berufsleben enorme Bedeutung, und wir genießen berufliche Vorteile, wenn wir sie in ausgeglichener Weise ausdrücken können. Menschen, bei denen diese Stärke ausgeprägt ist, haben auch ein gutes Gespür dafür, welche Rolle in einem Team am besten zu ihnen passt. Als zwischenmenschliche Stärke ist Teamwork eine wichtige Grundlage für gegenseitiges Vertrauen. Ebenso führt sie dazu, dass wir in unserer Tätigkeit mehr Sinn und Erfüllung finden, was wiederum zu mehr Lebenszufriedenheit beiträgt.

Doch die Wertschätzung dafür, Ziele gemeinsam zu erreichen, ist nicht auf unseren Arbeitsalltag beschränkt. So werden Menschen, denen Teamwork wichtig ist, auch in anderen Lebensbereichen, mit Freunden oder Familie, darauf achten, gemeinsame Ziele zu formulieren und sich dafür einzusetzen.

Fragen zur Selbstbeobachtung:

- Welche Aktivitäten oder Tätigkeiten führst du lieber allein aus, welche lieber gemeinsam mit anderen?
- Wie passt du am besten in ein Team? Welche Rollen liegen dir, welche nicht so sehr?
- In welcher Weise spielt Teamwork für dich außerhalb deiner beruflichen Tätigkeit eine Rolle? Wie sieht es in verschiedenen Lebensbereichen aus?

Aktivität:

- Beobachte Kollegen, Freunde oder Familienmitglieder und versuche zu entdecken, welchen besonderen Beitrag sie zum jeweiligen »Team« leisten. Teile mit ihnen deine Beobachtung und deine Wertschätzung.
- Wenn einer deiner Mitmenschen ein Problem mit dir teilt, überlege dir ganz konkret, wie es sich gemeinschaftlich – als Team – lösen lässt, und versuche, das Problem in dieser Weise anzugehen.

Fairness

Tugend: Gerechtigkeit.
Kurzbeschreibung: Dir sind Gleichheit und Gerechtigkeit wichtig. Du legst großen Wert darauf, alle Menschen nach diesen Prinzipien zu behandeln.

Fairness ist die Gerechtigkeitsstärke per se. Drücken wir diese Stärke aus, bemühen wir uns darum, dass unsere Mitmenschen in gleicher und gerechter Weise behandelt werden, und versuchen, Bedingungen zu schaffen, unter denen alle Menschen die gleichen Möglichkeiten haben. Sehen wir Unrecht, berührt uns dies, und wir wollen uns dafür einsetzen, es zu reduzieren.

Wir achten darauf, dass unser eigenes Handeln nicht von unseren Gefühlszuständen oder Vorurteilen beeinflusst ist, und versuchen, Situationen so objektiv wie möglich zu erfassen.

Zusätzlich zu dieser objektiven Neutralität hat Fairness auch eine menschliche Seite. Wir bemühen uns, Situationen aus der Perspektive unserer Mitmenschen zu verstehen und Lösungen zu finden, die auch aus ihrer Sicht als passend und fair verstanden werden können. Fairness und Teamwork gehen Hand in Hand, da wir es grundlegend als wichtig –

und fair – erachten, dass die Vorschläge und Meinungen aller Gruppenmitglieder berücksichtigt werden.

Diese Charakterstärke hat auch konkret mit unseren Moralvorstellungen zu tun, denn wir interpretieren Fairness im Sinne unseres eigenen Wertekompasses. Dies zeigt sich aktuell an Diskussionen, in denen zwei verwandte, aber unterschiedliche Vorstellungen von Fairness aufeinandertreffen. Laut einer Vorstellung ist es fair, wenn jeder das bekommt, was er zu einer bestimmten Sache beigetragen hat. Eine andere Vorstellung wäre, dass alle das Gleiche bekommen. Ein verwandter Unterschied wird in der Diskussion über Chancengleichheit oder Ergebnisgleichheit deutlich. Bei Chancengleichheit liegt der Schwerpunkt auf Anstrengungen, für alle die gleichen Möglichkeiten zu schaffen, während bei Ergebnisgleichheit die Frage ist, ob am gewählten Endpunkt alle das Gleiche haben. Werden Frau und Mann in einem Berufsfeld die genau gleichen Karrierechancen eingeräumt und sind alle Prozesse, die dabei eine Rolle spielen, frei davon, ein Geschlecht zu bevorzugen? Oder geht es uns um das Ergebnis, dass die gleiche Anzahl an Frauen und Männern in dem Beruf tätig sind? Zwei unterschiedliche Weisen, Fairness zu betrachten! Auf gesellschaftlicher Ebene drückt sich ein historisch gewachsener Konsens, wie Fairness verstanden wird, in Gesetzen und Rechtsprechung aus. Ja, ich denke, wir können sogar sagen, dass unsere demokratische Gesellschaftsordnung ein Versuch ist, Fairness in einem politischen System festzuschreiben.

Hier geht es aber wirklich nicht darum zu diskutieren, welche Interpretation von Fairness die richtige wäre und welche politischen Standpunkte damit einhergehen könnten. Vielmehr sollen diese Gedanken darauf aufmerksam machen, dass Fairness, so einfach, wie es sich anhören mag, eine große Herausforderung sein kann. Obwohl Fairness eine universell akzeptierte Größe ist, gibt es Unterschiede, wie sie verstanden wird.

In Bezug auf das Thema dieses Buches – Fairness als Charakterstärke – stellt sich die Frage, wie wir Fairness in unserem Alltag leben und ausdrücken. Hier geht es eher um menschliches Miteinander als um juristische oder politische Dimensionen. Ist Fairness eine ausgeprägte Stärke und können wir sie in ausgeglichener Weise einbringen, bedeutet dies auch, ein Gewahrsein dafür zu haben, dass es unterschiedliche Auffassungen von Fairness gibt sowie ein Bemühen, diese angemessen zu berücksichtigen.

Wenn wir Fairness überbetonen, engagieren wir uns über die Maßen, um sicherzustellen, dass die Wünsche und Bedürfnisse aller Mitmenschen zu jeder Zeit erfüllt sind und alle Beteiligten immer glücklich und zufrieden sind. Man kann sich gut vorstellen, wie sehr uns eine solche Ausrichtung erschöpfen und ausbrennen kann. Zu viel Fairness kann uns auch unflexibel machen, zum Beispiel wenn ich als Professor in einem Seminar allen Studenten exakt die gleiche Zeit für Fragen und für ihre Beiträge einräume, statt flexibel auf unterschiedliche Interessen, Lernstile und Kommunikationsweisen einzugehen, sodass sich die Vielfalt der Zugänge ausdrücken und jeder in der eigenen Weise beitragen kann. Überstrapazierte Fairness kann auch dazu führen, dass wir zu sehr von wahrgenommenen Ungerechtigkeiten eingenommen sind, größere Zusammenhänge nicht mehr sehen und von einem Thema verschluckt werden.

Bringen wir hingegen zu wenig Fairness in unser Leben, halten wir leicht an Vorurteilen fest, sind in unserem Denken inkonsistent, ergreifen schnell Partei oder neigen dazu, Menschen nach Gutdünken zu bevorzugen oder aufgrund persönlicher Vorlieben und Abneigungen unterschiedlich zu behandeln. Von anderen wird dies als unfair und nicht besonders vertrauenswürdig wahrgenommen, und man wird nicht besonders beliebt sein. Sitzen wir in Entscheidungspositionen und haben Einfluss, kann sich um uns herum auch eine Kultur von Intrigen und Machtspielen entwickeln. Mitarbeiter,

Freunde oder selbst Familienangehörige werden vielleicht versuchen, Situationen zu manipulieren oder sich selbst in einem besonderen Licht darzustellen, um unsere Gunst zu gewinnen.

Bringst du deine Charakterstärke Fairness in ausgeglichener Weise zum Ausdruck, bist du in der Lage, unparteiisch zu bleiben und niemanden willkürlich zu bevorzugen. Generell bist du von der Überzeugung geleitet, dass alle Menschen gleichberechtigt sind. In Konfliktsituationen bemühst du dich um eine neutrale Haltung und versuchst, alle Beteiligten zu hören und zu verstehen. Dir ist es wichtig, die gleichen Regeln für alle anzuwenden, ohne dabei individuelle Bedürfnisse zu vernachlässigen. Ebenso gebietet es dein Sinn für Fairness einzugestehen, wenn du Fehler gemacht hast.

Obwohl Fairness vorrangig zwischenmenschlich ausgerichtet ist, kannst du sie auch auf dich und dein Leben anwenden, zum Beispiel bezüglich der Zeit und Energie, die du für dich selbst und für deine Mitmenschen einsetzt, darauf, wie sehr du auf deine eigene Gesundheit achtest, aber auch wie neutral oder fair du in deinen Selbstbewertungen sein kannst.

Fragen zur Selbstbeobachtung:

- Wie würdest du reagieren, wenn sich ein Mitarbeiter oder Familienmitglied darüber beschwerte, dass etwas unfair ist? Welche weiteren Charakterstärken würdest du einbringen?
- Behandelst du dich selbst fair?

Aktivität:

- Kannst du dich an Situationen erinnern, in denen du unfair gehandelt hast? Welche Situationen waren dies?
- Außer Fairness selbst – trug die Über- oder Unterbetonung weiterer Charakterstärken dazu bei, dass du dich so verhalten hast?

- Halte deine Gedanken und Schlussfolgerungen in deinem Charakterstärken-Tagebuch fest.

Führungsvermögen

Tugend: Gerechtigkeit.
Kurzbeschreibung: Es liegt dir, innerhalb von Gruppen Verantwortung zu übernehmen, sie zu leiten, Aktivitäten zu ermöglichen und zu organisieren.

Führungsvermögen *(leadership)* ist die dritte Charakterstärke der Gerechtigkeitstugend. Sie hat damit zu tun, wie sehr es uns liegt, in verschiedenen Gruppen eine Leitungsposition einzunehmen. Wie bei allen anderen Charakterstärken geht es nicht nur um die Fähigkeit selbst, sondern darum, wie viel Bedeutung wir dieser Stärke beimessen, wie sehr sie uns mit Sinn erfüllt und belebt, wie sehr sie uns ausmacht, kurz: zu welchem Grad sie Teil von uns ist.

In gewisser Weise ist Führungsvermögen der Stärke Teamwork ähnlich, denn auch bei ihm geht es darum, wie sehr wir unsere Gruppe wertschätzen und wie sehr wir daran interessiert sind, gemeinsame Ziele zu erreichen und Erfolge zu haben. Der Unterschied besteht darin, dass es uns mit dieser Stärke liegt, die Gruppenziele festzulegen und eine leitende Rolle dabei zu spielen, wie sie erreicht werden. Wir sind in der Lage, unser Team zu motivieren, mit gutem Beispiel voranzuschreiten, die Zusammenarbeit der Gruppenmitglieder oder Kollegen zu fördern, Gruppenprozesse zu organisieren und diese positiv zu beeinflussen. Wir verstehen, welche Qualitäten für den Gruppenerfolg benötigt werden, wissen um die Schwächen, Stärken, Vorlieben, Meinungen und Charaktereigenschaften verschiedener Mitglieder und können ihre Beiträge in flexibler Weise koordinieren. Eine ausgeglichene

Fähigkeit zu leiten kann sich auch darin zeigen, dass alle Gruppenmitglieder empfinden, sie und ihr Beitrag werden geschätzt. Gibt es Spannungen innerhalb des Teams, sind wir in der Lage, diese zu erkennen und in angemessener Weise darauf einzugehen.

Menschen mit wenig entfaltetem Führungsvermögen fühlen sich in Leitungsfunktionen nicht zu Hause. Vielleicht wurde jemand befördert, und anstatt weiterhin ein gut funktionierendes Rad im Getriebe zu sein, muss er nun das gesamte System überblicken und Gesamtverantwortung übernehmen. Führungsvermögen kann als inadäquat erlebt werden, wenn es nicht ausreichend von anderen Charakterstärken getragen wird. Um effektiv zu führen, brauchen wir zum Beispiel ein gutes Maß sozialer Intelligenz, aber auch begeisterte Aktivität, Ausdauer und Weitsicht.

Überbetontes Führungsvermögen zeigt sich in einem zu dominanten, wenig einschließenden Führungsstil. Man neigt dazu, alles zu kontrollieren, in allen Situationen dominieren zu wollen, und hat wenig Vertrauen in die Fähigkeiten anderer. Persönliche Erfolge können wichtiger werden als Gruppenziele.

Fragen zur Selbstbeobachtung:

- Wie entscheidest du, ob es passt, dass du in einer Situation führst, oder ob es besser wäre, dies einer anderen Person zu überlassen?
- Welche weiteren Charakterstärken helfen dir dabei, eine Gruppe oder ein Team zu führen?

Aktivität:

- Entdeckst du bei dir selbst die Tendenz, Situationen, Zusammenarbeit oder Gruppenprozesse zu dominieren, versuche, die Leitung an eine andere Person abzugeben. Beobachte, wie es dir damit geht, wenn jemand die Führung übernimmt.

* Halte deine Gedanken und Beobachtungen in deinem Charakterstärken-Tagebuch fest.

Mäßigung
Verzeihen | Bescheidenheit | Vorsicht | Selbststeuerung

Die Tugend Mäßigung *(temperance)* umfasst die verschiedenen Charakterstärken, mit denen wir extremen Handlungen und Reaktionen entgegenwirken: Verzeihen *(forgiveness)*, Bescheidenheit *(humility)*, Vorsicht *(prudence)* und Selbststeuerung *(self-regulation)*.

Die moderierende Funktion wird besonders deutlich, wenn wir uns vor Augen führen, vor welchen Exzessen die Stärken besonders schützen. Verzeihen bewahrt uns vor Hass, Zorn oder Traurigkeit. Bescheidenheit schützt vor Arroganz und unserem Drang, im Zentrum der Aufmerksamkeit zu stehen. Vorsicht feit uns vor zu viel Impulsivität und davor, zu sehr in kurzfristigen Vergnügungen aufzugehen, ohne die langfristigen Kosten zu beachten. Und Selbststeuerung greift regulierend ein, sollten extreme Emotionen Überhand nehmen, und schützt uns vor einem undisziplinierten Leben.

Die vier mäßigenden Charakterstärken haben somit vorrangig die Funktion, unsere Reaktionen zu mildern, abzuschwächen und einzuschränken. Dies bedeutet jedoch nicht, dass sie unsere Aktivität völlig stoppen oder abschneiden. Obwohl Schwierigkeiten lauern, wenn wir uns zu sehr kurzfristigen Vergnügungen hingeben, bedeutet Vorsicht nicht, dass wir uns jede Freude versagen. Und obschon Arroganz zu vielen Problemen führen kann, bedeutet Bescheidenheit nicht, dass wir uns jeden Ausdruck unseres eigenen Wertes verbieten.

In gewisser Weise können wir diese mäßigenden Stärken auch im Zusammenspiel mit Mut verstehen. Mut bringt uns dazu, uns aktiv auszudrücken, während Mäßigung dazu führt, Reaktionen und Handlungen einzuschränken, die für uns und unsere Mitmenschen schädlich sind. Doch neben ihrer mäßigenden Funktion haben auch diese Stärken einen aktivierenden Anteil. Beispielsweise moderiert Selbststeuerung nicht nur extreme Emotionen, sondern macht es auch möglich, dass wir gesteckte Handlungsziele erreichen, indem sie dafür sorgt, dass wir wirklich aktiv werden.

Generell werden Stärken der Tugend Mut mehr geschätzt als moderierende Stärken, sicherlich auch, weil es sichtbarer ist, wenn jemand aktiv wird, als wenn sich jemand zurückhält. Doch eine Unterscheidung zwischen »mutig aktiv werden« und »sich mäßigend zurückhalten« ist nicht so einfach, wie es auf den ersten Blick erscheinen mag. So wäre es nicht passend, eine Person als mutig zu bezeichnen, wenn sie in Aktionismus verfällt, weil sie keinerlei Angst verspürt. Ebenso wäre es nicht passend, jemanden als gemäßigten Charakter zu beschreiben, wenn er sich aus Angst zurückzieht und nicht handelt. Zudem können wir uns Situationen vorstellen, in denen es besonders mutig wäre, nicht zu handeln.

Verzeihen

Tugend: Mäßigung.
Kurzbeschreibung: Du kannst den Menschen verzeihen, die dich verletzt haben oder dir Unrecht zugefügt haben.

Verzeihen oder Vergeben bedeutet, dass wir nicht an unseren Reaktionen und Emotionen festhalten, wenn uns Schaden oder Unrecht zugefügt wurde. Es geht um deutlich mehr als die große öffentliche Geste, in der wir bekannt geben, dass wir jemandem verziehen haben, vielleicht um die Wogen zu glätten, schnell zum Alltagsgeschäft übergehen zu können oder gar um selbst für unsere Großmütigkeit bewundert zu werden.

Ein Unrecht vergeben zu können erfordert, dass wir auch die schwierigen Gedanken und Gefühle gehen lassen können. Diese Charakterstärke ist unter der Tugend Mäßigung einsortiert, genau weil es darum geht, emotionale Reaktionen, die auftreten, wenn uns Unrecht widerfährt, zu mäßigen und in gute Bahnen lenken zu können. Doch Verzeihen ist gleichzeitig eine zutiefst zwischenmenschliche Stärke, die Güte und sozialer Intelligenz bedarf. Können wir vergeben, so heilen wir menschliche Verbindungen, lösen Hass und Zorn auf, und Rachegelüste verlieren ihre Kraft.

Vielleicht ist es sinnvoll, hier zu betonen, dass zu verzeihen nicht bedeutet, zu vergessen oder gar gutzuheißen, was geschehen ist. Es kann auch sein, dass wir – obwohl wir verzeihen – uns darum bemühen, den Übeltäter einer gerechten Strafe zuzuführen. So gesehen heißt zu verzeihen nicht, dass wir Gnade vor Recht ergehen lassen, sondern dass sowohl Gnade als auch Recht ergehen.

Vergeben bedeutet nicht, dass schädliche Handlungen ohne Konsequenz bleiben. Vielmehr bezeichnet diese Charakterstärke einen inneren psychologischen Prozess. Indem wir unseren eigenen Groll, unser Verletztsein eindämmen, wird unser eigenes Innenleben leichter, und gleichzeitig räumen wir einem Mitmenschen eine weitere Chance ein. Dies wird eher mit Weitsicht möglich, wenn wir verstehen, dass alle Menschen – wir selbst eingeschlossen – Fehler machen und dass sie sich auch verändern und entwickeln können.

Verzeihen hat einen positiven Einfluss auf unsere zwischenmenschlichen Beziehungen, von der Partnerschaft bis zum Arbeitsplatz, bereichert diese Beziehungen und macht sie produktiver. Menschen, die leichter verzeihen können, berichten höheres Wohlbefinden sowie größere Lebenszufriedenheit, mehr positive und weniger negative Emotionen.[38] Nach innen gerichtete Vergebung gleicht – zusammen mit Güte – auch unsere übertriebene Selbstkritik aus und kann somit ebenfalls zu einem gesünderen Selbstwertgefühl beitragen.

Bringen wir zu viel Verzeihen in unser Leben, kann das Resultat ähnlich wie bei zu viel Güte sein. In gewisser Weise würden wir anderen Menschen erlauben, uns auszunutzen, und würden nicht für unsere eigenen Rechte einstehen. Wo genau die Grenze liegt zwischen angemessenem und zu viel Vergeben, kann eigentlich nur von einer betroffenen Person selbst beurteilt werden. Denn mehr als für das Wohlergehen des »Übeltäters«, der Person, die Unrecht zugefügt hat, zuständig zu sein, ist man erst einmal für sein eigenes Wohlbefinden verantwortlich. Ein ehrlicher Blick nach innen kann helfen zu entscheiden, ob jemand eine weitere Chance »verdient« hat.

Die Neigung, wenig oder gar nicht zu verzeihen, zeigt sich darin, dass jemand nachtragend und rachsüchtig ist. Dieser zu geringe Einsatz von Vergebung kann mit zu viel Fairness einhergehen. Sobald wir etwas als unfair erleben, gibt es dann keinen Raum mehr zum Verzeihen. Güte, soziale Intelligenz und Weitsicht bieten sich als Charakterstärken an, um diese Ungleichgewichte auszubalancieren und zu einer gesünderen Sichtweise zu gelangen, die weniger von Rachsucht beeinträchtigt ist. Schaffen Menschen es nicht, ihre Fähigkeit zu verzeihen zu aktivieren, werden sie leicht als zornig, nachtragend oder auch als traurig wahrgenommen.

Fragen zur Selbstbeobachtung:

- Kannst du dich an eine Situation erinnern, in der du unfair behandelt worden bist und derentwegen du noch immer einen Groll hegst?
- Wie würdest du reagieren, wenn du beruflich (zum Beispiel bei Beförderungen) immer wieder übergangen würdest?

Welche Charakterstärken könnten dir helfen, der zuständigen Person zu verzeihen? Hilft dir zu verzeihen dann, sinnvoll mit der Situation umzugehen?

Aktivität:

- Denk an eine relativ unbedeutende Situation, in der dich die Handlung einer anderen Person irritiert hat. Versuche, dich in die andere Person hineinzuversetzen und zu verstehen, warum sie so gehandelt hat. Versuche, alle negativen Gefühle, die damit zu tun haben, ziehen zu lassen.

Bescheidenheit

Tugend: Mäßigung.
Kurzbeschreibung: Du kannst die eigene Leistung gut einschätzen und das Erreichte für sich selbst sprechen lassen.

Bescheidene Menschen haben einen guten Realitätssinn und können ihre eigenen Stärken und Schwächen gut einschätzen. In Zeiten, in denen soziale Medien einen Hang zur Selbstdarstellung zunehmend zu belohnen scheinen, wirkt Bescheidenheit vielleicht nicht besonders attraktiv, außer wenn wir sogar unsere Bescheidenheit zur Schau stellen. Wer Bescheidenheit als Qualität entwickelt hat und sie zum Ausdruck bringt, legt mehr Wert auf das Gemeinwohl und ist nicht sehr an Selbstdarstellung interessiert. Da bescheidene Menschen weniger von sich selbst eingenommen sind, haben sie auch Interesse an den Meinungen anderer, sind offen für Feedback, Hinweise und Anregungen und haben ein realistisches Bild von sich selbst.

Mit Bescheidenheit sind wir uns auch bewusst, dass wir nicht unbedingt die Weisheit mit Löffeln gefressen haben und dass wir Fehler machen. In dem Klassiker *Die Cocktail Party* drückt T. S. Eliot diese Sicht aus, indem er den Londoner Psychiater Sir Henry Harcourt-Reilly sagen lässt, dass er akzeptiert, ja sogar hofft, mit ihm selbst sei etwas nicht in Ordnung:

> *Ich möchte wirklich gerne glauben, daß mit*
> *mir etwas nicht in Ordnung ist –*
> *Denn wenn es nicht so ist, ist etwas nicht in Ordnung;*
> *Oder vielmehr ganz anders, als es sein sollte,*
> *Mit der Welt selbst – und das ist noch viel furchtbarer,*
> *Das wäre schrecklich. So möchte ich lieber glauben,*
> *Daß mit mir etwas nicht in Ordnung*
> *ist, das sich richten ließe.*[39]

Diese Passage hat einen unmittelbaren Geschmack einer Bescheidenheit, die anerkennt, dass unsere eigene Wahrnehmung und unser eigenes Verständnis beschränkt sind, verzerrt sein können und wir durchaus falsch liegen können. Für die Welt, für das Gemeinwohl wäre es um einiges besser, wenn unsere Wahrnehmung verzerrt wäre, als wenn wir recht hätten und die Welt wirklich so wäre, wie wir denken. Eine interessante Perspektive, finde ich.

Zu akzeptieren, dass die Wirklichkeit anders ist, als wir glauben, ist wohl grundlegend für geistige Bescheidenheit. Und mit dem letzten Punkt in der zitierten Passage lässt Eliot uns dann auch wissen, was die Konsequenz dieser Bescheidenheit ist: Unsere Unwissenheit und unsere Missverständnisse lassen sich »richten«, wir können lernen und uns entwickeln.

Bringen wir hingegen zu wenig Bescheidenheit ein, schränken wir unser eigenes Potenzial ein, wir neigen zu Arroganz, Stolz und Selbstherrlichkeit. Wir tendieren dazu, von unseren eigenen Erfolgen zu erzählen, sind aber kaum an den Erfolgen anderer interessiert. Da wir uns für so großartig halten, sind wir auch kaum in der Lage, Feedback, Hinweise oder Ratschläge anzunehmen. Letztendlich sind arrogante Menschen recht einsam. Kaum jemand kann ihnen das Wasser reichen oder ihnen auf Augenhöhe begegnen. Gleichzeitig benötigen sie häufig die Anerkennung anderer.

Wird Bescheidenheit hingegen überbetont, fällt es einer Person schwer, Lob und Anerkennung anzunehmen. Es kann auch dazu führen, dass ihr Beitrag oder ihre Expertise von anderen nicht wahrgenommen wird. Ebenso können Menschen zu Selbstkritik, Selbstherabsetzung oder Unterwürfigkeit neigen. Haben sie ein geringes Selbstwertgefühl, kann sich das auch negativ auf zwischenmenschliche Beziehungen auswirken, da sie sich eher zurückziehen und damit anderen wenig Möglichkeit geben, sie kennenzulernen.

Jemand, der ein ausgeglichenes Maß an Bescheidenheit lebt, ist meistens recht beliebt und kann leicht zwischenmenschliche Beziehungen aufbauen. Einer bescheidenen Person fällt es nicht schwer, die Aufmerksamkeit auf andere zu lenken, und sie fühlt sich wohl damit, wenn diese im Rampenlicht stehen, ohne jedoch zum Mauerblümchen zu werden. Bescheidenheit ist auch eine wichtige Voraussetzung dafür, unsere Mitmenschen wirklich wahrzunehmen. An späterer Stelle kommen wir nochmals auf den Punkt zurück, wenn wir uns genauer damit beschäftigen, was achtsame Kommunikation bedeutet und welche Charakterstärken es möglich machen, dass wir achtsam zuhören – also wirklich hören, was unsere Mitmenschen uns mitteilen wollen.

Fragen zur Selbstbeobachtung:

- Welche Vorteile hat es für dich, bescheiden zu sein?
- Was hindert dich daran, bescheiden zu sein?
- Unterscheidet sich deine Bescheidenheit in verschiedenen Lebensbereichen oder Situationen? Warum?

Aktivität:

- Versuche, in einem deiner nächsten Treffen, sei es eine Arbeitsbesprechung, eine Familienzusammenkunft, eine gemeinsam ausgeübte Sportart oder ein zwangloses Beisammensein mit Freunden, besonders bescheiden zu sein. Überlege dir davor, wie diese Bescheidenheit aussehen kann und wie du sie leben wirst. Halte deine Beobachtungen und Gedanken anschließend in deinem Charakterstärken-Tagebuch fest.
- Hast du die Tendenz, zu bescheiden zu sein, versuche, bei einem Treffen etwas mehr aus dir herauszugehen und einen aktiveren Beitrag zu leisten. Überlege dir vorher, welche anderen Charakterstärken dir dabei helfen können.

Vorsicht

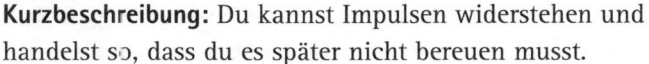

Tugend: Mäßigung.
Kurzbeschreibung: Du kannst Impulsen widerstehen und handelst so, dass du es später nicht bereuen musst.

Vorsichtige und umsichtige Menschen sind in der Lage, Nutzen und Gefahren abzuwägen und ihr eigenes Verhalten entsprechend anzupassen. Wenn sie ihre Vorsicht mit der Weisheitsstärke Weitsicht paaren, fällt es ihnen leicht, langfristige Ziele anzusteuern. Da sie sich nicht so schnell von exzessiven Impulsen ablenken lassen, bleiben sie ohne große Schwierigkeiten auf Kurs. Das bedeutet aber keinesfalls, dass umsichtigen Menschen Spontaneität fehlt oder dass sie keinerlei Risiko eingehen würden. Sie wägen jedoch Für und Wider ab und treten nur dann in Aktion, wenn die Rechnung aufgeht.

Diese umsichtige Einstellung, verbunden mit der Fähigkeit, Impulse zu regulieren, hilft uns, Fehltritte und Missgeschicke zu vermeiden, was sowohl zu unserem geistigen als auch zu unserem körperlichen Wohlbefinden beiträgt. Menschen, die Vorsicht in ausgeglichener Weise anbringen, machen generell einen gewissenhaften Eindruck, und man traut ihnen zu, dass sie ihre Ziele verfolgen und erreichen. Daher ist auch nicht verwunderlich, wenn diese Stärke mit Produktivität sowie schulischem und beruflichem Erfolg in Verbindung steht.

Wird Vorsicht jedoch überbetont, kann dies als ängstlich oder unentschlossen erscheinen. Die Tendenz, jede Art von Risiko oder Ungewissheit zu vermeiden, wird möglicherweise zu einem Hindernis, wenn wir versuchen, etwas Neues zu etablieren oder zu erreichen.

Andererseits kann uns zu wenig Vorsicht unbedacht oder gar rücksichtslos machen. Wir gehen unnötige Risiken ein, handeln impulsiv, ohne die Folgen zu bedenken. In unserer schnelllebigen Zeit, in der sich viele Wünsche unmittelbar erfüllen, kann die Stärke, innehalten zu können und mit Bedacht zu agieren, leicht in Vergessenheit geraten.

Momentan läuft bei uns in Großbritannien eine Reklameaktion mit der Kernaussage, dass ein Online-Service, statt 60 Sekunden zu dauern, nun deutlich schneller ist. Wir können nun in 30 Sekunden erfahren, wie viel unser Gebrauchtwagen wert ist. Dass die Experten im Online-Marketing anscheinend davon ausgehen, für potenzielle Kunden könnte ein Unterschied von 30 Sekunden Bedeutung haben, vermittelt eine Idee davon, wie sehr unsere Kultur auf Geschwindigkeit und Impulsivität getrimmt ist. Viele Aspekte der Online-Welt sind darauf aus, unsere Aufmerksamkeit zu binden und sofortige, impulsive Reaktionen zu stimulieren. Wir müssen immer seltener auf die nächste Episode einer Fernsehserie warten, denn sie steht sofort zum Streaming bereit. All diese Entwicklungen fördern unsere Ungeduld und verstärken impulsive Gewohnheiten.

Es geht mir jedoch nicht darum, diese Angebote zu verdammen. Denn letztendlich sind sie erfolgreich, weil wir mit ihnen interagieren. Es liegt also an uns, wie sehr wir unseren Impulsen nachgehen. Streben wir nach einem gesunden Umgang mit der schnelllebigen Welt und dem allgegenwärtigen Buhlen um unsere Aufmerksamkeit, ist die Fähigkeit zur Impulskontrolle und zu bedachtem Abwägen wichtiger als je zuvor.

Wie schon gesagt, erlaubt uns diese Stärke, ausgewogen und zielgerichtet zu handeln, und trägt somit zu unserem Wohlbefinden bei. Vorsichtige Abwägungen spielen aber auch innerlich eine Rolle, wenn es um unsere Motive und Ziele geht. Wie wir uns in den Kapiteln über Achtsamkeit genauer anschauen werden, ist die Fähigkeit, emotionale Impulse zu entdecken und diese mit Abstand zu beobachten, ein zentraler Bestandteil von Achtsamkeitspraxis.

Fragen zur Selbstbeobachtung:

- In welchen Lebensbereichen oder Situationen ist dir Vorsicht besonders wichtig?
- Wie reagieren deine Mitmenschen, wenn du besonders umsichtig handelst?
- Wie sehr bist du dir deiner impulsiven emotionalen Reaktionen bewusst? Kannst du sie entdecken, bevor du auf sie eingehst und sie ausdrückst?

Aktivität:

- Wenn die nächste wichtige Entscheidung ansteht, nimm dir ganz bewusst eine Auszeit, um etwas inneren Abstand zu gewinnen.
- Verwende dann die geistige Ruhe, um alle Pros und Kontras zu notieren und gegeneinander abzuwägen. Entscheide erst, wenn du alle relevanten Perspektiven berücksichtigt hast.

Selbststeuerung

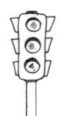

Tugend: Mäßigung.

Kurzbeschreibung: Du bist dir deiner Handlungen und Gefühle bewusst und kannst sie in angemessener Weise regulieren.

Selbststeuerung ist die Charakterstärke, die am seltensten als Signaturstärke auftritt, mit der sich Personen am wenigsten identifizieren. Sie lässt sich sehr häufig am unteren Ende des Charakterstärken-Profils finden. Daher könnte man denken, es handle sich um eine unwichtige Stärke. Doch dem ist bei Weitem nicht so. Ohne Selbststeuerung ist zielgerichtetes Handeln kaum möglich. Überlassen wir uns unseren Gefühlen ohne jegliche Steuerung, sind wir allem ausgeliefert, was in unserem Geist auftaucht. Halten wir nur für einen Moment inne und schauen nach innen, können wir einen Eindruck bekommen, wie aktiv unser Geist ist, wie viele Gedanken und Vorstellungen er ständig generiert. All das unreguliert zum Ausdruck gebracht, würden wir uns in einem ziemlichen Chaos wiederfinden.

In der buddhistischen Lehre wird ein Geisteszustand mit wenig Selbststeuerung manchmal als *monkey mind* bezeichnet. Das Bild eines wilden Affen, der unkontrolliert von Ast zu Ast und Frucht zu Frucht springt, verdeutlicht, wie ein Geist ohne Selbstdisziplin funktioniert. In einem anderen Bild wird mehr die Unfreiheit betont. Wir sind dann wie ein Ochse mit einem Ring durch die Nase. Jedes Gefühl zieht den Ochsen woandershin. Das arme Tier ist richtungslos und hat keine Wahl.

Ob *monkey mind* oder unfreier Ochse, ohne Selbststeuerung ist ein zielgerichtetes Leben kaum möglich. Auch wenn unsere Fähigkeit zur Selbststeuerung relativ gering zu sein scheint und die Charakterstärke wirklich ganz am Ende unseres Profils steht, bedeutet es ganz und gar nicht, dass wir keinerlei Selbststeuerung ausüben. Eher haben wir sie so sehr verinnerlicht, dass wir uns ihrer gar nicht bewusst sind. Wenn du an diesem Punkt im Buch angekommen bist, ist das schon ein Beweis dafür, dass deine Selbststeuerung recht ausgeprägt ist. Ansonsten wärst du schon lange abgedriftet und hättest das Buch längst vergessen.

Diese Charakterstärke kann leicht vernachlässigt werden, und zu wenig Selbststeuerung kann sich selektiv in ganz spezifischen Lebensbereichen zeigen, zum Beispiel finanziell oder beim Essen, Trinken, Fernsehen, Glücksspiel, Arbeiten, bei sexuellen Begierden, bei der Freizeitgestaltung und so weiter. Generell macht es uns leicht ablenkbar und führt zu einem eher undisziplinierten Lebensstil. Ist dieser Mangel an Selbststeuerung anhaltend und können wir extreme Verhaltensweisen in bestimmten Lebensbereichen oder Aktivitäten nicht moderieren, kann das zu enormen persönlichen und zwischenmenschlichen Problemen führen.

Ein Übermaß an Selbststeuerung führt dazu, dass wir zu viel Kontrolle ausüben und rigide, engstirnig und unflexibel werden. Auch dies kann sich in den verschiedensten Lebens- und Aktivitätsbereichen selektiv zeigen. Vielleicht müssen wir zwanghaft unsere Fitnessroutine oder unsere Diät kontrollieren. Im zwischenmenschlichen Bereich kann es uns engstirnig und kontrollierend machen und ein flexibles, unbeschwertes Miteinander verunmöglichen.

Bringen wir Selbststeuerung in passender Weise ein, wirkt das ausgleichend und bringt verschiedene Tendenzen in Balance. Ihre ausgleichende Funktion macht Selbststeuerung auch für andere Charakterstärken unentbehrlich. In der psychologischen Forschung ist ihre Bedeutung ebenso klar belegt. Der berühmte Marshmallow-Test untersucht die Fähigkeit zur Impulskontrolle und zum Belohnungsaufschub bei Kindern, indem er misst, wie lange ein Kind in der Lage ist, zu warten und damit auf eine unmittelbare Belohnung zugunsten einer größeren Belohnung in der Zukunft zu verzichten. Wie die Forschung immer wieder bestätigt hat, sind junge Kinder, die in diesem Test viel Selbststeuerung zeigen, in ihrem späteren Leben sowohl schulisch als auch sozial erfolgreicher.[40]

Ebenso weist die Forschung nach, dass unsere Selbststeuerung dafür ausschlaggebend ist, wie unsere Nutzung der sozialen Medien unser Wohlbefinden beeinflusst. Bei nützlicher Selbststeuerung können sie unser Wohlbefinden fördern, während unangemessene Selbststeuerung es beeinträchtigen kann.[41] Und wie schon gesagt, macht es Selbststeuerung leichter, auf die eine oder andere Ablenkung oder Versuchung zu verzichten, um unsere Vorsätze umzusetzen und unsere Ziele zu erreichen.

Fragen zur Selbstbeobachtung:

- Kannst du in bestimmten Lebens- oder Handlungsbereichen sehr geringe Selbststeuerung feststellen? Welche Bereiche sind dies? Wie wirkt sich das in deinem Leben aus?
- Denke an einen deiner größten Erfolge. Welche Rolle hat Selbststeuerung dabei gespielt?

Aktivität:

- Selbststeuerung ist trainierbar. Gibt es eine Aktivität oder einen Lebensbereich, in denen du gerne disziplinierter handeln würdest? Beginne damit, dir kleine, konkrete und erreichbare Teilziele zu setzen, und halte deinen Plan in deinem Charakterstärken-Tagebuch fest.
- Notiere ebenso, ob du den Plan umgesetzt und die (Teil-) Ziele erreicht hast.

Transzendenz
Sinn für Exzellenz und das Schöne | Dankbarkeit | Zuversicht | Humor |
Spiritualität

Die letzte der sechs Tugenden im Charakterstärken-System ist
Transzendenz *(transcendence)*. Sie umfasst die fünf Stärken,
die in unserem Leben Sinn stiften, uns einer höheren Macht
näherbringen oder uns erlauben, dass wir uns für eine tiefere oder überpersönliche Sicht, eine Bedeutung öffnen: Sinn
für Exzellenz und das Schöne *(appreciation of beauty and
excellence)*, Dankbarkeit *(gratitude)*, Zuversicht *(hope)*, Humor
(humour) und Spiritualität *(spirituality)*.

So haben diese Stärken damit zu tun, dass wir ein Gefühl,
ein Vertrauen oder gar eine Gewissheit haben, dass es etwas
gibt, das über unser normales Alltagsbewusstsein hinaus-
geht – in welcher Weise auch immer.

Diese Beschreibung ist bewusst etwas abstrakt gehalten.
Denn mit welcher Bedeutung wir die überpersönliche Dimension füllen, kann sehr unterschiedlich sein. Da diese Charakterstärken generell mit unseren Werten und mit authentischem
Leben zu tun haben, ist es nicht verwunderlich, dass die fünf
Transzendenz-Stärken zu den am häufigsten genannten Signaturstärken gehören.

Sinn für Exzellenz und das Schöne

Tugend: Transzendenz.
Kurzbeschreibung: Du hast ein Gespür für Exzellenz und
Schönheit. Du erkennst und schätzt beide in verschie-
densten Lebensbereichen.

Diese Charakterstärke hebt sich ein wenig von den anderen ab,
schon wegen ihrer besonders langen Bezeichnung. Bisherige

Übersetzungen haben die Stärke auf »Sinn für das Schöne« oder »Sinn für das Schöne und Gute« reduziert. Ich folge hier jedoch dem Entschluss der Hauptvertreter des VIA-Charakterstärken-Ansatzes, denen es wichtig war, die beiden Aspekte – Exzellenz und Schönheit – gleichmäßig zu betonen.

Diese Charakterstärke wird üblicherweise auf drei Bereiche bezogen:

1. Exzellenz in den Fähigkeiten und Fertigkeiten unserer Mitmenschen,
2. die Schönheit der Natur und
3. die moralisch oder ethisch wertvollen Handlungen von Mitmenschen.

Unser Sinn für Exzellenz und das Schöne öffnet uns für all das Wunderbare, all die Qualitäten, all die Perfektion, die wir in der Welt um uns wahrnehmen können. Dazu gehört die Bewunderung für die Meisterschaft, Präzision und Perfektion, die manche Menschen entwickelt haben und zum Ausdruck bringen, sei es in Wissenschaft, Handwerk, Sport, Kunst, Literatur und auch in ihrem gewöhnlichen Alltag. Die Charakterstärke zeigt sich darin, dass wir die Dinge nicht einfach als gegeben annehmen und stattdessen einen Sinn dafür haben, wie besonders es ist, dass sich all der Reichtum menschlichen Schaffens und Handelns manifestiert. Ebenso zählt dazu unser Staunen über all die Schönheit, die sich in der Natur finden lässt, im Kleinen wie im Großen: in der Perfektion jedes einzelnen Organismus, selbst des kleinsten Insekts, von der komplexen Struktur eines Blattes bis hin zur beeindruckenden Schönheit ganzer Naturlandschaften, der Ozeane, des Planeten Erde oder der unendlichen Weite des Sternenhimmels. Wir sind berührt, wenn wir den Ausdruck echter Menschlichkeit beobachten, sei es, dass jemand in der Lage ist zu vergeben, ein besonderer Akt der Großzügigkeit oder auch eine heroische Handlung, die Tapferkeit, Mitgefühl und Altruismus manifestiert.

Sinn für Exzellenz und das Schöne kann uns besonders dabei helfen, andere – weniger entwickelte – Stärken hervorzubringen. Er hilft uns, Stärken in anderen zu sehen und zu schätzen. Durch diese positive Wertschätzung für die Art und Weise, wie sich unsere Mitmenschen verhalten und ausdrücken, und ausgerüstet mit dem Wissen und Vokabular der Charakterstärken, können wir uns so inspirieren lassen und neue Ideen entwickeln, wie sich Charakterstärken leben lassen.

Eine Kursteilnehmerin erklärte, wie sie ihre Signaturstärke Sinn für Exzellenz und das Schöne für die Entwicklung anderer Charakterstärken verwendete. Sie unterstützte ihren Sinn für das Schöne mit Achtsamkeit, um besonders offen dafür zu sein, wie ihre Mitmenschen andere Charakterstärken ausdrückten. Dank ihrer eigenen Bewunderung dafür, wie sich Charakterstärken manifestierten und wie andere Menschen sie in ihrer eigenen Weise lebten, vertiefte sie ihr Verständnis dieser Stärken. Von ihren Beobachtungen und Einsichten inspiriert, entwickelte sie dann Ideen, wie sie die verschiedenen Stärken in neuer, kreativer Weise in ihr eigenes Leben einbauen konnte. Ein wunderbares Beispiel, wie Achtsamkeit, Kreativität und Sinn für Exzellenz und das Schöne kombiniert und für die eigene Entwicklung eingesetzt werden können.

Schönheit und Exzellenz erwecken unsere positiven Gefühle, ein Staunen, Begeisterung oder Ehrfurcht. Und wir wissen, wie wichtig diese Gefühle für unser Wohlbefinden und für unsere psychologische Widerstandsfähigkeit sind. Einige Menschen finden es auch leichter, mit Trauma und Verlust umzugehen, indem sie sich mit Schönem beschäftigen.

Betonen wir unseren Sinn für Exzellenz und das Schöne jedoch zu sehr, kann es in Perfektionismus münden. Gleichzeitig stumpfen wir vielleicht ein wenig ab, weil wir den Sinn für das Besondere, das sich auch im Alltäglichen zeigt, verloren haben. Bringen wir solchen Perfektionismus in unser Arbeitsleben und erwarten – von uns selbst und / oder unseren Kollegen – Exzellenz in allem, was wir tun, können wir leicht den Überblick dafür verlieren, wo es sinnvoll oder weniger sinnvoll ist, viele Ressourcen zu investieren. Richten wir unser Heim mit einem Sinn für Schönheit ein, fühlen sich Familie und Gäste besonders wohl, doch gehen wir damit zu weit und muss jedes Sofakissen und jedes Deckchen zu jeder Zeit perfekt positioniert sein, fühlen sich andere schnell eingeschränkt und unwohl.

Liegt unser Sinn für Exzellenz und das Schöne jedoch relativ brach, kann sich das darin zeigen, dass wir uns wenig um unsere persönliche Umgebung kümmern, und wir hinterlassen so einen unaufgeräumten Eindruck. Häufig zeigt es sich auch darin, dass jemand den Augenblick, das, was gerade jetzt vor unseren Augen geschieht, wenig wahrnimmt oder schätzt. In vielen Fällen ist dies einfach die Folge von einem andauernden Gefühl der Überlastung. Eine Person erlaubt sich einfach nicht, für die Schönheit des Moments innezuhalten, weil zu viel zu erledigen ist oder »Wichtigeres« ansteht. Dies kann leicht zu einem Teufelskreis werden, denn erlauben wir uns diese kurzen Momente nicht, kommen auch die positiven Gefühle zu kurz. Fehlt es an positiven Gefühlen, kann unser Wohlbefinden beeinträchtigt werden, was wiederum unser Gefühl von Überlastung erhöht.

Fragen zur Selbstbeobachtung:

- Was hindert dich daran, die Schönheit des Augenblicks zu genießen? Gibt es vielleicht bestimmte Charakterstärken, die du zu sehr ausdrückst, oder andere, die du zu wenig einbringst?

- In welchen Situationen bist du dir der Exzellenz und Schönheit besonders bewusst, in welchen weniger oder gar nicht? Wie erklärst du dir diese Unterschiede?
- Haben Schönheit und Exzellenz für dich die gleiche Wichtigkeit?

Aktivität:

- Wenn du an deinem Arbeitsplatz bist oder auch zu Hause an einem Ort, an dem du dich häufig aufhältst, halte inne und versuche, genau zu beobachten, welchen Eindruck deine Umgebung auf dich macht. Beobachte so ehrlich wie möglich, wie wohl du dich fühlst. Gibt es etwas, was deinen Sinn für das Schöne beeinträchtigt oder stört? Fällt dir etwas auf, was besonders schön ist? Tauchen in deinem Geist Ideen oder Wünsche auf, wie deine Umgebung »verschönert« werden könnte? Falls es für dich und deine Mitmenschen passt, versuche, deine Ideen für eine schönere Umgebung umzusetzen.
- Richte deinen Sinn für Exzellenz und das Schöne nach innen, vielleicht, indem du ihn mit Achtsamkeit kombinierst (siehe Teil 2 und 3). Kannst du diese Stärke auf deine eigenen Charakterstärken anwenden und sie in der Art, wie du sie ausdrückst, wertschätzen?

Dankbarkeit

Tugend: Transzendenz.
Kurzbeschreibung: Dir fällt es leicht, gute Dinge, die dir widerfahren, zu schätzen und deinen Dank auszudrücken.

Dankbarkeit als Charakterstärke beschreibt eine innere Haltung, dank deren wir uns bewusst sind, wenn uns etwas Positives widerfährt, was wir uns nicht selbst direkt verdient oder erarbeitet haben, was somit auf jemand oder etwas anderes zurückzuführen ist. Es geht also nicht um eine oberflächliche Form von erlernter Höflichkeit (»Immer schön Danke sagen!«), sondern um das Gefühl, dass uns Gutes zuteilwird. Dies kann ganz konkret mit anderen Personen zu tun haben, die in verschiedenen Weisen großzügig sind, aber auch abstraktere oder transzendente Anteile haben.

Wie viele andere Menschen auch empfinde ich Dankbarkeit dafür, in einem Gesellschaftssystem zu leben, das Meinungsfreiheit wertschätzt, das ein soziales Absicherungs- und ein funktionierendes Bildungssystem hat und in dem ich ohne Angst vor Verfolgung meine Spiritualität ausdrücken kann. Menschen empfinden auch Dankbarkeit für die Natur oder für eine höhere spirituelle oder göttliche Macht. Ebenso sind manche dankbar für schwierige Ereignisse, zum Beispiel weil sie ihnen spirituelle Einsichten ermöglichten, weil sie die Bedeutung ihres eigenen Lebens deutlicher machten oder weil sie sie als Entwicklungsmöglichkeit sehen konnten.

Dankbarkeit gehört zu den Charakterstärken, die in der Psychologie bisher am gründlichsten untersucht wurden, wenn auch meistens nicht innerhalb des Systems der Charakterstärken. Die Forschung zeigt deutlich, dass Dankbarkeit mit geistigem und sozialem Wohlbefinden in Verbindung steht.[42] Programme und Maßnahmen, die besonders auf die Förderung von Dankbarkeit abzielen, scheinen ebenso das Wohlbefinden zu stärken.[43]

Wird Dankbarkeit überbetont, kann eine Person den Sinn dafür verlieren, im Leben selbst etwas bewirken zu können. Die eigene Wahrnehmung wird dann womöglich so sehr auf äußere Einflüsse ausgerichtet sein, dass der eigene Beitrag nicht erkannt wird. Es kann auch zu einem Stillstand im Leben führen, wenn man so dankbar ist für das, was man bekommen hat, dass keinerlei Bestreben vorhanden ist, mehr zu erreichen.

Bei zu wenig Dankbarkeit fehlt ein Gefühl dafür, wie verbunden wir sind und in welch gegenseitigen Abhängigkeiten wir miteinander stehen. Mit wenig Dankbarkeit ist einem vielleicht nicht bewusst, dass die allermeisten kulturellen und technologischen Errungenschaften, die unser Leben so einfach und angenehm machen, ohne den enormen Aufwand unzähliger Menschen unmöglich wären. Fehlt diese Bewusstheit, kann daraus leicht eine fordernde Haltung resultieren, oder man erscheint einfach als kalt mit wenig zwischenmenschlicher Wärme. In »milderen« Fällen sind vielleicht einfach die sozialen Kompetenzen nicht genügend ausgebildet, um Dankbarkeit auszudrücken, oder eine Person wurde so tief verletzt, dass sie sich nicht zugestehen kann, etwas Positives von der Außenwelt zu erhalten.

Als eine der fünf Glücksstärken steht ausgeglichene Dankbarkeit wie schon gesagt direkt mit Wohlbefinden in Verbindung sowie damit, einen tieferen Lebenssinn zu haben. Interventionen, die Dankbarkeit fördern, sind zudem recht einfach durchzuführen und scheinen positive Effekte zu haben.

Fragen zur Selbstbeobachtung:

- Wenn du selbst großzügig bist, erwartest du, dass sich dein Gegenüber bedankt? Hat es eine Auswirkung, wenn dieser Dank ausbleibt?
- Wie fühlt es sich an, wenn du selbst deine Dankbarkeit zeigst? Unterscheidet sich dieses Gefühl von Situation zu Situation und bei verschiedenen Menschen?

Aktivität:

- Gibt es Dinge, für die du dankbar bist, auch wenn du diese Dankbarkeit nie zum Ausdruck gebracht hast? Versuche, eine Gelegenheit zu finden, dies zu ändern und deinen Dank mitzuteilen.

- Achte darauf, in welcher Weise du deinen Dank ausdrückst. Kannst du Alternativen dazu finden, einfach nur »Danke schön« zu sagen?

Zuversicht

Tugend: Transzendenz.

Kurzbeschreibung: Du hast eine positive Ausrichtung auf die Zukunft, erwartest gute Ergebnisse und setzt dich dafür ein, diese zu erreichen.

Zuversicht ist unsere Grundhaltung – unser Vertrauen –, dass wir in der Lage sind, Entwicklungen positiv zu beeinflussen. Zuversicht beschreibt also eine bejahende Erwartung an die Zukunft und eine Überzeugung, dass sich auch schwierige Situationen zum Guten wenden lassen. Der Begriff *hope,* der diese Charakterstärke auf Englisch bezeichnet, wird manchmal als »Hoffnung« übersetzt, doch kann dabei im Deutschen ein etwas passiver Unterton mitschwingen, der nicht recht zu der Bedeutung dieser Stärke passt. »Zuversicht« ist in dieser Hinsicht weniger belastet und erfasst den bedeutsamen aktiven Ton der Stärke besser. Es handelt sich bei dieser Charakterstärke um mehr als einen unspezifischen Optimismus, mehr als eine generell positive Grundstimmung, mehr als eine unbekümmerte passive Haltung, »dass irgendwie schon alles gut sein wird«. Zuversicht ist aktiv und ganz konkret auf die Konsequenzen des eigenen Handelns bezogen. Zuversichtliche Menschen haben daher eine Erwartung, dass ihr Einsatz zu guten Ergebnissen führen wird, verbunden mit einem realistischen Gewahrsein möglicher Hindernisse und Stolpersteine auf dem Weg.

Jemand, dem Zuversicht fehlt, erscheint als pessimistisch und sucht eventuell sogar nach Rechtfertigungen, um eigenes Handeln zu vermeiden. Vielleicht erlaubt sich jemand keine Zuversicht, um sich vor zukünftiger Enttäuschung zu schützen, insbesondere wenn die eigenen Hoffnungen zu häufig enttäuscht wurden. In anderen, meist etwas konkreteren Situationen kann geringe Zuversicht auch das Ergebnis von fehlender Information sein. Als Eltern erwarten wir vielleicht, dass unser Kind schlecht abschneidet, weil wir nicht mitbekommen haben, wie viel Enthusiasmus es für das Prüfungsthema entwickelt und wie viel Energie es in die Vorbereitung gesteckt hat. Als Abteilungsleiter haben wir vielleicht den Kontakt mit den Mitarbeitern verloren und nicht mitbekommen, wie weit das Team ein Projekt vorangetrieben hat. In diesen Fällen ist deutlich, wie mehr Interesse (vielleicht Neugier) und gestärkte Achtsamkeit unsere Zuversicht fördern könnten.

Bei zu viel Zuversicht verlieren wir leicht unser Gewahrsein für die Probleme und Schwierigkeiten, sehen Entwicklungen zu rosig und erscheinen vielleicht sogar etwas naiv. Es kann der Eindruck entstehen, dass wir zu unbekümmert sind und uns die nötige Ernsthaftigkeit oder der Realitätssinn fehlt. Insbesondere wenn sich übertriebene Zuversicht auf die Situation anderer bezieht, kann dies als fehlendes Interesse an den Schwierigkeiten und Herausforderungen, die andere Menschen erleben, empfunden werden.

Wir können uns leicht eine Situation vorstellen, in der eine nahestehende Person ein aktuelles Problem, ihre Sorgen und Befürchtungen mit uns teilt. Eine ganz natürliche Reaktion kann dann sein, ihr Hoffnung zu machen oder Zuversicht zu geben, da wir ihr dabei helfen wollen, einen positiven Ausblick auf ihr Leben zu gewinnen. Doch drücken wir nur die Idee aus, dass schon alles gut werden wird, ist es nicht unwahrscheinlich, dass sie sich nicht verstanden fühlt, weil ihre Bedenken nicht ernst genommen werden. Ein ausgeglicheneres Umgang mit unserer Zuversicht wäre mehr in der Gegenwart verankert und würde mehr Augenmerk darauf legen, wie die Situation momentan aussieht, und anschließend darauf aufbauend eine realistische Zukunftsperspektive entwickeln. Auch dann ist unsere Zuversicht bedeutsam. Denn das Vertrauen, dass sich eine schwierige Situation zum Besseren wenden lässt, ist für ein erfülltes Leben unerlässlich. Doch kann dieses Vertrauen nur wachsen, wenn wir uns der aktuellen Lage nicht verschließen.

Allgemeiner betrachtet, besteht bei zu viel Zuversicht die Gefahr, echte Schwierigkeiten zu übersehen und daher vermeidbare Fehler zu begehen oder nicht entsprechend vorauszuplanen.

Verfügen wir hingegen über gesunde, ausgeglichene Zuversicht, können wir auch in Situationen, die pessimistischere Menschen als schwierig oder gar hoffnungslos einschätzen, eine bessere Zukunftsperspektive teilen und realistische Wege zum Erfolg aufzeichnen.

Zuversicht ist eine der beiden Glücksstärken (zusammen mit begeisterter Aktivität), die am engsten mit unserem Wohlbefinden zusammenhängen; und Studien weisen nach, dass das Ausmaß unserer Zuversicht heute eine recht zuverlässige Voraussage erlaubt, wie gut wir uns sechs Monate später fühlen werden.[44]

Fragen zur Selbstbeobachtung:

* Solltest du zu pessimistischen Einschätzungen neigen, versuche zu beobachten, welche geistigen Gewohnheitsmuster zu diesen Beurteilungen führen. Handelt es sich um realistische Einschätzungen? Gibt es bestimmte Charakterstärken, die dir helfen könnten, zu einer umfassenderen Lageeinschätzung zu kommen?

- Kannst du dich an Situationen erinnern, in denen du zu zuversichtlich warst und sich jemand deswegen nicht ernst genommen fühlte? Wie könntest du diese Tendenz ausgleichen?

Aktivität:

- Wir können unsere Zuversicht auch nach innen richten: Konzentriere dich auf eine Schwierigkeit oder ein Problem, das dich gerade beschäftigt. Formuliere drei zuversichtliche Gedanken und halte sie in deinem Charakterstärken-Tagebuch fest. Überleg dir auch zwei bis drei Teilziele, kleine Schritte auf dem Weg zur Lösung des Problems, und geh diese Schritte an.
- Wenn du beobachtest, dass eine Person, mit der du gut vertraut bist, sich negativ oder pessimistisch äußert, versuche – wenn es passt –, einen zuversichtlichen Impuls beizusteuern, um zu einer ausgeglicheneren Gesamtwahrnehmung zu gelangen.

Humor

Tugend: Transzendenz.
Kurzbeschreibung: Du schätzt Frohsinn, Lachen und Humor und bringst andere Menschen gerne zum Lachen.

In der Positiven Psychologie sprechen wir von Humor, wenn jemand in einer Situation das Witzige, Absurde, Widersprüchliche oder Inkongruente erkennen, mit diesen Wahrnehmungen in einer heiteren und spielerischen Weise umgehen und sich zudem in einer Weise ausdrücken kann, die andere erheitert oder zum Lachen bringt.

Humor ist in erster Linie eine zwischenmenschliche Stärke,

da er Verbindungen schaffen und stärken, in sozialen Situationen eine gewisse Leichtigkeit erzeugen, schwierige oder angespannte Situationen entspannen und generell unseren Gemeinschaftssinn stärken kann. Er ist in einer spielerischen Geisteshaltung verankert, der selbst eine gewisse Leichtigkeit innewohnt.

Neben der wichtigen zwischenmenschlichen Ausrichtung hat Humor auch eine persönliche, nach innen gerichtete Dimension, die im Innenleben etwas Leichtigkeit schafft. Fehlt dieser innere Anteil, können wir nicht über uns selbst lachen. Und gibt es in unserem Innenleben keinen Raum für ein kleines Schmunzeln, würden wir unseren Humor als unausgeglichen oder nicht voll entwickelt betrachten. Dass man auch über sich selbst lachen kann, sich selbst nicht zu ernst nimmt und den eigenen Schwierigkeiten mit etwas Witz und Leichtigkeit begegnen kann, ist Bestandteil unseres Wohlbefindens.

Eine Volksweisheit besagt: »Verliere niemals den Humor, sonst wird es bitterernst.« Psychologisch betrachtet, mag dies einen Funken Wahrheit enthalten, denn bei so ziemlich allen emotionalen Störungen können wir den Verlust von Humor feststellen. Es ist also durchaus denkbar, dass Humor uns nicht nur widerstandsfähiger gegen Stress macht, sondern generell zu unserem Wohlbefinden beiträgt.

Haben Menschen zu wenig Humor, kann dies als schlechte Laune oder Langeweile wahrgenommen werden, und manchmal kann fehlender Humor sogar eine soziale Situation zum Umkippen bringen. Wenn wir, statt gemeinsam zu lachen, zu einer Salzsäule erstarren, kann die gute Stimmung schnell ein Ende finden. In anderen Fällen mag geringer Humor auch ein Zeichen dafür sein, dass es einer Person nicht gut geht, dass sie sich vielleicht depressiv oder besonders ängstlich fühlt.

Zu viel Humor kann ein Ausdruck von fehlendem Feingefühl dafür sein, was in einer gegebenen Situation gerade angemessen ist. Während ein überschwänglich erzählter Witz in der Stammkneipe sehr willkommen ist, ist er bei einer Trauerfeier meist fehl am Platz. Ähnlich, wie wir für die Zuversicht festgestellt haben, kann auch Humor als fehlendes Interesse für die Probleme anderer verstanden werden. Versuchen wir, lustig zu sein, statt uns darauf einzulassen, was unser Gegenüber mitteilen möchte, können wir zwischenmenschliche Beziehungen empfindlich stören.

In extremen Fällen kann ein Überstrapazieren auch in den Missbrauch von Humor umschlagen, zum Beispiel in der Form von Schadenfreude oder in einem bissigen, angreifenden Humor, der es darauf abgesehen hat, Mitmenschen zu schaden, vielleicht, indem sie gedemütigt oder der Lächerlichkeit preisgegeben werden. In diesen Fällen hätten wir aber den Bereich von Charakterstärken verlassen. Während bei der Überbetonung einer Stärke nicht von einer schädigenden Absicht auszugehen ist, sieht es bei Missbrauch anders aus. Dann zielt der Humor nicht mehr auf etwas Positives, Freudvolles ab.

Situationsangemessener ausgeglichener Humor hat hingegen unsere Mitmenschen im Auge und zielt darauf ab, ihre Situation zu erheitern, zu erleichtern, zu verbessern. Er kann dabei helfen, die Schwere oder den Ernst einer Situation zu lindern, er kann etwas Abstand schaffen und die Perspektive weiten. Ebenso kann er das menschliche Miteinander leichter und geschmeidiger machen.

Humor entfaltet sein positives Potenzial besonders, wenn er mit anderen Charakterstärken verbunden wird. Verbunden mit Teamwork, kann unsere Fähigkeit, über uns selbst zu lachen, zu einer guten Arbeitsatmosphäre beitragen. Geleitet von Güte und Mitgefühl, kann eine Dosis Humor eine schwierige Situation akzeptabler machen. Im Tandem mit sozialer Intelligenz können wir Humor verwenden, um es einer sozial ängstlichen Person einfacher zu machen, mit uns in näheren Kontakt zu treten.

Fragen zur Selbstbeobachtung:

- Versuche auch bei schwierigen Situationen in Beruf oder Familie, etwas Leichtigkeit zu entdecken.
- Möchtest du deinem Humor einen Schub geben, nimm dir eine Woche lang jeden Abend ein paar Minuten Zeit, um dir den Tag vor Augen zu führen. Notiere in deinem Charakterstärken-Tagebuch täglich mindestens drei oder vier witzige, spielerische oder humorvolle Dinge, die du beobachtet hast, klein oder groß.

Aktivität:

- Sicherlich gibt es in deinem Bekannten- oder Freundeskreis jemanden, der einen besonders frohsinnigen, humorvollen Charakter hat. Versuche zu beobachten, wie diese Person ihren Humor ausdrückt. Kannst du weitere Charakterstärken feststellen, die dabei eine Rolle spielen?

Spiritualität

Tugend: Transzendenz.
Kurzbeschreibung: Du hegst kohärente Überzeugungen über Sinn und Bedeutung des Lebens, die deiner Haltung und deinem Verhalten eine klare Ausrichtung geben.

Spiritualität ist die Charakterstärke, die vermutlich die meisten Menschen am direktesten mit der Tugend Transzendenz in Verbindung bringen. Doch auch alle anderen transzendenten Charakterstärken helfen uns, unsere gewöhnliche Alltagswahrnehmung zu transzendieren. Spiritualität hebt sich von ihnen jedoch ab, weil sie ganz konkret auf einen übergeordneten Sinn, vielleicht eine übergeordnete Kraft, ausgerichtet ist.

Diese Stärke bezieht sich auf unseren Glauben an oder unser grundlegendes Vertrauen in einen Sinn des Lebens oder eine Gewissheit, dass es »mehr« im Leben gibt. Es geht also darum, in welchem Maße unser Leben von einer sinnstiftenden Orientierung getragen ist. Daher ist es nicht verwunderlich, dass Spiritualität zu den am häufigsten genannten Signaturstärken zählt.

Spiritualität kann sich auf eine höhere Kraft oder Macht – das Göttliche – beziehen, muss es aber nicht. Menschen können aus sehr verschiedenen Dingen einen tieferen Lebenssinn schöpfen. Und obwohl es eine Überschneidung mit Religiosität gibt und viele Menschen sowohl spirituell als auch religiös sind, kann man die beiden nicht gleichsetzen. Religiosität bezieht sich darauf, dass jemandem das Engagement in institutionalisierter Religion wichtig ist, dass es wichtig ist, Teil einer organisierten Glaubensgemeinschaft zu sein und an den tradierten Ritualen und religiösen Praktiken teilzunehmen. Spirituelle Menschen können ihre Spiritualität innerhalb eines solchen Rahmens finden und leben, doch steigt die Zahl derjenigen an, die von sich sagen, sie sind spirituell, aber nicht religiös. Sie sind von einem größeren, überpersönlichen Lebenssinn getragen, ohne sich an eine traditionelle Institution gebunden zu fühlen. Menschen finden in verschiedenen Dingen Sinn, in der Verbindung mit der Natur oder der unfassbaren Weite des Kosmos.

Spiritualität steht mit Wohlbefinden in Zusammenhang[45] und hilft vielen dabei, mit schwierigen Lebensumständen oder traumatischen Erfahrungen umzugehen. Ebenso scheint sie andere zwischenmenschliche Qualitäten und Stärken wie zum Beispiel Güte, Mitgefühl, Verzeihen oder Altruismus zu fördern.

Bei Menschen, die ihr Leben als eher sinnentleert empfinden, keine Bedeutung oder klare Ausrichtung darin sehen, nichts haben, was ihnen Halt und Sicherheit gibt, ist Spiritualität nur gering ausgeprägt. Dies kann sich in einer gewissen Apathie und Oberflächlichkeit, in Desinteresse oder Enttäuschung zeigen. Mit geringer Spiritualität lebt man sein Leben eher achtlos, ist sich des Reichtums des Lebens wenig bewusst und hat die Tendenz, einem monotonen Trott zu folgen.

Es ist gut, hier im Auge zu behalten, dass wir nicht von Menschen reden, die keinen religiösen Glauben haben oder nicht in eine göttliche Macht vertrauen. Auch Atheisten oder Agnostiker[46] empfinden häufig einen tiefen Lebenssinn und eine klare Ausrichtung in ihrem Leben, die von Mitgefühl und Güte durchdrungen ist.

Wird Spiritualität jedoch zu sehr betont, kann dies als sehr selbstgerecht oder belehrend wahrgenommen werden. Ist jemand sehr von seinem eigenen Glauben überzeugt, bleibt manchmal wenig Raum für andere Anschauungen, und es kann sich auf die Frage zuspitzen, wer »recht hat«. In milden Formen kann es einfach ein wenig unangenehm oder peinlich sein, mit dieser Sicht konfrontiert zu werden; doch wird Spiritualität deutlich überstrapaziert, empfinden andere dies in der Regel als sehr störend. Extreme Fälle können gar in Richtung Fanatismus abgleiten.

Wiederum ist mir wichtig zu betonen, dass es hier nicht vorrangig darum geht, ob – oder mit wie viel Überzeugung – jemand an eine höhere Kraft glaubt. Als Charakterstärke ist Spiritualität viel breiter, bezieht sich auf unsere grundlegende Haltung, darauf, was für uns sinnstiftend ist. So verstanden, lässt sich eine übertriebene, leicht fanatische Engstirnigkeit, die keiner anderen Sichtweise ein Existenzrecht einräumt, zunehmend auch in gesellschaftlichen und politischen Strömungen ausmachen.

Fragen zur Selbstbeobachtung:

- In welcher Weise spielt Spiritualität eine Rolle in deinem Leben?
- Kannst du deine Spiritualität, das, was deinem Leben Sinn und Ausrichtung gibt, in die verschiedenen Lebensbereiche einbringen?

Aktivität:

- Welche Bedeutung spielt deine Spiritualität in deiner engsten Beziehung, vielleicht deiner Partnerschaft, Ehe oder tiefsten Freundschaft? Nimm dir Zeit, um dich mit der anderen Person über diese Frage auszutauschen.
- Wie bewusst bist du dir eines inneren Raums für deine Spiritualität? Nimm dir bewusst regelmäßig etwas Zeit, um nach innen zu schauen und zu betrachten, was deinem Leben Halt und Ausrichtung gibt und wie du dies lebst.

Deine Charakterstärken erkennen und verstehen

Im vorherigen Kapitel habe ich die 24 Charakterstärken eingeführt, und du hast einen ersten Eindruck bekommen, was sie genauer bedeuten. Sofern du dich auch mit den Fragen zur Selbstbeobachtung und mit der einen oder anderen vorgeschlagenen Aktivität beschäftigt hast, solltest du nun schon eine Idee haben, was die einzelnen Charakterstärken für dich bedeuten. Wahrscheinlich bist du dabei auf ein paar Stärken gestoßen, die dich besonders ansprachen, bei denen du das Gefühl hattest: »Das bin ich!« Andere Stärken waren dir dagegen eher unbekannt, und du hattest den Eindruck, sie hätten kaum etwas mit dir zu tun.

Auf Grundlage dieser Erfahrungen und mit dem Wissen über die 24 Stärken ausgestattet, könntest du nun deiner eigenen Intuition folgen und eine komplette Rangliste erstellen. Doch alle 24 Stärken passend aufzureihen ist schon eine Herausforderung, und vermutlich gibt es zumindest ein paar Stärken, deren Position schwer festzulegen ist, die dir weder besonders aufgefallen sind noch völlig unbekannt waren. Falls du trotzdem sehen möchtest, wie sehr deine Selbstwahrnehmung mit deinem auf wissenschaftlichen Grundlagen erstellten Profil übereinstimmt, könntest du deine vier oder fünf Top-Stärken notieren, die Charakterstärken, die deinem Charakter besonders klar zu entsprechen scheinen, die du ganz natürlich und ohne große Anstrengung ausdrückst und mit denen du dich sehr gut fühlst.

Hast du dir bisher noch kein Notizbuch für deine Arbeit mit Charakterstärken angelegt, ist jetzt vielleicht eine gute

Gelegenheit. Dann könntest du als Nächstes auch noch deine vier oder fünf geringsten Charakterstärken notieren. Welche Stärken waren dir besonders fremd? Bei welchen hattest du das Gefühl, sie gar nicht zu haben oder auszudrücken? Bei welchen konntest du nur eine zu geringe Verwendung der Stärke feststellen?

Aktivität:

• Halte deine fünf Top-Stärken und deine fünf geringsten Stärken in deinem Charakterstärken-Tagebuch fest.

Der VIA-IS-Charakterstärken-Fragebogen

Nachdem du deine Top- und deine geringsten Stärken ausgemacht und notiert hast, ist es nun an der Zeit, 15 bis 20 Minuten zu investieren und die Wissenschaft sprechen zu lassen. Mehr als 21 Millionen Menschen haben mittlerweile diesen wissenschaftlich untermauerten Weg eingeschlagen, um ihr Charakterstärken-Profil zu ermitteln. Der VIA-IS-Charakterstärken-Fragebogen (kurz: VIA-IS) basiert auf der Arbeit von Peterson und Seligman und wird seit seiner ursprünglichen Veröffentlichung als »Values in Action Inventory of Strengths« vom VIA-Institut immer weiter verfeinert, damit die Charakterstärken stetig besser erfasst werden und die Messgenauigkeit zunimmt. Der VIA-IS ist der einzige wissenschaftlich fundierte und abgesicherte Fragebogen, um persönliche Charakterstärken verlässlich zu bestimmen, und hat damit für die Arbeit mit unserem Charakter herausragende Bedeutung.

Als jüngste Ergänzung kann der VIA-IS nun auch gemeinsam mit einem Achtsamkeitsfragebogen – dem Five-Facet-Mindfulness-Questionnaire (FFMQ)[47] – ausgefüllt werden. Während das einfache Charakterstärken-Profil ohne jegliche

Kosten eingesehen und heruntergeladen werden kann, verlangt das VIA-Institut eine Gebühr,[48] um den FFMQ auszufüllen und für den Bericht, wie deine Achtsamkeit und Charakterstärken in Verbindung miteinander stehen und sich gegenseitig unterstützen können. Zudem bietet das VIA-Institut noch eine Reihe weiterer ausführlicherer Berichte zum Kauf an.

Bisher ist jedoch noch keiner dieser Berichte in deutscher Sprache erhältlich. Übrigens bleiben alle Berichte – das Charakterstärken-Profil eingeschlossen – über Jahre hinweg im persönlichen Nutzerkonto zugänglich. Du kannst den VIA-IS ausfüllen, sooft du willst; und obwohl die Charakterstärken als relativ überdauernd gelten, kann es interessant sein, ob sich im Laufe der Zeit etwas verändert hat. Zum Beispiel kannst du dich fragen, ob sich deine Stärken durch die Auseinandersetzung mit dem Thema verschoben haben. Um dies zu beantworten, könntest du zusätzlich zu deinen Selbstbeobachtungen nach dem Lesen des Buches den VIA-IS nochmals ausfüllen und das Ergebnis mit deinem ersten Charakterstärken-Profil vergleichen. Hat sich etwas verändert? Sind neue Stärken zu den Signaturstärken aufgestiegen? Stimmt das neue Profil – deine größten, mittleren und geringsten Stärken – damit überein, wie du dich nun selbst siehst? Kann dein Partner oder deine Partnerin diese Stärken jetzt deutlicher bei dir ausmachen? Erkennt sie / er dich in deinem Charakterstärken-Profil? Kurz gesagt, es gibt viele Möglichkeiten, wie du dein persönliches Profil und die mögliche Veränderung des Profils betrachten und für deine weitere Entwicklung nützlich machen kannst.

Vielleicht fragst du dich, ob es sinnvoll ist, den einen oder anderen kostenpflichtigen Report des VIA-Instituts zu beziehen. Das steht dir natürlich vollkommen frei. Ich halte es aber nicht für notwendig, sondern denke, dass das einfache Profil als Ausgangspunkt völlig ausreichend ist, in Verbindung mit diesem Buch und den hier vorgeschlagenen Übungen zu tieferen Einsichten führen kann und dir helfen wird, deine Charakterstärken gezielt zu entwickeln.

Aktivität:

- Geh auf die Webseite des VIA Institute on Character (https:// www.viacharacter.org) und leg dort dein persönliches Nutzerkonto an. Danach kannst du direkt dem Verweis folgen und den »VIA Adult Survey« ausfüllen.
- Achte dabei darauf, dass du auf der Webseite die für dich passende Sprache ausgewählt hast. Nachdem du alle 96 Fragen beantwortet hast (Dauer etwa 15 Minuten), kannst du dann dein persönliches Charakterstärken-Profil online einsehen und als PDF-Datei herunterladen und ausdrucken.

Dein VIA-Charakterstärken-Profil verstehen

Wie schon beschrieben, spuckt der VIA-IS direkt nach dem Ausfüllen dein persönliches Charakterstärken-Profil aus, in dem deine 24 Stärken von deiner größten bis zu deiner geringsten Stärke aufgelistet sind. Für jede Charakterstärke wird kurz genannt, welcher Tugend sie zugordnet ist, und dann eine Kurzbeschreibung gegeben, was Menschen mit der jeweiligen Charakterstärke besonders auszeichnet.

Hältst du dein persönliches Profil erstmals in den Händen, hast du – so wie die meisten Menschen – vermutlich eine von zwei Tendenzen. Entweder schaust du zuerst auf das Ende, um deine vermeintlichen Schwächen zu sehen, oder du brennst darauf herauszufinden, was deine Stärken sind, und schaust zuerst auf die Top-Stärken. Solltest du zu der ersten Gruppe gehören, sei hier nochmals betont, dass das Charakterstärken-System sich nicht mit Schwächen beschäftigt, sondern ausschließlich mit Stärken. Später in diesem Kapitel gehen wir dann etwas genauer darauf ein, was wir auch von diesen geringeren Stärken lernen, wie wir mit ihnen umgehen und sie – falls nötig – unterstützen und entwickeln können. Doch möchte ich an dieser Stelle deine Aufmerksamkeit auf die Top-Stärken richten, egal, ob du zu den Menschen gehörst, die sich gleich auf diese Stärken stürzen oder nicht.

Signaturstärken – dein Markenzeichen

Die größten Stärken, die in deinem Profil ganz oben erscheinen und somit leicht auszumachen sind, werden üblicherweise als Signatur-Charakterstärken bezeichnet. Die Forschung zeigt, dass die meisten Menschen circa fünf solcher Top-Stärken haben. Das ist aber nur eine Faustregel und trifft nicht auf jeden zu. Es kann sein, dass dich weniger oder auch mehr als fünf Signaturstärken auszeichnen.

Diese Stärken sind unser Markenzeichen, unsere persönliche Signatur. Sie hängen direkt damit zusammen, wer wir sind, und es fühlt sich authentisch an, sie auszudrücken. Psychologische Studien, die sich besonders mit dem Entwicklungspotenzial von Charakterstärken beschäftigen, nehmen häufig diese Top-Stärken ins Fadenkreuz, und eine ganze Reihe an Studien belegt, dass Signaturstärken-Aktivitäten positive Gefühle und Glück sowie Lebenszufriedenheit fördern und gleichzeitig depressive Tendenzen verringern können.

Häufig werden drei zentrale Kennzeichen dieser Stärken hervorgehoben:

1. Signatur-Charakterstärken werden als wesentlich oder essenziell für uns als authentische Person erlebt. Sie drücken aus, wer wir sind.
2. Wir fühlen uns lebendig und voller Energie, wenn wir sie ausdrücken; sie geben uns einen Turbo-Kick.

3. Wir handeln mühelos im Einklang mit diesen Top-Stärken. Ohne Anstrengung und ohne viel Nachdenken bringen wir die Stärken spontan und ganz natürlich ein.

Zusätzlich zur Rangordnung deines VIA-IS-Profils kannst du deine Signaturstärken mit einem weiteren, gezielteren Zugang ermitteln, mit dem »Signature Strengths Survey« des VIA-Instituts. Während unsere Stärken im Charakterstärken-Profil einfach nach ihrer Ausprägung aufgelistet sind und somit in gewisser Weise ein indirekter Weg beschritten wird, unsere Signaturstärken auszumachen, fragt der »Signature Strengths Survey« die Signaturstärken direkt ab. Zurzeit gibt es noch keine deutsche Übersetzung, doch kannst du das zugrunde liegende Prinzip trotzdem einfach anwenden.

Aktivität:

- Deine Signaturstärken bestimmen: Nimm dir eine Liste mit allen 24 Charakterstärken. Dies kann zum Beispiel die Liste in Tabelle 1 sein oder eine der verschiedenen Listen, die du direkt von der VIA-Institut-Webseite herunterladen kannst. Wichtig ist, dass die Liste auch eine für dich passende Beschreibung der Stärken enthält, damit du dich wirklich auf ihre zentrale Bedeutung einstellen kannst.
- Im ersten Schritt solltest du alle 24 Stärken nochmals durchgehen und danach genau die Stärken mit einem Kreuz oder Haken kennzeichnen, die für dich wirklich essenziell sind, die beschreiben, wer du wirklich bist. Jemand, der sein Leben der Unterstützung seiner Mitmenschen gewidmet hat, wird beispielsweise Güte als eine essenzielle Stärke wählen. Für eine andere Person mag das eigene Feingefühl für die Situation von Mitmenschen eine besondere Bedeutung haben. Sie würde daher soziale Intelligenz auswählen. Eine weitere Person mag insbesondere Liebe zum Lernen

auswählen, weil sie so sehr an neuem Wissen und Einsichten interessiert ist und zum Beispiel ein Masterstudium belegt, obwohl sie es weder für Beruf noch zukünftige Karriere braucht – einfach aus Interesse und weil zu studieren sie so sehr beflügelt. Die meisten Menschen wählen in diesem Schritt ein paar essenzielle Stärken aus. Wenn du so die Stärken durchgehst, ist es wichtig, dich darauf zu konzentrieren, wer du bist, nicht, wer du gerne sein würdest; und deine Wahl sollte auch generell gültig sein, nicht nur für ein paar besondere Situationen.

- Wenn du so durch die Liste gegangen bist und ein paar Stärken gekennzeichnet hast, kannst du nun im zweiten Schritt nochmals auf diese ausgewählten Stärken schauen, um zu sehen, ob innerhalb deiner Auswahl manche Stärken noch wichtiger oder zentraler erscheinen als andere. Wenn dem so ist, kennzeichne sie mit einem weiteren Kreuz oder Haken.

Sowohl beim VIA-IS als auch bei diesem zweiten Zugang zu Signaturstärken geht es um die gleichen 24 Stärken, doch aus leicht unterschiedlichen Perspektiven. Daher kann es durchaus sein, dass die Ergebnisse nicht identisch sind. Da Signaturstärken so wichtig sind und uns beispielsweise helfen können, Schwierigkeiten in bestmöglicher Weise anzugehen, ist es sinnvoll, dass du noch etwas Energie investierst, um wirkliche Klarheit über deine Signaturstärken zu gewinnen.

Aktivität:

- Um genauer zu bestimmen, welche Stärken wirklich deine Signaturstärken sind, analysiere jede Stärke deiner engeren Auswahl mit folgenden Fragen: (1) *Drückt diese Charakterstärke aus, wer ich bin? Betrifft sie den Kern meiner*

Person, und macht sie mich aus? Ist deine Antwort auf diese Fragen ein klares »Ja!«, dann kannst du recht sicher sein, dass es sich um eine Signaturstärke handelt. Um diese Stärken noch etwas genauer kennenzulernen, empfiehlt es sich, weitere Fragen zu beantworten und die Antworten für jede deiner etwa fünf Signaturstärken in deinem Charakterstärken-Tagebuch festzuhalten. (2) *Beschreibe, in welcher Weise diese Stärke ausdrückt, wer du bist und wie du dich generell verhältst.* Um diesen Punkt noch weiter zu vertiefen, kannst du dann auch noch konkreter werden und mehr ins Detail gehen: (3) Denke an all deine verschiedenen Lebensbereiche, an die Familie, an Hobbys, den Freundeskreis, die Arbeit, die Ausbildung und so weiter. *In welchen Weisen zeigt sich diese Signaturstärke in deinem Leben? Nenne konkrete Beispiele, als dir diese Stärke besonders geholfen hat!*

An diesem Punkt angekommen, solltest du mit deinen Signaturstärken vertraut sein und ein grundlegendes Verständnis entwickelt haben, wie sie sich gewöhnlicherweise zeigen. Wie alle anderen Stärken auch, sind Signaturstärken sehr persönlich. Wir unterscheiden uns in unseren Top-Stärken und haben daher alle etwas andere, manchmal auch grundlegend andere Perspektiven, Zugänge und Lösungsansätze. Dank unserer Neugier und vielleicht auch unseres Sinnes für Exzellenz und das Schöne können wir diese Vielfalt wertschätzen und als Bereicherung des menschlichen Miteinanders verstehen und lieben. Trotzdem gibt es bestimmte Stärken, die häufiger denn andere als Signaturstärken benannt werden. In Tabelle 2 habe ich veröffentlichte Daten verwendet,[49] um eine grobe Rangliste zu erstellen, wie häufig eine Stärke als Signaturstärke erscheint. An späterer Stelle werden wir zu der Frage zurückkommen, wie wir diese Top-Stärken festigen und noch deutlicher in unser Leben bringen können.

1.	Liebe zum Lernen	13.	Weitsicht
2.	Güte	14.	Soziale Intelligenz
3.	Ehrlichkeit	15.	Urteilsvermögen
4.	Neugier	16.	Ausdauer
5.	Spiritualität	17.	Bescheidenheit
6.	Sinn für Exzellenz und das Schöne	18.	Vorsicht
		19.	Führungsvermögen
7.	Liebe	20.	Tapferkeit
8.	Kreativität	21.	Verzeihen
9.	Dankbarkeit	22.	Teamwork
10.	Fairness	23.	Begeisterte Aktivität
11.	Humor	24.	Selbststeuerung
12.	Zuversicht		

Tabelle 2: Rangfolge der Signaturstärken. Liebe zum Lernen und Güte werden am häufigsten als Signaturstärke benannt, begeisterte Aktivität und Selbststeuerung am seltensten.

Geringste Stärken

Die Neigung, unsere Aufmerksamkeit zuerst auf das Ende des Charakterstärken-Profils zu richten, um die eigenen Schwächen und Schwierigkeiten auszumachen, ist recht natürlich. Allgemein wird in der Psychologie vermutet, dass sich dieser Negativitäts-Bias – eine Voreinstellung, die Negatives betont – als Überlebensmechanismus entwickelt hat. Dieser Bias ist in jedem Fall berechtigt, wenn es darum geht, eine mögliche Bedrohung sofort zu erkennen und unmittelbar wahrzunehmen, dass etwas nicht okay ist. Diese Fähigkeit war sicherlich für das Überleben unserer Spezies in Savanne und Dschungel entscheidend und ist noch immer essenziell, wenn wir uns im dichten Verkehr eines Großstadtdschungels bewegen. Doch wird so eine Voreingenommenheit weniger hilfreich sein, wenn es darum geht, deutlicher zu sehen, was gut und stark in uns – und unseren Mitmenschen – ist.

Wenn wir uns also mit den Stärken beschäftigen, die am unteren Ende unseres Profils auftauchen, sollten wir uns wie gesagt zuallererst von der Idee verabschieden, dass diese geringeren Stärken unsere Schwächen sind.

Auch geringere Stärken sind Stärken, keine Schwächen.

Obwohl unser Negativitäts-Bias uns verleiten mag, selbstkritisch zu lamentieren, dass wir nicht tapfer genug sind oder keinerlei Selbststeuerung besitzen, ist dies nicht der Fall. Der VIA-IS ist ausschließlich auf Stärken ausgerichtet. Er ist kein Schwächentest. Er sagt auch nicht aus, dass wir bestimmte Stärken nicht besitzen. Alle 24 Stärken sind wichtig, aber relativ gesehen haben manche für uns eine größere Bedeutung als andere. Und wenn wir sie alle nach ihrer Ausprägung anordnen, stehen natürlich manche am unteren Ende.

Vielleicht handelt es sich um Charakterstärken, die du bisher nicht so recht beachtet hast oder die du weniger schätzt als andere. Vielleicht bist du dir auch einfach nicht bewusst, dass du diese Stärke einsetzt. Das kann zum Beispiel bei einer phasischen Stärke der Fall sein, einer Charakterstärke, die wir nur in bestimmten Situationen einbringen (siehe das nächste Kapitel), oder es ist ein Fall von Stärkenblindheit, wenn wir uns einfach nicht bewusst sind, dass bestimmte Stärken am Werk sind.

Fragen zur Selbstbeobachtung:

- Wenn du meinem Vorschlag am Anfang dieses Kapitels gefolgt bist, hast du, bevor du den VIA-IS ausgefüllt hast, notiert, welche Stärken du als besonders gering einschätzt. Eine erste Frage kann nun sein, wie sehr diese Selbsteinschätzung mit deinem Profil übereinstimmt: Tauchen die gleichen Stärken, die du notiert hast, nun auch am unteren Ende deines Profils auf? Oder gibt es da Überraschungen? Weist dein Profil geringe Stärken aus, die du bei dir selbst nicht vermutet hast? Es kann ganz unterschiedliche Gründe für eine solche Diskrepanz geben.

- In jedem Fall kann es aufschlussreich sein, genauer zu beobachten oder zu erforschen, was es damit auf sich hat: Gibt es eine Stärke, die du als besonders gering eingeschätzt hast, die aber in deinem Profil weiter oben auftaucht? Wundert es dich, dass eine Charakterstärke am unteren Ende steht?
- Kannst du deine geringen Charaktereigenschaften als »Stärken« sehen? Und wie fühlt es sich an, sie so zu bezeichnen? Oder, was löst es bei dir aus, dass eine Charakterstärke als »gering« bezeichnet wird? Es gibt viele Weisen, wie du dich mit diesen geringeren Stärken auseinandersetzen kannst. An dieser Stelle würde ich dir raten, einfach deiner Intuition oder Neugierde zu folgen, um vielleicht zu reflektieren oder zu beobachten, wie du diese Stärken einsetzt, zu analysieren, wo sie in der Vergangenheit eine Rolle gespielt haben können, oder auch einfach deinen Gedanken beim Erkunden freien Lauf zu lassen.

Aktivität:

- Wähle eine deiner geringeren Stärken aus und entscheide dich für einen konkreten Alltagskontext (zum Beispiel Arbeit, Familie, Freundeskreis). Überleg dir, wie du diese Charakterstärke in dem gewählten Kontext nützlich eingesetzt hast. Der Nutzen kann dabei klein und überschaubar sein, und es ist gut möglich, dass du dabei auch auf andere Charakterstärken stößt – vielleicht Signaturstärken –, die ebenfalls zum Gelingen beigetragen haben.
- Wiederum würde ich vorschlagen, dass du deine wichtigsten Gedanken in deinem Charakterstärken-Tagebuch festhältst.

Nach der Betrachtung unserer größten und geringsten Charakterstärken stellst du dir vielleicht auch die Frage, ob du dich eher auf deine Signaturstärken konzentrieren solltest und sie weiter kultivierst oder ob es mehr Sinn ergibt, den geringeren Stärken einen Schub zu geben. Die Forschung kann da bisher keine eindeutige Antwort geben. Es existieren deutlich mehr Studien über Interventionen, die mit Signaturstärken arbeiten, als über solche, die darauf abzielen, geringe Stärken zu steigern. Da Signaturstärken für uns essenziell sind, uns beleben, Energie einhauchen und das Gefühl geben, authentisch zu leben, ist es wahrscheinlich, dass sie langfristig gesehen eine zentrale Rolle spielen.

Doch mindestens eine wissenschaftliche Studie weist nach, dass auch die geringen Stärken zählen. Probanden wurden zufällig einem Programm zugeordnet, das auf Signaturstärken, oder einem, das auf geringe Stärken abzielt. Nachdem sie das jeweilige Programm beendet hatten, berichteten die Teilnehmer beider Gruppen, dass sie sich glücklicher und weniger depressiv fühlten. Zusätzlich entdeckten die Forscher aber einen interessanten Unterschied. Wer über alle 24 Stärken hinweg ein höheres durchschnittliches Charakterstärken-Niveau hatte, profitierte mehr davon, sich mit den geringen Stärken zu beschäftigen. Hingegen profitierten die Teilnehmer mit niedrigerem Niveau mehr davon, sich mit ihren Signaturstärken auseinanderzusetzen.[50]

Es handelt sich hier um eine einzige Studie, welche die beiden Zugänge direkt miteinander vergleicht. Wir können aus den Ergebnissen daher keine letztendlichen Schlüsse ziehen. In jedem Fall zeigt sie jedoch, dass es sinnvoll ist, sowohl geringe als auch Top-Stärken zu fördern. Die Ergebnisse stehen darüber hinaus mit dem weit geteilten Verständnis in Einklang, dass alle Stärken eine Rolle spielen und es ratsam ist, sie alle zu fördern.

Charakterstärken:
Weitere Unterteilungen und Facetten

Bisher haben wir uns mit den zwei wichtigsten Weisen beschäftigt, wie Charakterstärken üblicherweise gruppiert und unterteilt werden. Innerhalb der VIA-Klassifizierung wird jede Stärke jeweils einer der sechs Tugenden zugeordnet. Dieses System vermittelt, mit welchen übergeordneten Werten die jeweilige Charakterstärke vorrangig verbunden ist, und hilft dir damit, deine eigenen Werte zu klären und deutlicher zu sehen, wie Charakterstärken dich dabei unterstützen können, diese Werte in dein Leben zu bringen.

Die zweite Weise zu gruppieren hat hingegen direkt mit deinem persönlichen Charakterstärken-Profil zu tun und bezieht sich auf die Position der Stärken innerhalb der Rangordnung. Indem deine Signaturstärken hervorgehoben werden, richtet sich dein Augenmerk auf die Stärken, die für deine persönliche stärkenbasierte Orientierung und Aktivität besondere Bedeutung haben. Wenn die geringen Stärken deines Profils betont werden, geht es darum, die Stärken, die bisher eher unter dem Radar geblieben sind, deutlicher in dein Leben zu integrieren.

Dieses Kapitel nimmt sich weiterer Unterteilungen und Betonungen von Charakterstärken an. Die zusätzlichen Blickwinkel sollen dir dabei helfen, ein nuanciertes Verständnis deiner Stärken weiterzuentwickeln. Sie haben sich einerseits aus gut 20 Jahren praktischer Arbeit mit dem Charakterstärken-System ergeben und sind andererseits das Resultat statistischer Analysen der ständig anwachsenden Menge an VIA-IS-Datensätzen.

Phasische Stärken

Charakterstärken werden als phasisch bezeichnet, wenn wir sie jeweils für relativ kurze Zeiträume, also für Phasen stark aktivieren, etwa wenn eine Situation es erfordert, dass diese Stärke in den Vordergrund tritt. Wie schon erwähnt, können phasische Stärken in der Gruppe der geringen Stärken auftauchen, doch es müssen nicht geringe Stärken sein. Generell zählen nur unsere Signaturstärken nicht zu den phasischen, da sie ja so essenziell für uns sind, dass wir sie fast universell in die verschiedensten Situationen einbringen.

Natürlich ist es so, dass alle Charakterstärken dynamisch sind und wir sie in unterschiedlichen Situationen unterschiedlich intensiv ausdrücken. In gewissem Sinne haben sie daher alle einen phasischen Anteil. Wenn wir über phasische Stärken reden, geht es aber darum, die Stärken zu betonen, die sonst eher im Hintergrund bleiben, dann aber unter bestimmten Umständen besonders aktiviert werden und in den Vordergrund treten.

Bei einer Mitarbeiterversammlung hört sich ein sonst ruhiger und recht zurückhaltender Arbeitskollege erst alle Wortmeldungen an, um dann selbst das Wort zu ergreifen. Redegewandt und bedacht trägt er die Argumente für eine gegenteilige Sicht vor und überzeugt die meisten Kollegen, dass eine bedeutende Strategieänderung notwendig ist. Obwohl dieser Kollege für seine Zurückhaltung bekannt ist, bringt er in dieser Situation Tapferkeit in den Vordergrund, um seine Weitsicht, Kreativität und sein Urteilsvermögen deutlich auszudrücken. Tapferkeit erweist sich hier als phasische Stärke, die ihre Kraft zeigt, wenn eine Situation dazu aufruft.

Fragen zur Selbstbeobachtung:

- Kannst du dich an Situationen erinnern, in denen eine deiner Charakterstärken (keine Signaturstärke!) in unüblicher Weise in den Vordergrund getreten ist? Vergegenwärtige dir die Situation, so gut es geht.
- Welche Stärke war es, und wie zeigte sie sich?
- In welcher Weise bringst du diese Charakterstärke sonst in deinen üblichen Alltag ein?
- Gehe die gleichen Fragen auch für weitere geringe oder phasische Stärken durch.

Unterstützende Stärken

Bei unterstützenden Stärken geht es besonders um solche, die für sich selbst selten besonders hervortreten, aber dennoch große Bedeutung haben können, weil sie es ermöglichen, andere Stärken auszudrücken. Häufig liegen diese Hintergrundstärken im Mittelfeld unseres Profils.

In meinem eigenen, ziemlich ereignisreichen Leben habe ich häufig nicht genügend Zeit, um all das, was ich gerne schaffen möchte, zeitnah anzugehen. Manchmal schleicht sich dann schon der Gedanke ein, das eine oder andere Projekt aufzugeben. Achtsamkeit hilft mir, solch »subversive« Gedanken recht schnell zu entdecken. Doch was dann? Wie gehe ich damit um? Könnte ich einfach meine Charakterstärke Ausdauer aktivieren, wäre schon geholfen. Aber so einfach geht es nicht immer. Ausdauer ist bei mit nur eine mittlere Stärke, und alleine an meine Ausdauer zu appellieren hilft manchmal nicht weiter. Ausdauer braucht weitere Unterstützung. Anders als meine Signaturstärken füllt mich Ausdauer selbst nicht mit Energie. Erst wenn ich meine Begeisterung aktivieren kann, ist Ausdauer wiederbelebt.

Und wie rufe ich meine Begeisterung wach? Indem ich mich auf meine Spiritualität, meine Zuversicht und meine Liebe besinne, meine drei Top-Signaturstärken. In diesem Fall eine Art Dreisprung: Signaturstärken aktivieren die wichtige unterstützende Stärke begeisterte Aktivität, die dann meine Ausdauer mitzieht.

In diesem Beispiel beschreibe ich ein weiteres Phänomen, wie Stärken miteinander interagieren und sich gegenseitig unterstützen können. Niemiec hat dies als *towing effect* bezeichnet, wenn bestimmte Stärken – häufig sind es höhere oder Signaturstärken – andere Stärken mitschleppen.[51] Er gibt dafür weitere aufschlussreiche Beispiele. Jemand verwendet seine Signaturstärke Liebe zum Lernen, um mehr über seine geringere Stärke Bescheidenheit herauszufinden. Oder ein anderer setzt seine hohe Stärke Kreativität ein, um neue Ideen zu entwickeln, wie er Dankbarkeit ausdrücken kann.[52]

Zudem können Charakterstärken sich auch gegenseitig ausgleichen *(tempering effect)*. Beispielsweise kann Selbststeuerung dabei helfen, unsere Neugier in Schach zu halten, sodass wir unsere Mitmenschen nicht ständig mit aufdringlichen Fragen löchern.[53] Oder wir können in einem Moment der Überforderung Güte für uns selbst erwecken. Sie schafft uns den inneren Freiraum, um mit Ehrlichkeit und Urteilsvermögen dringende von weniger dringenden Projekten zu unterscheiden.

Glücksstärken

Umfangreiche Charakterstärken-Forschung hat bestätigt, dass fünf Stärken besonders deutlich mit Glück, Wohlbefinden und Lebenszufriedenheit verbunden sind. Diese fünf sind begeisterte Aktivität, Zuversicht, Liebe, Dankbarkeit und Neugier. Die klare Datenlage, dass diese Stärken im Durchschnitt von besonderer Bedeutung sind, kann verlockend sein. Du könntest denken, dass der einfachste Weg zu mehr Glück und Zufriedenheit dann doch wäre, sich auf die eine oder andere dieser Glücksstärken zu konzentrieren und sie weiter zu stärken. Doch hier ist Vorsicht angebracht. Denn obwohl sich diese Stärken im Durchschnitt, über Tausende von Menschen hinweg, als wichtig herauskristallisiert haben, sind sie in keinem Fall allein verantwortlich für Glück und Lebenszufriedenheit. Zudem lässt sich aus den Daten nicht ableiten, dass sie für *dein* Glück und *dein* Wohlbefinden am wichtigsten sind. Es ist durchaus möglich, dass andere Stärken für dich viel mehr bedeuten. Das Besondere an dem Charakterstärken-Ansatz ist ja, dass er nicht einfach eine Glücksformel postuliert und damit alle über einen Kamm schert, sondern stattdessen die einzigartigen Stärkeprofile ernst nimmt und zur Grundlage für unsere Entwicklung macht.

In gewisser Weise würde der Versuch, auf Basis von Durchschnittswerten bestimmte Charakterstärken zu isolieren und sich nur auf sie zu fixieren, dem grundlegenden Ethos dieses Ansatzes völlig zuwiderlaufen. Denn wenn wir bestimmte Stärken herausarbeiteten, die statistisch besonders eng mit Glück und Zufriedenheit zusammenhängen, würden wir schnell bei einer rigiden Perspektive landen, die bestimmte Charakterstärken verordnet, statt auf individuelle Unterschiede zu setzen. Statt beschreibend (deskriptiv) zu bleiben, würden wir plötzlich vorschreibend (präskriptiv).

Der Charakterstärken-Ansatz:
beschreibend, nicht vorschreibend.

Da es so einfach ist, in formelhaftes Denken zu rutschen, entwickeln sich sehr schnell Ideen, wie es zu sein hat oder was der »richtige« Zugang ist. Daher sei dieser Punkt als Warnung betont. Selbst wenn im statistischen Mittel ganz bestimmte

Stärken am ehesten mit Wohlbefinden zusammenhängen, bedeutet es nicht, dass es für jeden Menschen so ist. Selbst wenn eine einfache Glücksformel verlockend erscheint, ist es nur eine Verlockung – keine Lösung.

Nichtsdestotrotz kann die Beschäftigung mit diesen fünf Stärken nützlich sein, nicht im einschränkenden, vorschreibenden Sinne, sondern um unser Verständnis von Charakterstärken weiter zu vertiefen. Betrachten wir diese fünf Stärken, so scheint es, dass Dankbarkeit dabei hilft, Glück und Wohlbefinden aus Vergangenem schöpfen zu können; wir sind dankbar für etwas, was schon geschehen ist. Neugier und begeisterte Aktivität erwecken Glück in der Gegenwart, und Zuversicht gibt uns die Ausrichtung, die unser Wohlbefinden in die Zukunft trägt. Liebe hat hingegen einen breiteren Wirkungskreis, der Vergangenheit, Gegenwart und Zukunft integriert.[54]

Verlorene Stärken

Und dann gibt es auch noch die Charakterstärken, die irgendwie brachliegen, die eingeschlafen sind, weil wir nicht auf sie geachtet oder sie nicht verwendet haben. Niemiec nennt als Beispiel den »Verlust« von Neugier. Eine Person erscheint eher gleichgültig mit wenig Interesse an Neuem. Vielleicht wurde dieser Mensch schon als Kind entmutigt: »Stell nicht immer solche Fragen!«[55]

Fragen zur Selbstbeobachtung:

- Gibt es unter den 24 Stärken welche, mit denen du gar nichts anfangen kannst, die dir vollkommen fremd sind? Entdeckst du insbesondere geringere Stärken, die du gar nicht zu haben scheinst?

- Sollte die Antwort auf diese Fragen ein »Ja« sein, dann ist es möglicherweise sinnvoll, genau diese Stärke unter die Lupe zu nehmen: Was macht die Stärke aus? In welchem Lebensbereich könnte sie für dich eine Rolle spielen? Was hindert dich daran, sie auszudrücken? Welche anderen – unterstützenden – Stärken könnten dir dabei helfen, diese verlorene Charakterstärke zu aktivieren? – Halte deine Gedanken in deinem Tagebuch fest.

Das Zwei-Faktoren-Modell

Schon in den ersten Jahren der Charakterstärken-Forschung hat Chris Peterson ein Modell vorgeschlagen, das Charakterstärken anhand von zwei Faktoren – oder Dimensionen – beschreibt. Mehrere Analysen umfangreicher Charakterstärken-Datensätze haben bestätigt, dass diese zwei Dimensionen sinnvoll sein können, um unsere Stärken noch besser zu verstehen:

- Die *Kopf-Herz-Dimension:* Charakterstärken unterscheiden sich darin, ob sie eher kognitiv (Kopf: Logik, Schlussfolgern, Analysieren) oder emotional (Herz: Gefühle, Intuition, Stimmungslagen) betont sind.
- Die *Persönlich-zwischenmenschlich-Dimension:* Charakterstärken können tendenziell auch eher persönlich sein und mit uns selbst und unserem Innenleben zu tun haben (psychologisch wird das als intrapersonal bezeichnet), oder sie sind eher sozial und drücken sich mehr im zwischenmenschlichen Miteinander aus (interpersonal).

Eine Unterteilung in Kopf–Herz und persönlich–zwischenmenschlich.

Wo durchschnittlich jede Charakterstärke bezogen auf diese beiden Dimensionen landet, wird häufig im sogenannten Zwei-Faktoren-Gleichgewicht-Schaubild dargestellt (siehe Abbildung 1), wissenschaftlich auch Circumplex-Diagramm genannt. Dieses Schaubild zeigt, wie jede Charakterstärke im Durchschnitt, basierend auf Hunderttausenden von Datensätzen, bezüglich der beiden Faktoren eingeordnet werden kann.

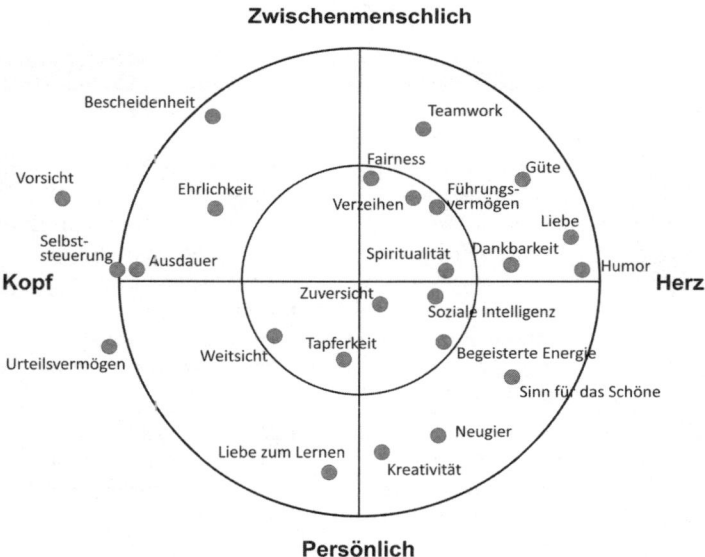

Abbildung 1: Das Zwei-Faktoren-Gleichgewicht-Schaubild stellt die 24 Charakterstärken anhand von zwei Faktoren oder Dimensionen in einem Fadenkreuz dar (Übersetzung vom Autor). © Copyright, 2012–2022, VIA Institute on Character. All rights reserved. Used with permission. https://www.viacharacter.org/.

Das Schaubild vermittelt einen Eindruck, wie die Stärken generell – im Durchschnitt – gesehen werden und wie sie zueinander in Beziehung stehen. Das kann ein guter Ansatzpunkt für eine weitere Analyse deiner Stärken sein. Da das Schaubild

Mittelwerte vieler Personen darstellt, könntest du erforschen, wie sehr deine Selbstwahrnehmung mit diesem Schaubild übereinstimmt. Wenn du an diesem Punkt etwas ins Detail gehen möchtest, kannst du dir für jede Stärke überlegen, ob sie für dich eher eine Kopf- oder eine Herzstärke ist und auch ob sie eher persönlich oder zwischenmenschlich gelagert ist. Tabelle 3 vermittelt anhand des Beispiels Zuversicht, wie du jede Charakterstärke bezüglich dieser zwei Faktoren analysieren kannst.

	Persönlich	Zwischenmenschlich
Herz	• Wenn ich mir vergegenwärtige, was ich erreichen kann, erwachen positive Gefühle in mir. • Ich habe ein Gefühl von Erfüllung, wenn ich mit meinen Plänen vorankomme. • Es entspannt mich, wenn ich meine Aufgaben in einer Liste festhalte.	• Ich teile mit meinen Mitmenschen das gute Gefühl, gemeinsame Pläne zu entwickeln. • In meiner Partnerschaft ist es wichtig, gemeinsame Ziele zu haben. • Ich bestärke Familie, Freunde und Kollegen darin, ihre Ziele zu verfolgen.
Kopf	• Ich mache konkrete Pläne für meine Zukunft. • Ich kann Rückschläge als Gelegenheit sehen, etwas zu lernen.	• Mir ist es wichtig, eine klare Strategie zu haben, um die Unternehmensziele zu erreichen. • Generell denke ich, dass wir gemeinsam einiges erreichen können.

Tabelle 3: Beispiel der Betrachtung der Charakterstärke Zuversicht aus der Zwei-Faktoren-Perspektive[56]

Wie das Beispiel veranschaulicht, können alle vier Quadranten dieses Diagramms eine Rolle spielen. Bei den meisten Stärken lassen sich sowohl Herz- als auch Kopfanteile ausmachen und sowohl persönliche als auch zwischenmenschliche Anteile. Nachdem du dir ein paar Gedanken zu diesen

Anteilen gemacht hast, kann es dann auch interessant sein zu überlegen, welche Aspekte schwerer wiegen. Handelt es sich für dich eher um eine Kopf- oder eine Herzstärke, und ist es eher persönlich oder zwischenmenschlich? Die Gewichtung der beiden Faktoren kannst du unabhängig voneinander betrachten und dann jeweils als waagerechten Balken in dem Zwei-Faktoren-Balkendiagramm einzeichnen (Abbildung 2). Für beide Faktoren kannst du auf einer Skala von 0 bis 10 verorten, wie sehr es sich um eine persönliche oder zwischenmenschliche Stärke handelt, und unabhängig davon auch, wie sehr es eine Kopf- oder Herzstärke ist. Je näher du jeweils dem Nullpunkt in der Mitte liegst, um so ausgeglichener ist die Stärke. Je mehr sie nach links (persönlich oder Kopf) oder rechts (zwischenmenschlich oder Herz) verortet ist, umso größer ist die Bedeutung der Charakterstärke für die eine oder andere Richtung.

Der Zugang, den ich hier gewählt habe, unterscheidet sich ein wenig von dem Zwei-Faktoren-Schaubild in Abbildung 1, das Peterson entwickelt hat und das vom VIA-Institut verwendet wird. Ich schlage hier vor, die beiden Faktoren erst einmal unabhängig voneinander für sich selbst zu betrachten und jeweils als Balken im Diagramm einzutragen.

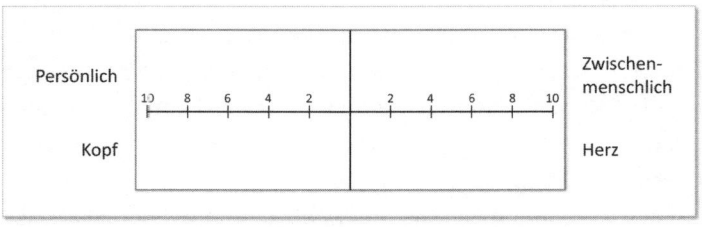

Abbildung 2: Das Zwei-Faktoren-Balkendiagramm. Hier kannst du die Charakterstärke anhand der zwei Faktoren verorten. Diese Abbildung ist auch Bestandteil des Charakterstärken-Arbeitsblattes (siehe Anhang), das du vervielfältigen kannst, um jede Charakterstärke zu analysieren.

Für unser Beispiel Zuversicht bestätigt die Datenlage, was auch bei unserer gedanklichen Analyse (Tabelle 3) deutlich wurde. Die beiden Faktoren sind relativ ausgeglichen. Das zeigt sich auch in dem Balkendiagramm, bei dem beide Faktoren ziemlich nah an der neutralen oder balancierten Mitte liegen (siehe Abbildung 3).

Abbildung 3: Das durchschnittliche Zwei-Faktoren-Balkendiagramm für Zuversicht. In den 24 Charakterstärken-Merkblättern (siehe Anhang) findest du das Diagramm jeder Stärke.

Im Anhang findest du auch noch ein Arbeitsblatt mit einem leeren Zwei-Faktoren-Fadenkreuz, das du vervielfältigen kannst, um es für jede Charakterstärke getrennt auszufüllen. Du kannst es natürlich auch anders verwenden, zum Beispiel all deine 24 Stärken dort verorten (wie in Abbildung 1), nur deine Signaturstärken eintragen oder es für eine der Gruppierungen verwenden, die du im Verlauf dieses Kapitels kennengelernt hast. Das Arbeitsblatt enthält auch eine Anleitung, wie du die Markierungen aus deinen 24 Zwei-Faktoren-Balkendiagrammen in das kombinierte Zwei-Faktoren-Fadenkreuz übertragen kannst.

Dieser Zugang bietet die Möglichkeit, anhand der zwei Faktoren etwas tiefer in die Betrachtung von Charakterstärken einzutauchen. Es geht nicht darum, uns auf ein ideales Muster einzuschießen. So mag es verlockend sein zu denken, dass es besonders nützlich wäre, wenn die Signaturstärken gleichmäßig über alle vier Quadranten verteilt sind. Dies ist jedoch nicht der Fall. Vielmehr geht es darum, zu erkennen, wie deine Stärken verteilt sind, und dann mit diesem Verständnis in einer für dein Profil passenden Weise zu arbeiten.

Wie schon gesagt, würde uns das Verfolgen eines Idealprofils – wenn es das denn gäbe – von dem Grundverständnis des Charakterstärken-Systems ablenken. Es würde uns von der Sichtweise wegführen, dass es einzigartige Profile gibt, weg von der Vielfalt und weg von einem Zugang, der auf ein authentisches Leben abzielt, im Einklang mit den besonderen Qualitäten einer jeden Person.

Aktivität:

- Wähle eine Charakterstärke aus, die du näher analysieren möchtest. Überlege dir, welche Aspekte dieser Stärke mit Herzqualitäten zu tun haben. Unterscheide bei diesen Herzanteilen zwischen persönlichen und zwischenmenschlichen Anteilen. Notiere dies ähnlich wie in Tabelle 3 in deinem Tagebuch oder verwende das Charakterstärken-Arbeitsblatt aus dem Anhang.
- Führe dann die gleiche Analyse und Unterscheidung für Kopfanteile der Charakterstärke durch. Verwende das Zwei-Faktoren-Balkendiagramm des Arbeitsblattes im Anhang (siehe auch Abbildung 2) oder übertrage das Balkendiagramm in dein Notizbuch und zeichne ein, wie sehr die Stärke eher herz- oder kopforientiert und wie sehr sie eher persönlich oder zwischenmenschlich ist.
- Führe die entsprechende Analyse für so viele Charakterstärken wie möglich aus.

Unterteilung in drei Tugenden

Die riesige Menge an VIA-IS-Datensätzen, die das VIA-Institut gesammelt hat, erlaubt es, statistisch zu untersuchen, in welcher Weise die verschiedenen Charakterstärken zusammenhängen. Kurz gesagt, geht es darum, Muster auszumachen, die zeigen, wie sehr sich die Antworten der Teilnehmer auf Fragen zu den verschiedenen Charakterstärken ähneln. Werden Fragen zu bestimmten Charakterstärken von vielen Teilnehmern immer wieder ähnlich beantwortet, lassen sich bestimmte Gruppierungen ausmachen.

Im ersten Schritt einer solchen Analyse ergeben sich Gruppierungen allein aufgrund statistisch ermittelter Werte, die für sich betrachtet erst einmal keine feststehende inhaltliche Bedeutung haben. Im zweiten Schritt der Analyse interpretieren Forscher diese statistisch ermittelten Gruppierungen dann inhaltlich anhand von Gemeinsamkeiten und hauchen den Gruppierungen so Bedeutung ein. Eine zusammenfassende Analyse zwölf solcher Studien mit insgesamt gut einer Million Datensätzen führte zu einer recht robusten Unterteilung der 24 Charakterstärken in drei Gruppen, die die Forscher als Fürsorge *(caring)*, Selbstbeherrschung *(self-control)* und Wissbegierde *(inquisitiveness)* bezeichneten.[57]

Empirische Studien führen zu einem Charakterstärken-System mit den drei Tugenden Fürsorge, Selbstbeherrschung und Wissbegierde.

Tabelle 4 zeigt, wie die Charakterstärken diesen Tugenden zugeordnet sind. 17 Stärken sind eindeutig jeweils einer Tugend zugeordnet. Weitere vier Stärken tragen zu jeweils zwei Tugenden bei, und bei drei Charakterstärken ist die statistische Evidenz für eine eindeutige Zuordnung relativ schwach.

	Fürsorge	Selbst-beherrschung	Wissbegierde
Güte	●		
Dankbarkeit	●		
Liebe	●		
Teamwork	●		
Verzeihen	●		
Fairness	●	●	
Führungsvermögen	●	○	
Ehrlichkeit	○	●	
Bescheidenheit	○	●	
Urteilsvermögen		●	●
Weitsicht		●	●
Sinn für Exzellenz und das Schöne	●		●
Ausdauer		●	
Selbststeuerung		●	
Vorsicht		●	
Neugier			●
Kreativität			●
Begeisterte Aktivität			●
Tapferkeit			●
Liebe zum Lernen			●
Zuversicht			●
Humor	○		○
Soziale Intelligenz	○		○
Spiritualität	○		

Tabelle 4: Gruppierung der Charakterstärken nach den drei Tugenden: Fürsorge *(caring)*, Selbstbeherrschung *(self-control)* und Wissbegierde *(inquisitiveness)*. Die Kreise zeigen an, wie robust oder verlässlich die Einordnung ist (gefüllter Kreis = starke Evidenz; leerer Kreis = weniger starke Evidenz). Erscheint ein Kreis für zwei Tugenden, ist Evidenz für beide vorhanden.[58]

Für die Tugend Fürsorge waren dies die Charakterstärken Güte, Dankbarkeit, Liebe, Teamwork, Verzeihen und Führungsvermögen (der zweite Kreis signalisiert weniger Evidenz), für Wissbegierde waren dies Neugier, Kreativität, begeisterte Aktivität, Tapferkeit, Liebe zum Lernen und Zuversicht, und für Selbstbeherrschung waren es Ausdauer, Selbststeuerung, Vorsicht, Ehrlichkeit und Bescheidenheit (auch hier signalisiert der zweite Kreis weniger Evidenz). Zu diesen 17 eindeutig zugeordneten Charakterstärken waren Urteilsvermögen und Weitsicht den zwei Tugenden Wissbegierde und Selbstbeherrschung zugeordnet, Sinn für Exzellenz und das Schöne war sowohl Wissbegierde als auch Fürsorge zugeordnet, und Fairness war Fürsorge und Selbstbeherrschung zugeordnet. Für Humor, soziale Intelligenz und Spiritualität war die Zuordnung nicht eindeutig.

Obwohl dieses Modell mit drei Tugenden allein auf einer statistischen Analyse beruht, scheint es auch zu verbreiteten Vorstellungen von den wichtigsten Bausteinen zu passen, die zu positivem sozialen Handeln beitragen. Fürsorge fasst vorrangig Stärken zusammen, die emotionale und zwischenmenschliche Anteile haben, zum Beispiel Dankbarkeit, Güte, Liebe und Teamwork. Die zweite Dimension – Selbstbeherrschung – fasst solche Stärken zusammen, die uns selbst erlauben, effektiv zu funktionieren, wie Vorsicht, Ausdauer und Selbststeuerung. Die dritte Dimension – Wissbegierde – fasst Stärken zusammen, die in die Welt gerichtet sind, die unser intellektuelles Interesse an der Welt betreffen, zum Beispiel Neugier, Kreativität, begeisterte Aktivität und Tapferkeit. Anders ausgedrückt, unterteilt dieses Modell Stärken in solche, die auf andere, auf uns selbst und auf die Umwelt ausgerichtet sind, ein nützlicher Ansatz, um Stärken in Bezug auf ihre Ziele zu verstehen.

Charakterstärken sind auf andere, auf uns
selbst oder auf die Umwelt ausgerichtet.

Grundlegend unterscheidet sich diese Unterteilung von dem VIA-System mit sechs Tugenden darin, dass es die konkreten Antworten – also die psychologische Realität – der Probanden widerspiegelt. Wie wir gesehen haben, wurde das VIA-System hingegen von vornherein mit der Absicht entwickelt, universelle und überdauernde Prinzipien sowie moralisch geschätzte Idealvorstellungen optimalen Funktionierens zu beschreiben, so wie sie in verschiedenen Kulturen tradiert sind. In erster Annäherung können wir daher sagen, dass die sechs Tugenden das Ideal widerspiegeln, die Werte, die wir durch die Förderung unserer Charakterstärken erreichen wollen, während das Drei-Tugenden-System eher einen psychologischen Ist-Zustand darstellt.

Die sechs Tugenden beschreiben, was wir
erreichen wollen. Die drei Tugenden beschreiben
den psychologischen Ist-Zustand.

Wie können wir mit diesem System der drei Tugenden umgehen? Welche praktische Bedeutung kann es für uns haben? Ähnlich wie schon das Zwei-Faktoren-System bietet dir dieser Zugang eine weitere Möglichkeit, dich und deine Charakterstärken besser kennenzulernen.

Fragen zur Selbstbeobachtung:

* Liegen deine Signaturstärken vorrangig im Bereich Fürsorge oder Selbstbeherrschung und sind sie damit Ausdruck deiner positiven zwischenmenschlichen Ausrichtung oder ein Zeichen deiner positiven Ausrichtung auf deine persönliche Haltung?

- Oder ist deine Wissbegierde besonders betont, vielleicht als besonderer Ausdruck deines Interesses an der Welt?

Der erste Teil des Buches hat dich mit dem VIA-System der 24 Charakterstärken vertraut gemacht sowie mit den Tugenden, die sich durch die Stärken ausdrücken. Du solltest nun das grundlegende Vokabular kennengelernt und ein gutes Verständnis deines Charakterstärken-Profils haben. Grob gesagt, hast du damit den ersten EVA-Schritt – Erkennen – durchlaufen. An einigen Stellen waren erste Ausflüge in die EVA-Schritte zwei und drei – Vertiefen und Anwenden – eingebaut. Nachdem du nun mit den positiven Qualitäten deines Charakters vertraut bist, ist es an der Zeit für Achtsamkeit.

TEIL 2:
ACHTSAMKEIT

In diesem zweiten Teil geht es darum, ein Grundverständnis von Achtsamkeit zu entwickeln, die wichtigsten Achtsamkeitsmechanismen kennenzulernen und dich mit praktischen Achtsamkeitsübungen vertraut zu machen. Damit schaffst du die Voraussetzung dafür, dich erfolgreich mit dem dritten Teil, der Kombination von Charakterstärken und Achtsamkeit, auseinanderzusetzen.

Achtsamkeit gibt unserem Leben Eindeutigkeit, Kraft und Klarheit. Entwickeln wir Achtsamkeit, können wir mit klarem Fokus und weniger persönlichen Verzerrungen leben. Dadurch unterstützt du auch die Entwicklung deiner Charakterstärken. Denn mit mehr Achtsamkeit kannst du deine eigenen Stärken mit mehr Klarheit sehen, siehst deutlicher, wann du sie in welcher Weise einbringst, und bist gleichzeitig offener für die Stärken deiner Mitmenschen.

Achtsamkeit ist mehr als eine Modeerscheinung, bedeutet mehr, als kurz innezuhalten oder den Kaffee am Morgen mit etwas mehr Bewusstheit zu trinken, statt ihn im Galopp runterzukippen. Achtsamkeit ist auch mehr als ein paar inspirierende Slogans und Memes in den sozialen Medien. Achtsamkeitskurse werden mittlerweile in unseren Gesundheitssystemen und in Unternehmen rund um die Welt angeboten. Achtsamkeits-Apps haben sich zu einem milliardenschweren Wirtschaftsbereich entwickelt.

Eine repräsentative Umfrage aus dem Jahr 2018 ergab, dass in Großbritannien etwa 15 Prozent aller Erwachsenen Achtsamkeitsmeditation erlernt haben. Das ist schon eine Menge! Weitere 56 Prozent haben zumindest davon gehört.[59] Die Umfrage ergab auch, dass mehr als ein Drittel (35 Prozent) Achtsamkeit durch eine Smartphone-App gelernt hat und ein weiteres Drittel durch ein Buch. Nur knapp ein Viertel hat an einem Kurs teilgenommen, um Achtsamkeit zu lernen. Wir können wohl davon ausgehen, dass die Tendenz, Achtsamkeit über verschiedene Medien – Apps, Bücher oder Webseiten – kennenzulernen, während der Pandemie weiter zugenommen hat.

Gemeinsam mit den Vereinigten Staaten spielte Großbritannien bei der Entwicklung und Verbreitung von Achtsamkeitsangeboten eine Vorreiterrolle, doch mittlerweile hat sich auch in deutschsprachigen Ländern ein lebendiges und vielseitiges Angebot entwickelt. So bieten deutsche Krankenkassen Achtsamkeitskurse zur Stressbewältigung oder als Teil ihres Gesundheitstrainings an – oft eben auch als Online-Kurse. Viele Unternehmen haben Achtsamkeitsangebote für ihre Belegschaft entwickelt, und Achtsamkeitsinstitute und -trainer bereichern den Markt.

Da ich so sehr davon überzeugt bin, dass Achtsamkeitsmeditation enormen Nutzen bringen kann, finde ich diese Trends prinzipiell erst einmal begrüßenswert. Aber ich schaue auch mit etwas Sorge auf diese Entwicklung. Denn aus meiner Erfahrung ist es nicht immer einfach, die entscheidenden psychologischen Prozesse, die Meditation so nützlich machen können, auf eigene Faust ins Rollen zu bringen. Die Schwierigkeit besteht darin, scheinbare Widersprüche in der Bedeutung von Achtsamkeit zu erkennen. Im Laufe der nächsten Kapitel versuche ich darzulegen, wie wir diesen Widerspruch mit einer emotional intelligenten Sowohl-als-auch-Haltung als Ansporn für die eigene Entwicklung verwenden können.

Da sich dieser Punkt auf subtile Aspekte unseres Erlebens bezieht, wird seine volle Tragweite erst deutlich, wenn wir uns wirklich auf Achtsamkeitsmeditation einlassen und sich unsere Erfahrung vertieft. Vereinfacht gesagt, ist ein Aspekt dieses Widerspruchs, wenn wir einerseits zu Recht erwarten, dass Meditation zu einer positiven Veränderung führt, es andererseits aber den Kernpunkten der Meditationsübung selbst zuwiderläuft, die Erwartung in die Meditation zu übertragen, dass sich etwas zum Positiven verändert. Denn in der Meditation üben wir, uns der Erfahrung bewusst zu sein, nicht, sie verändern zu wollen. Wenn wir durch regelmäßige Übung tiefer in die Meditation eindringen, werden subtilere Aspekte dieses Punktes deutlich werden, insbesondere werden wir sehen, dass so ziemlich jede Erfahrung, die sich im Erleben manifestiert, automatisch einen feinen Beigeschmack bekommt: Wir mögen sie, wir mögen sie nicht, oder sie interessiert uns wenig: positiv – negativ – uninteressant.

Fast jede Erfahrung, die sich manifestiert,
hat einen automatischen Beigeschmack von
positiv, negativ oder uninteressant.

Grundprinzipien von Achtsamkeit

Achtsamkeit bezeichnet eine geistige Qualität, die als nicht-wertende Bewusstheit aller Erfahrungen, die im Moment des Erlebens auftauchen, beschrieben wird.

Die nichtwertende Bewusstheit aller Erfahrungen,
die im Moment des Erlebens auftauchen.

Diese geistige Qualität stützt sich grundlegend auf zwei Pfeiler.[60] Der erste Pfeiler ist die Selbststeuerung unserer Aufmerksamkeit, grob gesagt, unsere Fähigkeit, frei und flexibel zu steuern, worauf wir achten, worauf wir uns konzentrieren und auch für wie lange wir dies tun.[61] Der zweite Pfeiler betrifft die Ausrichtung auf Erleben, unsere innere Haltung, die eine offene, neugierige, nichtwertende und akzeptierende Qualität haben sollte. Experten sind sich generell einig, dass sich der gewünschte Nutzen von Achtsamkeit erst dann einstellen wird, wenn beide Pfeiler zusammenwirken.

Die zwei Pfeiler der Achtsamkeit: Selbststeuerung
der Aufmerksamkeit, verbunden mit einer offenen,
nichtwertenden und akzeptierenden Ausrichtung auf Erleben.

Obwohl so wichtig, wird die zentrale Bedeutung des zweiten Pfeilers doch häufig unterschätzt oder missverstanden. Dies hat zur Folge, dass Achtsamkeit trivialisiert wird, Menschen das Interesse verlieren oder den Schluss ziehen, dass Achtsamkeit nichts für sie ist. Und all das aufgrund eines Missverständnisses! Daher möchte ich betonen, wie bedeutsam es ist, dass wir uns mit einer nichtwertenden Haltung auf Erfahrung ausrichten, wenn wir in achtsamer Weise aufmerksam sind. Beim ersten Hinschauen mag es wie ein banales Detail erscheinen, doch je mehr wir uns damit beschäftigen, umso deutlicher wird sich die tiefgründige Bedeutung zeigen.

Ist eine Situation oder ein Erlebnis interessant, inspirierend, anregend oder dynamisch, fällt es uns gewöhnlich leicht, uns darauf zu konzentrieren. Das kann uns dazu verleiten zu denken, dass wir den ersten Pfeiler, Selbststeuerung von Aufmerksamkeit, im Griff haben. Doch dem muss nicht so sein! Wenn wir uns lange Zeit mit einem interessanten Buch beschäftigen, unsere Aufmerksamkeit von einem faszinierenden Dokumentarfilm gefangen bleibt, wir von der Schönheit eines Naturerlebnisses eingenommen sind oder unsere Aufmerksamkeit stundenlang auf Hochtouren läuft, weil wir in einem Computerspiel von Level zu Level aufsteigen, dann scheint es ein Leichtes, konzentriert zu bleiben. Doch in all diesen Situationen hängt unsere Aufmerksamkeit von etwas Äußerem ab. Sie ist fremd-, nicht selbstgesteuert. Das ist an sich erst mal kein Problem. Psychologische Forschung zeigt deutlich, dass Zustände, in denen wir völlig im Erleben aufgehen, sinnvoll, erfüllend und Glück bringend sein können.[62] Doch ist unsere Konzentrationsfähigkeit in diesen Situationen etwas anderes als Achtsamkeit.

Die Selbststeuerung von Aufmerksamkeit, die direkt zu Achtsamkeit beiträgt, wird in anderen Situationen deutlich. Sie zeigt sich zum Beispiel als unsere Fähigkeit, auch in langweiligen Situationen konzentriert zu bleiben, uns nicht selbst abzulenken oder von anderen Dingen ablenken zu lassen. Sie zeigt sich in noch bedeutenderer Weise, wenn wir unseren Aufmerksamkeitsfokus bei einer Erfahrung halten können, selbst wenn wir den starken Impuls verspüren, uns abzuwenden, wenn wir etwas nicht sehen oder erleben wollen. In erster Linie geht es hier darum, nicht auf Autopilot zu leben und nicht unbemerkt unseren gewohnheitsmäßigen geistigen Mustern zu folgen. Erst wenn wir uns aus den Klauen der Gewohnheitstendenzen von Mögen und Nichtmögen befreit haben, kommt unsere Fähigkeit, Aufmerksamkeit frei zu steuern, anstatt fremdgesteuert zu sein, zur vollen Blüte. Erst dann können wir von echter innerer Freiheit reden.

Seit immer größere Teile unseres Lebens online stattfinden und unsere Aufmerksamkeit zunehmend online investiert ist, wächst diese Herausforderung zusehends. Die verschiedensten Online-Dienste und -Angebote buhlen mit immer geschickteren Mitteln und ausgeklügelten Algorithmen um unsere Aufmerksamkeit. Wollen wir es vermeiden, uns in den gesponnenen Online-Netzen zu verfangen, so kommt der Entwicklung, dem Schutz oder der Zurückeroberung unserer inneren Freiheit und Flexibilität eine immense Bedeutung zu.

Der zweite Pfeiler, unsere offene und nichtwertende innere Ausrichtung, ist hier der Schlüssel. Erst wenn wir unseren Erfahrungen – unseren Gedanken, Gefühlen, Ideen, Vorstellungen, Interpretationen – in nichtwertender Weise begegnen können, entspannt sich unser Geist, und wirklich selbstgesteuerte Aufmerksamkeit wird möglich. Solange unsere Aufmerksamkeit automatisch von Vorlieben angezogen ist oder sich aufgrund von Abneigungen abwendet, hat hingegen eine wertende und nicht akzeptierende Haltung gewonnen. Weder freie und flexible Selbststeuerung noch eine offene Haltung kommen zum Einsatz.

Es ist ein Leichtes, diese Grundprinzipien zu beschreiben, doch unendlich viel schwerer, sie zu praktizieren und die offene Flexibilität in jeder Situation aufrechtzuerhalten – leichter gesagt als getan. Mit ernsthafter Achtsamkeitspraxis üben wir, in nichtwertender Weise die eigenen Erfahrungen zu beobachten. Dabei wird dann aber auch offenbar, dass es eine vielschichtige Herausforderung ist. Zuerst erkennen wir, wie flüchtig unsere Aufmerksamkeit und wie stark die Gewohnheit ist, Impulsen zu folgen. Entscheidend wird dann die Flexibilität unserer Aufmerksamkeit, dass wir – unabhängig von einer äußeren Situation oder unseren eigenen Gefühlen – in der Lage sind, bei einer Erfahrung zu bleiben oder unsere Aufmerksamkeit zu verlagern.

All das wird hoffentlich mit einer praktischen Übung verständlicher. Es ist höchste Zeit auszuprobieren, wie so eine Achtsamkeitsmeditation aussehen kann (hier eine einfache Achtsamkeitsmeditation auf den Atem). Danach kommen wir dann zu der Frage zurück, was es mit solch einer Meditation genau auf sich hat und warum sie so nützlich sein kann.

Aktivität:

- Finde eine bequeme Sitzhaltung, in der du für die nächsten fünf Minuten entspannt und ohne Anstrengung sitzen kannst. Die akrobatisch gekreuzte Beinstellung, in der Meditierende üblicherweise in den Medien dargestellt werden, kann nützlich sein, sie ist aber mit Sicherheit nicht notwendig. Wir meditieren mit dem Geist, nicht mit den Knien. Ein Stuhl, der einen aufrechten Sitz ermöglicht, ist sehr gut, besser als ein Sofa oder eine weiche Matratze, in die wir versinken. Ein gerader, aber nicht verkrampfter oder steifer Rücken hilft dir, in der Meditation die Konzentration zu wahren, und ist daher in jedem Fall sehr förderlich. Zudem ist es hilfreich, Zeit und Ort so zu wählen, dass du voraussichtlich nicht gestört wirst. Anfangs ist es oft einfacher, mit geschlossenen Augen zu meditieren, aber wenn du diese Anleitung während der Meditation lesen willst, so geht das besser mit offenen Augen. Hältst du die Augen offen, dann wähle einen Punkt vor dir im Raum, auf dem du deinen Blick etwas nach unten gerichtet ruhen lassen kannst.

- Wenn du mit der Übung beginnst, prüfe kurz, ob du tatsächlich entspannt sitzt, und versuche, Verspannungen in den Schultern, im Nacken, in der Stirn oder wo du sie sonst entdeckst, so gut es geht, zu lösen. Atme ganz natürlich durch die Nase ein und aus, weder besonders tief oder langsam noch schnell oder flach. Belasse den Atem einfach, wie er kommt und geht. Er achtet gewöhnlich auf sich selbst.
- Lenke nun deine volle Aufmerksamkeit auf deine Atmung. Nimm dir vor, in den kommenden Minuten ganz für die Atmung da zu sein. Es gibt nichts zu tun und nichts zu erreichen. Erlaube dir, für ein paar Minuten einfach im augenblicklichen Erleben zu verweilen und deinen Atem so zu erfahren, wie er ist. Richte deine Aufmerksamkeit auf die Innenseiten deiner Nasenflügel und den Rand der Nasenlöcher. Versuche, dort die ein- und ausströmende Luft so deutlich wie möglich zu spüren – einfach beobachten, ohne zu analysieren. Verweile mit dieser Erfahrung, so gut es geht!
- Deine Aufmerksamkeit mag abschweifen und sich mit anderen Dingen aus Vergangenheit oder Zukunft beschäftigen. Das ist normal, aber du brauchst dich im Moment nicht darum zu kümmern. Es geht einfach darum, ganz unsentimental zu erkennen, wenn die Aufmerksamkeit abschweift, und sie jedes Mal, ohne weitere innere Diskussion oder Beurteilung, zu der Erfahrung des Luftstroms an der Nasenspitze zurückzubringen.
- Versuche, diese Übung ein paar Minuten lang durchzuführen.
- Am Ende der Meditation angekommen, kannst du die Augen wieder öffnen, falls sie geschlossen waren. Vielleicht möchtest du dich auch kurz strecken, wenn du wieder in eine aktivere Phase übergehst.

Diese Meditation auf den Atem enthält alle wichtigen Bausteine von Achtsamkeit. Aus unserer eigenen Forschung wissen wir, wie nützlich sie sein kann, dass sich beispielsweise positive Veränderungen in unserer Gehirnaktivität schon nach recht kurzer Zeit regelmäßiger Meditation nachweisen lassen. In einer Studie fanden wir sehr bald Veränderungen in der Gehirnaktivität bei Probanden ohne Meditationserfahrung.[63] Nachdem sie drei Wochen lang täglich durchschnittlich zehn Minuten lang meditiert hatten, waren ihre Impulskontrolle sowie ein bestimmtes Muster in der Gehirnaktivität, das mit Impulskontrolle zu tun hat, signifikant verbessert. Zudem war die Verbesserung umso größer, je mehr die Probanden meditiert hatten. In einer ganzen Serie von Studien konnten wir nachweisen, dass schon zehn Minuten Meditation pro Tag ausreichen, um positive Veränderungen zu erzielen.

Doch bleiben wissenschaftlich betrachtet noch viele Fragen offen. Beispielsweise gibt es nicht genügend Studien, um zu sagen, welche Dosierung die beste ist und – ebenso wichtig – wie lange positive Effekte, die durch Meditation erreicht wurden, bestehen bleiben. Um diese Fragen zu beantworten, können wir aber auf Erfahrungswissen zurückgreifen. Aufgrund meiner Erfahrung mit eigener Meditation und mit dem Anleiten von Meditation sowie der Meinungen, die einige Meditationslehrer mit mir geteilt haben, bin ich mir recht sicher, dass es wichtiger ist, regelmäßig als besonders lange zu meditieren. Ein Freund hat das mal ungefähr so ausgedrückt: »Wenn wir täglich meditieren, bauen wir eine gute Gewohnheit auf. Meditieren wir hingegen nur am ersten Sonntag im Monat ein paar Stunden lang, ist das eher ein Anfall.« Er wollte damit ausdrücken, dass wir nur durch regelmäßige Übung unsere tief liegenden Gewohnheiten verändern. Unregelmäßige, wenn auch manchmal intensive Meditationsübung kann interessante Erfahrungen liefern. Solche Erfahrungen können im besten Falle richtungsweisend sein und uns dazu inspirieren, sie durch regelmäßige Praxis zu vertiefen und zu festigen. Es kann uns jedoch auch dazu verleiten, weitere Erfahrungen hinterherzujagen, anstatt innere Freiheit zu entwickeln.

Doch kommen wir zu den Kernpunkten von Meditation zurück. Abbildung 4 stellt den Ablauf dieser – und ähnlicher – Meditationen bildlich dar. Der innere Kreis beschreibt die verschiedenen Stufen, die wir bei der Meditation durchlaufen. Wir beginnen damit, uns auf ein Objekt auszurichten und unsere Aufmerksamkeit darauf zu fokussieren (Fokus auf Objekt). In der gerade eingeführten Meditation ist der Atem das Objekt. Etwas genauer gesagt, sind es die Empfindungen beim Atmen. Die Anleitung bezog sich auf die Nasenflügel und Nasenlöcher. Du kannst jedoch ebenso auf andere Empfindungen beim Atmen achten, zum Beispiel darauf, wie sich der Brustkorb hebt und senkt. Letztendlich geht es hier nicht um den Atem, sondern einfach darum, ein bestimmtes Objekt zu wählen, auf das wir uns konzentrieren und das somit zum Anker für unsere Aufmerksamkeit wird. Prinzipiell können hier jedes Sinnesobjekt sowie jede innere Erfahrung zum Meditationsobjekt werden, das Zwitschern eines Vogels, das Glas Bier vor uns oder der sich ständig ändernde Strom von Gedanken.

Selbst betagte Meditierende erleben in der Meditation Ablenkung. Das ist der zweite Schritt im Schaubild (Gedanken schweifen ab). Der nächste Schritt ist dann, dass wir bemerken, wenn wir abgelenkt sind (Abschweifen erkennen). Und im folgenden Schritt lösen wir die Aufmerksamkeit von den ablenkenden Gedanken (Loslassen), um dann im fünften Schritt die Aufmerksamkeit zu dem gewählten Meditationsobjekt zurückzubringen (Rückkehr zum Objekt).

Abbildung 4: Innerer Kreis: die Erfahrung des Meditierenden; äußerer Kreis: einbezogene kognitive Prozesse (Abbildung basierend auf Malinowski 2013,[64] Creative Commons CC-BY Lizenz)

Dieses Bild stellt vorranging die Selbstregulierung von Aufmerksamkeit während der Meditation dar. Die kreisförmige Anordnung macht dabei deutlich, dass wir diese Schritte in jeder Meditation wiederholt durchlaufen. Den fünf Schritten der Meditation, die im inneren Kreis dargestellt sind, werden im äußeren Kreis kognitive Funktionen zugeordnet, die den Schritten zugrunde liegen. Und hier wird dann auch noch deutlicher, warum diese Meditationsübung so nützlich sein kann. Jedes Mal, wenn wir die Stufen dieses Prozesses durchlaufen, aktivieren wir die entsprechenden kognitiven Funktionen. Wir trainieren sie – fast wie in einem geistigen Fitnessstudio.

Meditation ist keine Wohlfühlübung,
sondern geistiges Training.

Meditation ist keine Wohlfühlübung, sondern geistiges Training. Verstehen wir dies, können wir jede Ablenkung während der Meditation zum Übungsfeld machen. Jedes Abschweifen meiner Gedanken (2) bietet die Möglichkeit, Ablenkung zu erkennen (3), sie loszulassen (4) und die Aufmerksamkeit zum Meditationsobjekt zurückzubringen (5).

In der Originalabbildung dieses Ablaufs habe ich einen weiteren Aspekt des Meditationsprozesses nachgezeichnet. Neurowissenschaftler gehen davon aus, dass bestimmte Netzwerke im Gehirn an den genannten kognitiven Funktionen beteiligt sind. Indem wir während der Meditation diesen kreisförmigen Prozess wiederholt durchlaufen, werden auch diese Netzwerke trainiert. Sollten dich diese neurowissenschaftlichen Hintergründe interessieren, kannst du mehr dazu in meinem Originalartikel nachlesen.[65]

Viele Menschen, die ich in Achtsamkeitsmeditation einführte, sagen, dass es ihnen geholfen hat, Meditation in dieser Weise als Übungskreislauf zu sehen. Es hat ihre Einstellung zu Ablenkung während der Meditation grundlegend verändert. Statt Ablenkung als Versagen einzuordnen, können sie die Tendenz abzuschweifen als Ausdruck natürlicher geistiger Agilität sehen und als Trainingsmöglichkeit willkommen heißen.

Neben Selbstregulation von Aufmerksamkeit ist, wie schon gesagt, die Ausrichtung auf Erfahrung – die offene, nichtwertende Haltung, die wir in der Meditation kultivieren – der zweite wichtige Baustein. Wir können sie als gleichmütige

Geisteshaltung verstehen. Wir üben uns darin, nicht zu bewerten, wie sehr wir abgelenkt sind. Ebenso halten wir uns davon fern, die Inhalte der verschiedenen Ablenkungen zu analysieren. Denn kurz gesagt geht es nicht um die Inhalte der verschiedenen Erfahrungen während der Meditation, sondern darum, neue Aufmerksamkeitsprozesse einzutrainieren. Es gilt, unsere Aufmerksamkeit mit Gleichmut zu veredeln.

Achtsamkeit ist Aufmerksamkeit,
die mit Gleichmut veredelt ist.

Dass es bei Achtsamkeitsmeditation nicht darum geht, angenehme Meditationserfahrungen zu produzieren, mag auf den ersten Blick verwunderlich erscheinen, heißt es doch immer wieder, dass Achtsamkeit geistige Gesundheit und Wohlbefinden fördert. Der wissenschaftliche Nachweis, dass dies stimmt, ist mittlerweile recht überzeugend.[66] Doch Achtsamkeitsmeditation wirkt nicht, indem es angenehme Zustände produziert. Ja, es ist sogar eher kontraproduktiv, in Meditation positive Erfahrungen zu suchen. Das wäre das direkte Gegenteil von Gleichmut, der offenen, nichtwertenden Haltung, die wir versuchen zu kultivieren. Erfahrungsgemäß ist dies ein Punkt, an den sich Meditierende immer wieder erinnern müssen, bestimmt weil die Gewohnheit, nach Angenehmem zu streben, so stark ist und sicherlich auch weil wir uns auf Meditation einlassen, um unsere Situation irgendwie zu verbessern. Ich hoffe, dass sich dieser scheinbare Widerspruch auflöst, wenn wir uns noch etwas mehr mit den Mechanismen von Achtsamkeit beschäftigen.

Obwohl die beiden Pfeiler Selbststeuerung von Aufmerksamkeit und Ausrichtung auf Erleben die Kernpunkte von Achtsamkeit gut erfassen, wird das Verständnis runder, wenn wir auch noch einen dritten Aspekt berücksichtigen: Intention. Einer der wichtigsten und einflussreichsten theoretischen Artikel über die Wirkmechanismen von Achtsamkeit stellt die Bedeutung von Intention als drittem Pfeiler besonders heraus.[67] Intention oder auch Absicht gibt der Achtsamkeitspraxis die notwendige Ausrichtung. Eine Facette von Intention bezieht sich darauf, dass für Achtsamkeit und Meditationsübungen eine klare Intention oder Motivation vorhanden sein muss. Um die Zeit für einen Meditationskurs zu finden oder regelmäßig zu meditieren, müssen wir ein klares Ziel vor Augen oder einen überzeugenden Grund haben.

Eine weitere Facette von Intention betrifft unsere Achtsamkeitsübungen selbst. Mit welcher Eindeutigkeit kultivieren wir eine klare, stabile und gleichmütige Aufmerksamkeit? Bringen wir die richtige Entschlossenheit in jeden Moment unserer Meditationspraxis oder erlauben wir uns, dass unser Geist abdriftet, weil wir nur halbherzig bei der Sache sind?

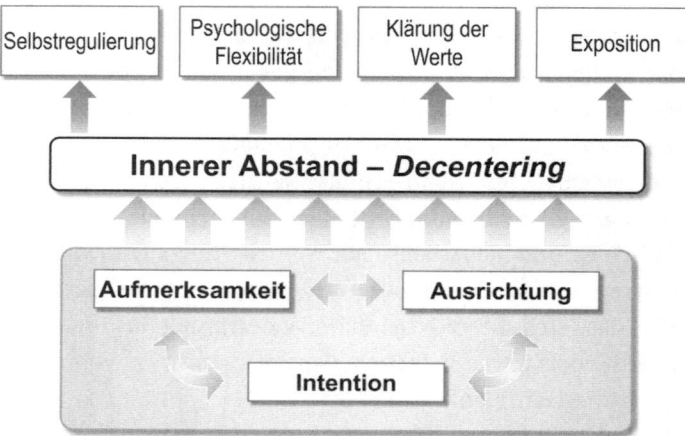

Abbildung 5: Mechanismen der Achtsamkeit. Das Schaubild zeigt, wie drei grundlegende Mechanismen zum Kultivieren eines inneren Abstands beitragen, der dann wiederum positive psychologische Prozesse ermöglicht.

Der untere Teil in Abbildung 5 zeichnet das Zusammenspiel dieser drei Bausteine der Achtsamkeitsmeditation – Aufmerksamkeit, Ausrichtung und Intention – nach. Die Abbildung verdeutlicht weiterhin, dass deren Interaktion zu einem weiteren wichtigen Prozess führt, der in der psychologischen Literatur als »Decentering« bezeichnet wird. Der Begriff bedeutet, dass wir geistig nicht (mehr) im Zentrum des Erlebten gebunden sind, sondern aus dem Zentrum heraustreten können und dadurch einen besseren Überblick haben. Besonders bei intensiven Gefühlszuständen kann dies nützlich sein. Häufig erleben wir uns als eins mit einem Gefühl: »Ich bin gestresst«, »Ich bin sauer«, »Ich bin empört«, »Ich bin verliebt« und so weiter. Wir befinden uns im Zentrum des Erlebten. Decentering bezieht sich nicht auf diese Gefühle selbst, versucht nicht, sie zu verändern, sondern erlaubt uns, sie mit etwas Abstand zu beobachten. Wir sind nicht mehr im Zentrum, nicht mehr eins mit dem Gefühl.

Ähnlich hilft der innere Abstand auch bei unseren Gedanken, wenn wir an starren Einstellungen oder Vorurteilen festhalten. Wir sind in der Lage, die eigene geistige Rigidität zu erkennen, etwas Abstand zu finden und so zu einer objektiveren Beurteilung zu kommen. In jüngster Zeit hat auch die psychologische Forschung die Bedeutung von Decentering erkannt, und eine ständig wachsende Anzahl an wissenschaftlichen Studien beschäftigt sich mit den psychologischen Vorteilen, die erwachsen, wenn Gedanken und Gefühle mit gewissem Abstand erlebt werden können.[68]

Die Abbildung zeigt weiterhin, welche positiven Effekte sich ergeben können, wenn es dir durch Achtsamkeitsmeditation leichterfällt, inneren Abstand zu entwickeln.[69] Grundlegend nimmt die Fähigkeit zur Selbstregulierung von Gedanken, Gefühlen und Verhalten zu. Mit mehr Abstand können wir bewusster entscheiden, wie wir mit einer Situation umgehen, als wenn wir – im Extremfall – keinerlei Abstand haben, hundertprozentig überzeugt sind, recht zu haben, von unseren Gefühlen völlig überflutet sind oder dem Gewohnheitstrott unserer Handlungen folgen.

Hier wird auch gleich eine Verbindung mit Charakterstärken deutlich, ist doch Selbststeuerung eine dieser 24 Stärken. Sowohl von Psychologen als auch von der breiten Öffentlichkeit wird Selbststeuerung als unabdingbar für einen gut funktionierenden Menschen und auch für eine intakte Gesellschaft gesehen. Psychologische Forschung unterstreicht zudem den Nutzen von verbesserter Selbststeuerung für Gesundheit, Lebenserwartung, Beziehungen, Rechtschaffenheit, berufliche Leistung und viele andere Lebensbereiche.[70]

Ähnlich wie Selbststeuerung wird auch dem zweiten positiven Effekt, psychologische Flexibilität, in psychologischer Theorie und Praxis große Bedeutung zugeschrieben. Begrenzte oder fehlende Flexibilität erfährt insbesondere in der Behandlung psychologischer Störungen als sogenannter transdiagnostischer Faktor wachsende Aufmerksamkeit.[71] Psychologische Flexibilität hat mit unseren menschlichen Fähigkeiten zu tun, zum Beispiel damit, in der Lage zu sein, Denk- und Verhaltensweisen zu ändern oder aufzugeben, wenn sie sich auf persönlicher oder sozialer Ebene als nachteilig erweisen. Ebenso erlaubt uns diese Flexibilität, ein Gleichgewicht zwischen verschiedenen Lebensbereichen aufrechtzuerhalten und unser Verhalten so zu steuern, dass wir im Einklang mit den eigenen Werten leben.[72]

Dies führt uns direkt zu dem nächsten positiven Effekt, den die Entwicklung von innerem Abstand haben kann. Haben wir mehr Überblick über unsere eigenen Gedanken und Gefühlsprozesse und darüber, wie sie unser Leben mehr oder weniger unbewusst in bestimmte Richtungen leiten, kann das Bedürfnis erwachen, diese Richtung bewusster zu bestimmen. Die Klärung, welche Werte und Tugenden für uns richtungsweisend sein sollen, wird dann zum nächsten natürlichen Schritt.

Charakterstärken als praktischem Weg, diese Ziele zu verwirklichen, kommt dabei eine interessante Bedeutung zu.

Der vierte positive Effekt ist Exposition. Dieser Begriff wird dir in diesem Zusammenhang vermutlich nur geläufig sein, falls du mit kognitiver Verhaltenstherapie vertraut bist. Aber der Prozess, den er beschreibt, ist weitbekannt. Schon Johann Wolfgang von Goethe hat Exposition verwendet. In *Dichtung und Wahrheit* beschreibt er seine Ängste: »Besonders aber ängstigte mich ein Schwindel, der mich jedes Mal befiel, wenn ich von der Höhe herunterblickte.« Um diese Höhenangst zu überwinden, erklomm er immer wieder den höchsten Punkt des Straßburger Münsters, um sich dort auf einer Plattform stehend wiederholt der eigenen Angst auszusetzen: »Dergleichen Angst und Qual wiederholte ich so oft, bis der Eindruck mir ganz gleichgültig ward.«[73] Heute nennen wir diese Maßnahme Exposition: der Prozess, sich den eigenen – manchmal heftigen – Gefühlen auszusetzen, sich mit ihnen zu konfrontieren, bis sie wieder abklingen. Er wird seit Jahrzehnten erfolgreich in der Psychotherapie eingesetzt, insbesondere um Angst- und Panikstörungen zu behandeln.[74] Goethe hat uns hier ein klares Bild gezeichnet, und wir können uns gut vorstellen, wie ihm Decentering – etwas innerer Abstand – geholfen hat, sich den heftigen Gefühlen auszusetzen, ohne klein beizugeben und ohne sich von ihnen überwältigen zu lassen.

Im Zusammenhang mit Achtsamkeitsmeditation geht es aber nicht vorrangig um solch therapeutische Maßnahmen. Auch in deiner alltäglichen Gefühlswelt kannst du davon profitieren, dich deinen Gefühlen auszusetzen, ohne darauf zu reagieren. In jeder Meditation können wir dies üben! Während du dich auf den Atem konzentrierst, mögen alle möglichen gefühlsgeladenen Gedanken auftauchen. Egal, was erscheint, du bleibst einfach beim Atem – oder kommst zum Atem zurück, sowie du erkennst, dass du dich in Gedanken oder Gefühlen verlierst.

Goethes Intention war, nicht von seinen Panikgefühlen eingeschränkt zu sein. Dies gab ihm die Kraft, »Angst und Qual« auszuhalten. Mit der richtigen Motivation – mehr innere Freiheit – kannst du ebenso die verschiedensten Gedanken, Erinnerungen oder Gefühlszustände aushalten, ohne dich innerlich abzuwenden oder sie zu unterdrücken. Und hier nochmals der wesentliche Punkt. Goethe hat nicht versucht, seine Ängste zu unterdrücken, sich abzulenken oder schwierige Situationen zu vermeiden. Stattdessen setzte er sich ihnen so lange aus, bis sie ihre Kraft über ihn verloren hatten. In ähnlicher Weise machen wir es in der Meditation: Wir unterdrücken die auftauchenden Gedanken und Gefühle nicht und versuchen auch nicht, sie zu vermeiden. Stattdessen bleiben wir mit unserer Aufmerksamkeit einfach bei der Atmung und halten so einen gewissen inneren Abstand. In dieser Weise verlieren auch hartnäckige Gedanken und Gefühle mit der Zeit ihre Macht über uns, und wir gewinnen mehr Freiheit. So erklärt uns Goethe: »Ich habe nachher bei Bergreisen und geologischen Studien, bei großen Bauten, wo ich mit den Zimmerleuten um die Wette über die freiliegenden Balken und die Gesimse der Gebäude herlief, ja in Rom, wo man eben dergleichen Wagstücke ausüben muss, um bedeutende Kunstwerke näher zu sehen, von jenen Vorübungen großen Vorteil gezogen.«

Unser Übungsfeld sind die Achtsamkeitsmeditationen, und der Nutzen ist unsere innere Freiheit, ist verbesserte Selbststeuerung, mehr psychologische Flexibilität, sind eine Klärung unserer Werte und das Überwinden einschränkender geistiger Muster.

Achtsamkeit ist das Übungsfeld. Innere
Freiheit unser Nutzen.

Hier sind jedoch auch noch ein paar Worte zur Vorsicht angebracht. Solltest du konkret unter Angststörungen, Depression oder ähnlichen psychologischen Problemen leiden, kann Achtsamkeit helfen. Die Forschung zeigt dies deutlich. Aber dann ist dringendst angeraten, Achtsamkeit unter psychologischer Anleitung von gut ausgebildeten Experten zu erlernen, da es schwierig ist, ohne Expertenhilfe den inneren Abstand zu entwickeln, und du dir so eher schaden als nutzen würdest. Achtsamkeitsbasierte therapeutische Verfahren wie Achtsamkeitsbasierte Kognitive Therapie, Achtsamkeitsbasierte Stressreduktion oder Akzeptanz- und Commitment-Therapie sind anerkannte standardisierte Verfahren, deren Nutzen für eine Reihe psychologischer Störungen wissenschaftlich bestätigt ist, sofern sie von qualifizierten Therapeuten angeleitet werden.

Suchen wir in den sozialen Medien nach Beiträgen zu Achtsamkeit, ist es nicht unwahrscheinlich, auf eine Aussage zu stoßen, die ungefähr so lautet: »Ich akzeptiere mich genau so, wie ich bin.« Hier wird, richtig verstanden, die grundlegende achtsame Geisteshaltung ausgedrückt, unsere nichtwertende, akzeptierende Einstellung. Wird sie in den richtigen Kontext gesetzt, ist die Aussage sehr sinnvoll. Doch kann sie ebenso missverstanden werden und deine Achtsamkeitspraxis in eine wenig sinnvolle Richtung führen.

Während wir meditieren, ist es in der Tat wichtig, unser Erleben – alle Gedanken, Gefühle, Bilder, Impulse und so weiter – erst einmal so zu akzeptieren, wie es ist. Häufig brauchen wir tapfere Ehrlichkeit, um genau und unsentimental hinzuschauen. Aber dies ist nur der Ausgangspunkt; und hier liegt das mögliche Missverständnis. Unsere aktuelle Situation zu akzeptieren, wie sie ist, bedeutet, uns selbst genau so zu sehen, wie wir sind – aber als Ausgangspunkt für Veränderung! Falsch verstanden könnte diese Akzeptanz jedoch Stillstand statt Entwicklung bedeuten. Akzeptiere ich mich so, wie ich bin, gibt es ja nichts mehr zu tun, nichts zu verbessern und nichts zu erreichen. Im ersten Moment kann sich dies sehr wohlig anfühlen. Menschen mit angeknackstem Selbstwertgefühl hilft die Haltung womöglich, ein stabileres Bild von sich selbst aufzubauen.

Doch obwohl diese Sicht für manch einen nützlich sein mag, ist sie nicht das Ziel von Achtsamkeitsmeditation. Kann ich Akzeptanz hingegen als ehrliche, ungeschönte Bestandsaufnahme meiner Situation sehen, habe ich einen guten Ausgangspunkt für Entwicklung. Diese Sicht hat auch der Akzeptanz- und Commitment-Therapie ihren Namen gegeben. Zuerst lernt der Klient, die eigene Situation zu akzeptieren, wie sie ist, um sich dann zu Handlungen zu verpflichten *(commitment),* die zu positiven Veränderungen im Sinne der eigenen Werte führen. Hier werden auch die Parallelen zum achtsamen Umgang mit Charakterstärken deutlich. Wir beginnen mit einer ehrlichen Bestandsaufnahme. Das Verständnis unserer eigenen Gewohnheiten und unserer unausgeglichenen Charakterstärken wird zum Ausgangspunkt, um die Stärken für ein sinnerfüllteres Leben einzusetzen.

Unseren Autopiloten erkennen

Im vorherigen Kapitel haben wir uns die Grundprinzipien der Achtsamkeitsmeditation angeschaut und dabei insbesondere die Bedeutung von flexibel gesteuerter Aufmerksamkeit verbunden mit einer nichtwertenden Ausrichtung auf Erfahrung herausgearbeitet. Mit Decentering – unserem inneren Abstand – wirkt dann ein psychologischer Mechanismus, der eine Vielzahl positiver Effekte ermöglicht.

Bei der Beschreibung dieser Prozesse bin ich wiederholt auf den gleichen Punkt zurückgekommen: unsere geistigen Gewohnheiten. Die grundlegende Idee von Achtsamkeitspraxis ist, unsere schädlichen Automatismen in unseren Gedanken, Gefühlen und Handlungen zu erkennen und abzubauen. Da diese Automatismen immer wieder aufs Korn genommen werden, ist es sinnvoll, sie etwas genauer zu betrachten.

Schon seit unserer Geburt – und eventuell sogar schon im Bauche unserer Mutter – haben wir verschiedenste Gewohnheiten aufgebaut. Grundlegend handelt es sich dabei um lebensnotwendige Lernprozesse, ohne die unsere Spezies kaum Bestand hätte. Geistige Gewohnheitsmuster erlauben uns, Situationen blitzschnell zu beurteilen, um dann unmittelbar zu reagieren. Verhaltensautomatismen sind Voraussetzung dafür, dass wir effektiv mit unserer Umwelt interagieren können. Dass viele unserer Reaktionsmuster erlernt und nicht in unseren Genen festgeschrieben sind, macht Menschen enorm anpassungsfähig und erlaubt uns, unter den verschiedensten Bedingungen aufzuwachsen und zu überleben. Das Erlernen einer Schriftsprache ist ein weiteres Beispiel, wie nützlich solche Gewohnheiten sein können. Im Großen wie im Kleinen machen zahllose erlernte Automatismen unsere täglichen Routinen, unser Leben und Überleben möglich, sei es Radfahren, Autofahren, Lesen, Essen, Zähneputzen und so weiter. Manchmal kann man nur staunen, wie rund alles läuft, ohne dass wir bewusst eingreifen müssen – dass wir »auf Autopilot« so gut funktionieren.

Die Kehrseite der Medaille ist jedoch, dass einiges in unserem Alltag unbemerkt bleibt und an uns vorbeizieht, als würde es nicht existieren. Vielleicht sind wir mit dem Auto unterwegs und merken erst nach einigen Autobahnkilometern, dass wir die Ausfahrt verpasst haben. Wir wissen nicht so recht, wie wir bis zu diesem Punkt gekommen sind, und haben keinerlei Erinnerung, die Ausfahrt passiert zu haben. Glücklicherweise ließen uns unsere Routinen dabei nicht im Stich. Haben wir auf der Strecke vielleicht sogar andere Fahrzeuge überholt, dazu den Blinker gesetzt, die Fahrbahn gewechselt und die Geschwindigkeit angepasst? Wir können es nicht mit Gewissheit sagen. Wir waren mehr oder weniger geistesabwesend.

Und diese Abwesenheit, die fehlende Bewusstheit, was genau jetzt – in diesem Augenblick – geschieht, wird als Gegenteil von Achtsamkeit gesehen. Wir verbringen geraume Zeit damit, dem gleichen Trott zu folgen, und nehmen weder unsere Umwelt noch unsere inneren Zustände klar wahr. Zudem recyceln wir alte Gedanken, vergangene Situationen oder schmerzvolle Erinnerungen, sodass unser Innenleben sich von Tag zu Tag kaum unterscheidet. Obwohl so viel zu erleben ist, ist die Gewohnheit, geistig wiederzukäuen, enorm stark.

An diesem Punkt möchte ich dich gerne mit Jane bekannt machen. Als Teil eines Forschungsprojektes leitete ich einen Kurs zum achtsamen Essen an. Selbstverständlich war ein zentraler Bestandteil des Kurses, dass sich die Teilnehmer ihrer eigenen Automatismen, die mit Essen verbunden sind, bewusst werden.[75] Nach ein paar Wochen berichtete Jane, eine unserer Kursteilnehmerinnen, wie sie ihre Achtsamkeit auch auf ihre Trinkgewohnheiten richtete. Sie hatte sich die Aufgabe gestellt, den Geschmack verschiedener Getränke deutlicher wahrzunehmen. Zu ihrer eigenen Überraschung stellte sie ziemlich schnell fest, dass ihr der Geschmack von Rotwein überhaupt nicht zusagt. Bis zu dem Zeitpunkt war sie sich dieser Tatsache völlig unbewusst. Aber mehr als das. Aus einer starken Gewohnheit heraus – auf Autopilot – hat sie jeden Abend eine ganze Flasche Rotwein runtergespült. Mit ihrem neu gewonnenen inneren Abstand schaute Jane nun noch etwas genauer hin und verstand, dass sich diese Gewohnheit eingeschlichen hatte, als sie mit besonders emotionalen persönlichen Schwierigkeiten konfrontiert war. Der Alkohol half ihr damals, den inneren Aufruhr ein wenig zu dämpfen. Und obwohl sich die schwierige Situation schon vor einiger Zeit aufgelöst hatte, blieb die Gewohnheit bestehen. Glücklicherweise konnte Jane nun auf ihre Selbststeuerung und psychologische Flexibilität zurückgreifen und ihren Rotweinkonsum von einem Tag auf den anderen abstellen.

Immer wieder berichten Teilnehmer, wie sie mithilfe von Achtsamkeit Automatismen in ihren Gefühls- und Gedankenwelten oder in ihren Verhaltensmustern erkannt hatten. Für viele ist es ein Weckruf und Anfangspunkt für Veränderung und Entwicklung.

Doch es geht hier nicht darum, Gewohnheiten und Automatismen zu verdammen. Ganz im Gegenteil versetzt es mich in Staunen und Bewunderung, wie effektiv wir dank unserer Gewohnheiten sein können. Achtsamkeit hat auch nicht das Ziel, Gewohnheiten abzustellen. Vielmehr geht es darum, sich bewusst zu werden, wenn wir auf Autopilot fliegen, und das Steuer zu ergreifen, wenn nötig. Es geht darum, eine neue Gewohnheit aufzubauen und zu verfeinern: die Gewohnheit, auch im Alltag achtsam zu sein, um dann unsere Gedanken, Gefühle und Handlungen in sinnvolle Richtungen zu lenken.

Wie wir im dritten Teil sehen werden, helfen uns unsere Charakterstärken, diese Richtung zu bestimmen und in für uns stimmiger Weise zu verfolgen.

Den Autopiloten so schnell wie möglich ertappen.

Meditationsübungen bieten dir den geschützten Rahmen, um Aufmerksamkeit und das Feingefühl für geistige Abläufe zu schärfen, damit du dann im Alltag, auch in der Hitze des Gefechts, den Überblick wahren kannst. Das Motto ist hier, den eigenen Autopiloten so schnell wie möglich zu ertappen. Die Meditationsübung hilft uns, geistiges Feingefühl und Aufmerksamkeit zu schärfen und damit den Autopiloten so schnell wie möglich zu erkennen. Anfangs bedeutet es sicherlich häufig, erst einmal aus dem Automatismus auszusteigen. Mit der Zeit nimmt dann die Flexibilität zu, und wir können freier entscheiden, ob wir aussteigen wollen oder nicht.

Achtsame Kommunikation:
Zuhören und Sprechen

Achtsamkeit hat zuallererst mit unserem inneren Erleben zu
tun, und zudem damit, wie unsere inneren Zustände unser
Verhalten leiten. Damit wird deutlich, dass sich die Qualitäten von Achtsamkeit unmittelbar in der gesamten Welt unseres menschlichen Miteinanders auswirken. In meinem Buch
Flourishing gehe ich im Detail auf diese zwischenmenschliche
Dimension ein und beschreibe, wie sie zum Erblühen unseres
Lebens beiträgt.[76] An dieser Stelle sei dazu nur kurz angemerkt,
dass eine achtsame Bewusstheit unserer inneren Gedanken-
und Gefühlsprozesse sowie unserer eigenen Gewohnheitstendenzen Voraussetzung dafür ist, wirklich offen für andere
Menschen zu sein, um so ihr Leben und Erleben mit geringerer
persönlicher Einfärbung wahrnehmen zu können.

Einer der wohl wichtigsten Ratschläge für gelingende zwischenmenschliche Beziehungen ist, achtsame Kommunikation
zu kultivieren: achtsames Zuhören und achtsames Sprechen.
Beide haben direkt mit unserem Autopiloten zu tun. Wenn
wir schon »wissen«, was jemand sagt, bevor es ausgesprochen
ist, wenn unsere Aufmerksamkeit abschweift, statt unserem
Gesprächspartner zu folgen, wenn wir in einem Vortrag sitzen, uns aber hinterher kaum des Themas, geschweige denn
bestimmter Details erinnern können, dann gibt es Luft nach
oben. Achtsames Zuhören bedeutet, eben nicht auf Autopilot
zu kommunizieren und, wenn wir feststellen, dass wir in der
einen oder anderen Weise abdriften, zu unserem Gesprächspartner zurückzukehren.

Alles fängt mit unserer Intention an, mit unserer Entscheidung, uns darauf einzulassen, was unser Gegenüber uns mitteilen möchte. Darauf aufbauend, richten wir unsere Aufmerksamkeit ganz auf die andere Person aus: Wir fahren alle Antennen aus, um Sinn und Bedeutung, Gesichtsausdruck und Körpersprache zu erfassen. Dabei bemühen wir uns, die Sicht unseres Gesprächspartners wirklich zu verstehen und von eigenen Bewertungen abzusehen. Im achtsamen Zuhören werden damit alle drei Grundbausteine von Achtsamkeit – Intention, Aufmerksamkeit und Haltung oder Ausrichtung (siehe Abbildung 5) – relevant. Trainieren wir diese drei in formalen Achtsamkeitsübungen, werden wir mit der Zeit achtsamer zuhören können.

Achtsames Zuhören wird dann zum Ausdruck unserer Güte und Wertschätzung und unserer Großzügigkeit. Wir geben Raum und Zeit und widmen unserem Gesprächspartner unsere gesamte Aufmerksamkeit. Wir sind offen für Neues, bringen Neugierde und Bescheidenheit in die Situation, statt von eigenen Ideen übersättigt zu sein.

Bemerken wir dann plötzlich, dass wir unserem Gesprächspartner trotzdem ins Wort gefallen sind, werden vermutlich sowohl achtsames Hören als auch achtsames Sprechen zu kurz gekommen sein. Wir waren so sehr mit unseren eigenen Gedanken beschäftigt, dass wir gar nicht mitbekommen haben, dass unser Gegenüber noch dabei war, seine Beschreibung zu Ende zu führen. Mit unserem Einwurf haben wir die Person direkt abgeschnitten und missachtet.

Damit befinden wir uns schon mitten im zweiten Anteil achtsamer Kommunikation, achtsames Sprechen. Hier geht es darum, wie wir uns selbst ausdrücken – sowohl verbal als auch in Mimik und Gestik. Wie das kurze Beispiel schon andeutet, gehört zur achtsamen Sprache auch ein Gewahrsein für unser Gegenüber, sodass wir uns in einer Weise mitteilen, die dem zwischenmenschlichen Austausch förderlich ist.

Zuallererst bedeutet es aber ein Gewahrsein der eigenen Beweggründe, eine Ehrlichkeit damit, was uns wirklich antreibt, vielleicht gepaart mit etwas Bescheidenheit. Viel zu häufig geht es im menschlichen Austausch bewusst oder unbewusst darum, die eigene Meinung durchzusetzen. Das ist erst einmal verständlich, denn wir gehen natürlich davon aus, dass wir recht haben. Kein gesunder Mensch käme auf die Idee, eine Meinung zu vertreten, wohl wissend, dass diese Meinung falsch ist.

Mit Ehrlichkeit uns selbst gegenüber können wir abschätzen, ob unsere Position gerechtfertigt ist. Zudem erlaubt uns etwas innerer Abstand abzuwägen, worum es in einem Austausch vorrangig geht. Ist es eher Informationsaustausch, oder ist die zwischenmenschliche Ebene wichtiger?

Zu häufig wird Kommunikation zu einem Wettbewerb, bei dem es allein darum geht, ein Argument zu gewinnen, sich durchzusetzen oder gut dazustehen. Diese drei Ziele haben natürlich ihre Berechtigung – zur richtigen Zeit am richtigen Ort. Geht es darum, die Familienfinanzen auf solide Füße zu stellen, kann es wichtig sein, das Argument über den Kredit für ein neues Auto zu gewinnen. Am Arbeitsplatz kann es Situationen geben, in denen ich mich durchsetzen muss, um die verdiente Beförderung zu bekommen; und bei meinem nächsten Vorstellungsgespräch sollte ich schon darauf achten, wie ich mich darstelle. Ehrliche Achtsamkeit führt unsere wirklichen Beweggründe zutage und gibt uns die psychologische Flexibilität, sie in sinnvoller Weise zu steuern.

Wie sicherlich schon deutlich wird, bedeutet achtsame Kommunikation auch nicht, einfach klein beizugeben oder alles, was uns aufgetischt wird, zu schlucken und zu akzeptieren. Dies wäre ein grundlegendes Missverständnis davon, was eine nichtwertende akzeptierende Grundhaltung ist. Achtsamkeit und der innere Abstand, den sie uns gibt, helfen uns hingegen, deutlicher wahrzunehmen, ob unsere Meinung auf echtem Wissen basiert, stichhaltig und gut begründet oder eher weniger robust und solide ist. Ebenso können wir mit Achtsamkeit leichter entscheiden, was das Ziel eines zwischenmenschlichen Austausches sein soll.

Geht es darum, als Ingenieurin sicherzustellen, dass eine Brückenkonstruktion allen statischen Belastungsanforderungen entspricht, oder geht es darum, mit Freunden im Café einen entspannten Nachmittag zu verbringen und einen Bekannten besser kennenzulernen? Im ersten Fall würden wir sicherlich nicht nachgeben und eine fehlerhafte Berechnung keineswegs »achtsam akzeptieren«, während es im zweiten Fall die Stimmung deutlich vermiesen könnte, wenn wir in dem zwanglosen, heiteren Gespräch auf Details, Präzision, Berechnungen und harten Beweisen bestünden.

Nicht nur unsere inneren Haltungen und Erwartungen, sondern auch wie wir uns mitteilen und wie wir uns in einem Gespräch geben, ist stark von unseren Gewohnheiten beeinflusst. *Wie* wir etwas sagen, ist häufig ebenso wichtig wie die Inhalte, die wir kommunizieren. Achtsame Kommunikation kann daher auch einen positiven Einfluss auf die Beziehung zwischen Gesprächspartnern haben, während sie gleichzeitig einen Erkenntnisgewinn bringt. Unsere geistige Offenheit erlaubt uns dann, in Situationen einzuschätzen, ob der Schwerpunkt mehr im zwischenmenschlichen Bereich liegt oder ob es um Informationsaustausch geht.

Bringe ich beispielsweise mein Auto zur Reparatur, ist mir vorrangig daran gelegen, deutlich zu vermitteln, welche Probleme ich mit dem Auto habe. Gleichzeitig erwarte ich klare Aussagen dazu, wie der Fehler beseitigt werden kann, wie lange es dauern und auch wie teuer es werden wird. Obwohl hier präziser Informationsaustausch von vorrangiger Bedeutung ist, heißt dies keinesfalls, dass zwischenmenschliche Aspekte irrelevant wären. Redet der Werkstattleiter mit mir, als sei ich ein Depp, wird mein Vertrauen in die Firma abnehmen. Ebenso wird der Automechaniker weniger Interesse daran haben, mich auf weitere mögliche Probleme hinzuweisen, wenn ich ihn schon mehrmals unterbrochen habe, mich wie ein Großkotz aufführe oder keinerlei Wertschätzung für die geleistete Arbeit zeige.

Steht vor deiner Verlobung der erste Besuch bei den zukünftigen Schwiegereltern an, geht es über Kaffee und Kuchen sicherlich um mehr als einen sachlichen Austausch über den Zustand der deutschen Wirtschaft, Energiepolitik oder Börsenkurse. Zwischenmenschliche Untertöne, wie wir miteinander kommunizieren, werden bewusst oder unbewusst eine große Rolle spielen.

Möchten wir für unser Kleinkind eine Tagesmutter finden, interessiert uns sicherlich die faktische Information, Qualifikationen, Berufserfahrung, die Anzahl betreuter Kinder, die Nähe zu Park und Spielplatz und so weiter. Doch würde wohl niemand auf die Idee kommen, eine Tagesmutter allein aufgrund der Faktenlage auszuwählen. Die zwischenmenschliche Dimension muss ebenso stimmen.

Aktivität:

• Eine Übung zum Stärken achtsamer Kommunikation: Versuche, dich an eine Situation zu erinnern, in der du mit deinem Gesprächspartner nicht auf einen gemeinsamen Nenner gekommen bist. Lass die Situation noch einmal innerlich ablaufen und überleg dir, warum es bei der Diskrepanz blieb. Wie genau hast du zugehört? Wie gut hast du die Position deines Gegenübers verstanden? Wie hast du dich selbst ausgedrückt? Nachdem du das Kapitel über achtsame Kommunikation gelesen hast, würdest du dich jetzt anders verhalten? Was wäre in deinem achtsamen Zuhören anders, was in deiner achtsamen Sprache? Lass die Situation nun nochmals – mit achtsamem Zuhören und

Sprechen – vor deinem geistigen Auge ablaufen. Nimm dir vor, die Qualitäten achtsamer Kommunikation, so gut es geht, anzubringen, wenn du dich mal wieder in einer ähnlichen Situation wiederfindest.

- Nimm dir vor einem wichtigen Gespräch eine kurze achtsame Auszeit. Halte für einen Moment inne und richte deine Aufmerksamkeit einen Augenblick auf deinen Atem – vielleicht für drei Atemzüge. Versuche, die Empfindung des Atmens so klar und lebendig wie möglich wahrzunehmen und dich nicht von Gedanken wegtragen zu lassen. Du kannst danach direkt in die Aktivität übergehen oder den inneren Raum verwenden, um dich an deine Intention zu erinnern: Was ist dir bei dem anstehenden Gespräch besonders wichtig? Und vielleicht auch: Welche Charakterstärke(n) möchtest du ausdrücken?

- Nachdem du dich ein wenig mit achtsamer Kommunikation beschäftigt hast, überleg dir, welche Charakterstärken dabei eine besondere Rolle spielen könnten. Ein paar dieser Stärken wurden in diesem Kapitel genannt, doch sicherlich spielen auch andere eine Rolle. Welche Charakterstärken können dir persönlich helfen, achtsamer zuzuhören und zu sprechen?

TEIL 3:
ACHTSAMKEIT
UND
CHARAKTERSTÄRKEN

Wenn wir uns mit der Rolle von Achtsamkeit in unserem praktischen Alltag beschäftigen, kann schnell deutlich werden, dass sich die Haltung während der Meditation mit den Anforderungen des Alltags reiben kann. Wir haben uns dies anhand achtsamer Kommunikation schon etwas genauer angeschaut. Wenn wir nicht, wie in formalen Meditationsübungen, einfach beobachten können, was im Geist kommt und geht, stellt sich schnell die Frage, wie wir reagieren und welche Handlungen angemessen sind. Diese Spannung wurde in den letzten zehn Jahren auch in den Diskussionen um die psychologische und therapeutische Anwendung von Achtsamkeit immer deutlicher formuliert: Welche Rolle sollte ein ethischer Rahmen für Achtsamkeitsprogramme spielen?[77]

In meinem Büchlein *Vielfalt Meditation*[78] gehe ich auch darauf ein, dass Meditation – einschließlich Achtsamkeitsmeditation – niemals in einem Vakuum stattfindet und stets von einer bestimmten Sichtweise sowie Ideen für sinnvolles Verhalten unterstützt ist. In manchen Fällen, wie in traditionellen buddhistischen Meditationssystemen, sind die drei Elemente von Sichtweise, Meditation und Verhalten klar benannt, während sie in anderen Zugängen eher implizit sind und weniger direkt ausgedrückt werden.

Ich erwähne diesen Punkt hier auch, um zu betonen, dass durch die Verbindung von Achtsamkeit und Charakterstärken diese drei Elemente explizit abgedeckt sind. Während therapeutische Achtsamkeitsprogramme bezüglich der ethischen Ausrichtung eher zurückhaltend sind, gibt es hier eindeutige Vorstellungen von Werten und Tugenden und eine klare Sichtweise, wie dies mit unserem Verhalten verknüpft ist.

Die grundlegende Sicht des VIA-Charakterstärken-Systems ist, dass jeder Mensch über eine Vielzahl universell feststellbarer und relativ überdauernder positiver Charaktereigenschaften verfügt, dass diese dynamisch sind, sich in individuellen Mischungen zeigen und sich weiterentwickeln lassen. Obwohl es keinen konkret vorgeschriebenen Verhaltenskodex gibt, implizieren die Definition und das Verständnis von Charakterstärken, dass wir sie in einer positiven, nützlichen Weise einbringen und dass eine Eigenschaft nicht als Stärke gezählt werden kann, wenn sie darauf abzielt, anderen zu schaden.

Im Wechsel zwischen formalen Meditationsübungen und unserer Aktivität im Leben stellt sich daher immer wieder die Frage, wie wir mit Erfahrungen während der Meditation umgehen und sie für den Alltag nützlich machen können. Das VIA-Charakterstärken-System bietet da einen klaren Leitfaden an. Während es in »reinen« Achtsamkeitsmeditationen darum geht, einen inneren Abstand zu kultivieren und geistige Flexibilität zu stärken, füllt die Beschäftigung mit Tugenden und Charakterstärken den geschaffenen Freiraum mit Werten und bietet authentische Wege, um unsere Werte so gut wie möglich im Alltag zu verwirklichen.

Charakterstärken und Achtsamkeit in Synergie

Charakterstärken und Achtsamkeit sind ebenbürtig. Obwohl ich hier zuerst Charakterstärken und dann Achtsamkeit als weitere Qualität eingeführt habe, hätte die Reihenfolge ebenso gut umgekehrt sein können. Denn wie wir in den vorherigen Kapiteln gesehen haben, kann Achtsamkeit selbst ein sinnvoller Weg zu einem erblühenden Leben sein. Lassen wir Achtsamkeit und Charakterstärken zusammenwirken, entwickeln sie jedoch ihre volle Kraft.

Indem ich Charakterstärken den Vortritt gegeben habe, wollte ich gleich von Anfang an die besondere Ausrichtung einführen, die wir durch die Beschäftigung mit positiven Charaktereigenschaften entwickeln können. Wie sicherlich schon deutlich wurde, unterscheidet sich diese grundlegende Tonlage von den meisten Achtsamkeitsangeboten am Markt: In unserem westlichen Kulturkreis wurde Achtsamkeit vorrangig als defizitorientiertes Krisenmanagement eingeführt. Achtsamkeit wird angepriesen, um Stress abzubauen, um einen Rückfall in eine Depression zu verhindern, um mit Ängsten besser umzugehen, um einem Burn-out am Arbeitsplatz entgegenzuwirken, um mit chronischen Schmerzen besser leben zu können und so weiter. Diese Ausrichtung, Menschen zu helfen, besser mit ernsten psychologischen Schwierigkeiten umzugehen oder sie gar zu überwinden, ist natürlich enorm wichtig. Und es ist wunderbar, dass es in diesem Bereich so viele sinnvolle Angebote gibt. Eine beständig wachsende Zahl hochwertiger Forschungsergebnisse weist auch immer deutlicher nach, dass achtsamkeitsbasierte Zugänge in diesen Bereichen effektiv sind und für Menschen, die unter solchen Problemen leiden, enorm hilfreich sein können.

Trotzdem bleibt dieser Ansatz begrenzt und schöpft das volle Potenzial von Meditation und Achtsamkeit bei Weitem nicht aus. Corey Keyes, Professor an der Emory University in den USA und ein Vorreiter der Positiven Psychologie, vergleicht die ausschließliche Fokussierung auf Defizite damit, mehrere Krankenwagen am Fuße des Abgrundes zu parken und darauf zu warten, bis jemand abstürzt. Dieses fast absurde Bild legt nahe, dass es eine effektive Alternative geben kann. Um in dem Bild zu bleiben: Wir sollten verhindern, dass es überhaupt erst zu Abstürzen kommt. Wir sollten dafür sorgen, dass unsere Mitmenschen gar nicht erst am Abgrund stehen. Diese präventive Sichtweise, vorsorgen ist besser als heilen, ist eine Kernthese der Positiven Psychologie.

Doch das Ziel der Positiven Psychologie geht noch weit über Prävention hinaus. Wollen wir unser menschliches Dasein wirklich in bestmöglicher Weise nutzen, ist Prävention, Schwierigkeiten zu vermeiden oder zumindest bestmöglich gewappnet zu sein, nur die Grundlage. Von dort aus können wir weitergehen und ein Leben mit Bedeutung finden, in dem wir die Freiheit haben, unsere Wünsche und Ideale auszudrücken, uns zu entwickeln und zu entfalten, unser Leben mit Sinn zu füllen und einen positiven Beitrag für Mitmenschen und Gemeinschaften zu leisten.

Aus dieser Perspektive bekommt Achtsamkeit einen ganz anderen Geschmack und gibt uns die geistige Kraft und Klarheit, ein sinnerfülltes Leben führen zu können. Kommt unsere Achtsamkeit unseren Charakterstärken zu Hilfe, haben wir die konkreten geistigen Werkzeuge, um Charakterstärken immer deutlicher zu erkennen – bei uns selbst und bei unseren Mitmenschen. Mit Achtsamkeit schaffen wir den inneren Freiraum, um die Stärken zu beobachten und zu erforschen, ihre verschiedenen Nuancen zu verstehen, deutlicher zu sehen, wie sie interagieren, und sie dann auch in kontext- und situationsangemessener Weise auszudrücken.

Niemiec bezeichnet dies als achtsame Charakterstärken – unser nächstes Kapitel.

Die moralische oder ethische Ausrichtung, die durch das System der Tugenden und Charakterstärken einen klaren Rahmen bekommt, gibt im Umkehrschluss unserer Achtsamkeitspraxis eine klare positive Dimension. Wir können unsere Charakterstärken heranziehen, um mit konkreten Schritten unsere Achtsamkeitspraxis zu stärken. Niemiec bezeichnet dies als starke Achtsamkeit – ein weiteres Kapitel.

Wenn wir durch Meditation unsere Achtsamkeit und unsere geistige Kraft, Klarheit, Ausgeglichenheit und Beobachtungsfähigkeit entwickeln, hilft es uns einerseits, diese Charakterstärken bei uns und bei unseren Mitmenschen deutlicher zu sehen, und andererseits, besser zu verstehen, wie wir sie ausgeglichen einsetzen können. In ähnlicher Weise, wie Achtsamkeit das Entdecken und Feinjustieren von Charakterstärken fördert, so fördern Charakterstärken unsere Achtsamkeit. Wir können unsere Charakterstärken gezielt einsetzen, um unsere Meditationspraxis zu etablieren und zu vertiefen.

Es entsteht damit eine Wechselwirkung zwischen Verfeinerung der Charakterstärken und Vertiefung unserer Achtsamkeitsmeditation mit stärkerer Achtsamkeitsmeditation und achtsamerem Einsatz unserer Charakterstärken als Resultat. Sind beide miteinander verwoben, setzen sie eine Aufwärtsspirale in Gang, die dann mehr und mehr Früchte hervorbringen wird. Niemiec zeichnete das Bild von zwei Bäumen mit eigenen Wurzeln und zwei starken Stämmen. Wenn die beiden Stämme ineinander verwunden wachsen, handelt es sich noch immer um zwei Stämme, doch sind sie kaum voneinander zu trennen. Sich gegenseitig unterstützend, stehen sie deutlich stärker da als jeder für sich allein.

Achtsame Charakterstärken

Corinne ist Mathematiklehrerin. Sie sagt: »In den letzten Jahren habe ich meinen Unterricht völlig geändert. Statt einfach einen Lösungsweg vorzugeben, lege ich Wert darauf, von meinen Schülern zu erfahren, wie sie ein Problem verstehen oder welchen Weg sie gewählt haben, um ein Problem zu lösen. Es fasziniert mich zu sehen, wie unterschiedlich die Schüler sind und in wie vielen Weisen sie ein Problem angehen. Diese Erfahrungen haben mich ermutigt, ihnen mehr zuzutrauen. Mittlerweile sehe ich meine Aufgabe eher darin, die Schüler dabei zu unterstützen, wie sie selbst zu Experten werden, als mich als Expertin zu kopieren.«

Seit sie ihre innere Haltung verändert hat, findet Corinne deutlich mehr Erfüllung in ihrer Arbeit. In ihrer Beschreibung drücken sich Achtsamkeit und insbesondere verschiedene Charakterstärken deutlich aus. In ihren frühen Jahren als Lehrerin sah sie ihre Aufgabe darin, Expertenlösungen zu vermitteln. Mit der Zeit gewann sie mehr inneren Abstand und konnte so genauer beobachten, was passiert. Ihre Fähigkeit zum Decentering half ihr dabei, ihre eigenen Routinen zu entdecken und zu hinterfragen. Ebenso half ihr dieser innere Abstand, sich ihrer eigenen Werte zu besinnen und ihre Menschlichkeit zu stärken. Sie fühlte sich ja zu dem Lehrerberuf hingezogen, weil sie jungen Menschen in ihrer Entwicklung helfen wollte, nicht um als Expertin »aufzutrumpfen«. Als Corinne sich wieder mehr auf ihre Werte besann, öffnete sich der Freiraum, um ihre weiteren Charakterstärken deutlicher auszudrücken.

Wenn du magst, geh Corinnes Beschreibung noch einmal durch und überleg dir, welche Charakterstärken durchscheinen. Hier die fünf Charakterstärken, die mir sofort auffielen: Neugier, denn Corinne interessiert sich für die Lösungen ihrer Schüler; Kreativität, denn sie begeistert sich für die Vielfalt an Lösungsansätzen; Sinn für Exzellenz und das Schöne, denn sie kann in den Lösungsansätzen die Fähigkeiten ihrer Schüler entdecken; Zuversicht, denn sie traut ihren Schülern zu, dass sie sich entwickeln und selbst zu Experten werden; Güte, denn Corinne liegt die Entwicklung ihrer Schüler am Herzen.

Aktivität:

* Kommst du zum gleichen Schluss? Sind dir die gleichen Stärken aufgefallen und / oder noch andere?

Charakterstärken achtsam vertiefen

In diesem Kapitel beschäftigen wir uns damit, wie wir Achtsamkeit verwenden können, um unsere Charakterstärken zu unterstützen: zuerst, wie wir unser Verständnis vertiefen, und dann, wie wir die Stärken im Leben anwenden.

Achtsamkeit ist die Kraft, einen inneren Freiraum zu schaffen, der uns erlaubt zu beobachten, ohne zu reagieren. Im psychologischen Jargon wird dies wie gesagt als Decentering bezeichnet, die kognitive und emotionale Voraussetzung, um Stärken bei uns selbst und bei anderen zu erkennen, zu verstehen, wie sie sich ausdrücken, und dann auch, wie sie sich verändern und verfeinern lassen. Das VIA-Charakterstärken-System gibt uns den konzeptuellen Rahmen und ein passendes Vokabular, um genauer hinschauen und unsere Beobachtungen präziser benennen zu können. Mittlerweile legt die psychologische Forschung relativ überzeugend nahe, dass Sprache unsere Wahrnehmung beeinflussen kann.[79] Die letzten zwei Jahrzehnte der praktischen Arbeit mit Charakterstärken bestätigen dies. Dank des verfeinerten Vokabulars positiver Charaktereigenschaften können wir uns konkreter auf das Positive in uns und unseren Mitmenschen ausrichten. Das reiche Vokabular fördert, wie deutlich wir Qualitäten wahrnehmen, beschreiben und ausdrücken können.

Die Charakterstärken-Atempause

Die mitunter praktischste Übung, um Achtsamkeit und Charakterstärken miteinander zu verbinden, wird üblicherweise als *character strengths breathing space* bezeichnet – oder auf Deutsch »Charakterstärken-Atempause«. Sie ist an die schon fast klassische *Three-minute-breathing-space*-Meditation angelehnt, die Bestandteil der meisten Achtsamkeitsprogramme ist. In bestechend einfacher Form fasst sie die drei Grundbausteine von Achtsamkeitsmeditation (Intention, Aufmerksamkeit, Ausrichtung) zusammen und erlaubt uns, in kurzer Zeit inneren Abstand zu schaffen. Die Charakterstärken-Atempause betont die drei vorrangigen Charakterstärken, die mit den drei Schritten dieser Übung in Verbindung stehen. Sie bedarf keiner weiteren Erklärung, also legen wir doch gleich los:

Aktivität:

- *Neugier:* Nimm den gegenwärtigen Augenblick so deutlich wie möglich wahr. Öffne dein Interesse für die momentanen Erfahrungen. Beobachte, was du gerade wahrnimmst und spürst: Geräusche, die anschwellen und wieder abebben, die Kontaktpunkte deines Körpers beim Sitzen. Erlaube deiner Neugier, den jetzigen Moment genau zu erkunden. Übe dich darin, deinen Gedanken und Gefühlen mit Neugier zu begegnen, mit Interesse an allem, was im Geist erscheint.

Nimm alles wahr, wie es ist, und lass es wieder los. Ertappst du dich dabei, dich in Empfindungen oder Gedanken zu verfangen, frag dich einfach: »Was noch? Was passiert sonst noch im jetzigen Moment?«

- *Selbststeuerung:* Erlaube deiner Aufmerksamkeit jetzt, enger zu werden und sich auf eine Sache einzustellen – deinen Atem. Während dieser Konzentrationsphase geht es darum, alle Erfahrungen loszulassen, abgesehen von den Empfindungen des Atmens. Versuche, dich vollends auf die Empfindungen deines Atems zu konzentrieren, und erlaube dir, die Fülle des Einatmens und die Fülle des Ausatmens genau zu spüren. Spüre das Gefühl deines Atems in deinem Körper. Wenn der Geist vom Atem abschweift, bring den Fokus einfach wieder zurück, immer und immer wieder. Jedes Mal, wenn du dies machst, übst du Selbststeuerung. Du regulierst deine Aufmerksamkeit. Immer wieder zurück zum Atem.

- *Weitsicht:* Während du dich weiter auf deinen Atem konzentrierst, kannst du nun deine Aufmerksamkeit auf deinen ganzen Körper ausdehnen. Achte während des Atmens auf deine Ganzheit, auf die Einheit von Körper und Geist. Vielleicht kannst du auch spüren, wie dich dein Atem mit der Welt verbindet. Dank deiner Stärke Weitsicht kannst du hier etwas Raum schaffen und deinen Platz im Gesamtbild dieses Augenblicks erfahren. Versuche, dieses Gefühl der Weite und Verbundenheit mit in den Alltag zu nehmen.

Die klassische Version dieser Übung wird Drei-Minuten-Atempause genannt, weil sie aus drei etwa minutenlangen Schritten besteht. Man versucht zunächst, sich aller Erfahrungen bewusst zu werden, dann von dieser offenen Haltung den Fokus auf die Atmung zusammenzuziehen und im dritten Schritt die Gesamtheit zu erfahren, die Einheit von Körper und Geist und/oder unsere Position in der Welt.

In der Charakterstärken-Atempause vergegenwärtigen wir uns zudem auch die jeweilige Charakterstärke, die vorrangig mit jedem Schritt verbunden ist: Neugier, Selbststeuerung und Weitsicht. Indem wir diese Verbindung schaffen, trainieren wir nicht nur Achtsamkeit, sondern aktivieren gleichzeitig auch unsere Stärken.

Neugier
Du wirst dir der gegen-
wärtigen Eindrücke bewusst

Selbststeuerung
Du fokussierst deine
Aufmerksamkeit auf den Atem

Weitsicht
Du öffnest deine
Aufmerksamkeit; Körper und
Geist im Moment des Erlebens

Abbildung 6: Die Charakterstärken-Atempause als Sanduhr. Im ersten Schritt ist unsere Achtsamkeit neugierig offen, dann verwenden wir Selbststeuerung und fokussieren uns auf den Atem, um danach mit Weitsicht die Gesamtheit zu erfahren.

Wie in Abbildung 6 dargestellt, können wir uns die Übung als dynamische Abfolge vorstellen, von offen zu fokussiert und wieder zu offen. Viele Kursteilnehmer sagen, dass ihnen diese Faustregel und das Bild einer Sanduhr helfen, sich an die Übung zu erinnern.

Du kannst diese Atempause in unterschiedlichen Weisen verwenden. Hast du zu Hause relativ viel Ruhe und Zeit, dann kannst du die drei Stufen länger ausdehnen, vielleicht auf insgesamt zehn Minuten, und dabei auch deiner Intuition folgen, wie sehr du jede Stufe betonst. Hast du nur einen kurzen Moment zum Innehalten, dann kannst du die Übung stark verkürzen und vielleicht für drei Atemzüge bei jeder Stufe bleiben – oder sie sogar auf einen Atemzug pro Stufe verkürzen. In ihrer klassischen Form wird für jede Stufe wie gesagt etwa eine Minute veranschlagt. Der wichtigste Punkt hier ist jedoch, dass uns diese Übung die Möglichkeit gibt, kurz innezuhalten, geistig einen Moment zu verschnaufen, den Atem zu verwenden, um uns innerlich zu sammeln, und dann mit neuer Frische in die Welt zu gehen, mit einem Gefühl der Einheit von Körper und Geist.

Insbesondere wenn unsere Gedanken und Gefühle auf wilde Reisen gehen und wir uns in ihnen verlieren oder unser Gedankenkreisen außer Kontrolle zu geraten droht, kann uns diese kurze Übung wieder in der Gegenwart verankern. Viele benutzen die Übung auch, um sich auf eine schwierige Situation einzustellen, vor einer Prüfung, einem Vorstellungsgespräch oder einer wichtigen Präsentation.

Mein Tipp: Übe die Charakterstärken-Atempause regelmäßig, insbesondere in Zeiten der Muße. Wenn es dann hart auf hart kommt, hilft dir diese Gewohnheit in mindestens drei Weisen. Erstens erinnerst du dich daran, dass eine kurze achtsame Auszeit hilfreich sein kann. Zweitens hast du genügend Übung, um auch während Turbulenzen deine drei Charakterstärken zu aktivieren. Drittens wird es mit regelmäßiger Übung einfacher, die Bewusstheit wachzurufen, auf diese Meditation abzielt.

Mit neuen Augen sehen: Die Rosinenmeditation

Die Rosinenmeditation wird häufig als Paradebeispiel einer Achtsamkeitsmeditation dargestellt. Da diese Übung leicht missverstanden werden kann, ist es nützlich, genauer hinzuschauen, worum es dabei geht. In vielen Achtsamkeitsprogrammen wird sie als eine der ersten Übungen eingeführt. Die Teilnehmer werden dabei angeleitet, in langsamer und bewusster Weise eine Rosine mit allen Sinnen wahrzunehmen, sie zu sehen, zu tasten, zu riechen, zu hören und zu schmecken. Insbesondere während der Covid-Lockdowns haben sich viele Alternativen entwickelt, die sich einfacher in Online-Programmen umsetzen lassen. Das Grundprinzip sollte dabei jedoch immer das gleiche sein.

Die Übung wird normalerweise ohne große Einführung angeleitet. Wir können es so ähnlich machen und gleich loslegen. Sofern du keine Allergie gegen Rosinen hast, ist die Rosine das passende Objekt. Magst du sie einfach nicht, kann es besonders interessant sein, vor und während der Übung deine Gedanken und Gefühle zu beobachten.

Aktivität:

- *Vorbereitung:* Nimm zwei Rosinen. Leg eine zur Seite und halte die andere in der Hand. Es geht hier nicht um die Rosine. Sie ist einfach unser Übungsobjekt. Stell dich auf dieses Objekt ein, als ob es dir nie zuvor begegnet wäre, mit sogenanntem Anfängergeist *(beginner's mind).* (Als Kursleiter würden wir die Rosinen ohne weiteren Kommentar, dass es Rosinen sind, verteilen. Die zweite Rosine dient als Back-up.)
- *Halten:* Nimm das Objekt und halte es in deiner Handfläche oder zwischen Finger und Daumen.
- *Sehen:* Versuche, das Objekt wirklich zu sehen. Nimm dir Zeit, dich darauf zu konzentrieren. Betrachte es mit Sorgfalt und voller Aufmerksamkeit. Stell dir vor, du bist gerade auf einem unbekannten Planeten gelandet und hältst ein Objekt in der Hand, das du noch nie zuvor gesehen hast. Erlaube deinen Augen, jeden Teil zu erkunden, Lichtreflexionen und Schatten, Höhen und Tiefen, Falten und Runzeln. Schau genau hin und erkunde es von allen Seiten.
- *Berühren und Tasten:* Bewege das Objekt zwischen deinen Fingern und ertaste die Struktur und Konsistenz. Wie fühlt

sich die Oberfläche an, wenn du sie ertastest oder über sie streichst? Wie fühlt sich das Objekt an, wenn du mit deinen Fingern leichten Druck ausübst oder wenn du es zwischen den Fingern rollst? Möchtest du dich noch mehr auf deinen Tastsinn konzentrieren, kannst du hier auch die Augen schließen.

- *Hören:* Führe das Objekt jetzt zu einem deiner Ohren. Während du es sanft drückst und zwischen den Fingern bewegst, versuche, die Geräusche wahrzunehmen, die von dem Objekt ausgehen.
- *Riechen:* Bring das Objekt jetzt zu deiner Nase. Beobachte bei jedem Atemzug sorgfältig alle Gerüche, Aromen oder Düfte, die du einfangen kannst. Während du dies tust, bemerkst du etwas Interessantes, was in deinem Mund oder Magen passiert?
- *Bewusstsein:* Richte deine Aufmerksamkeit auf deine inneren Erfahrungen. Tauchen während der Übung verschiedene Gedanken auf, vielleicht: »Was ist das für ein komisches Ding?«, »Ich mag sie nicht«, »Was für eine dumme Übung«, oder auch ganz andere Erfahrungen, etwa Gedanken über deinen Tag? Was immer sie sind, nimm sie einfach wahr. Kehre dann mit der Aufmerksamkeit zu dem Objekt zurück, um es zu erleben, als ob es das erste Mal wäre.
- *Platzieren:* Bring das Objekt nun langsam an deine Lippen. Beobachte dabei, wie deine Finger, deine Hand und dein Arm genau wissen, wie und wo sie es positionieren müssen. Rolle das Objekt entlang deiner Unter- und Oberlippe und nimm die Empfindungen wahr. Leg es nun vorsichtig in den Mund, ohne zu kauen. Beobachte, wie es überhaupt in den Mund gelangt, und dann auch für einen Moment, wie es sich anfühlt, das Objekt im Mund zu haben. Konzentriere dich auf diese Empfindungen und erkunde es mit deiner Zunge. Bring das Objekt dann zwischen die beiden

Zahnreihen und halte es mit den Zähnen. Achte darauf, wie deine Zunge automatisch mithilft.

- *Schmecken:* Drück das Objekt nun einmal sehr bewusst mit deinen Zähnen. Beachte den Geschmack, der freigesetzt wird, und wie sich das Objekt dabei verändert. Drück ein zweites Mal und beginne dann zu kauen. Achte auf die Veränderung der Konsistenz und auf Geschmackswellen, während du weiterkaust. Ohne zu schlucken, nimm die bloßen Empfindungen von Geschmack und Textur im Mund wahr und wie sich diese von Moment zu Moment ändern können.
- *Schlucken:* Wenn du bereit bist, versuche, den Drang oder Impuls zu schlucken wahrzunehmen. Beobachte, wie du das Objekt tief in deinen Mund beförderst und welche Rolle Zunge und Speichel dabei spielen. Und dann schluck das Objekt.
- *Verfolgen:* Beobachte nun, wie sich das Objekt durch die Kehle nach unten durch deinen Körper bewegt. Achte auf alle verbleibenden Teile des Objekts im Mund und den eventuell verbleibenden Geschmack.
- *Abschluss:* Spüre nun, wie sich dein Körper als Ganzes anfühlt, und sei dir bewusst, dass dein Körper jetzt um eine Rosine schwerer ist.

Bevor wir uns kurz mit dem Sinn dieser Übung beschäftigen, kannst du einen Moment innehalten, um dir zu überlegen, welche Charakterstärken während der Übung von besonderer Bedeutung waren.

Da wir alle unser eigenes Potpourri an Charakterstärken mitbringen, können bei dieser Übung unterschiedliche Stärken in den Vordergrund treten. Einige sind jedoch besonders offensichtlich: Teilnehmer verwenden Neugier, um das Objekt in seiner Vielfalt zu beobachten und zu erforschen. Sie verwenden Selbststeuerung, um ihre Aufmerksamkeit zu regulieren und vielleicht auch um verschiedene Impulse wie den, das Objekt gleich zu schlucken, zu bremsen. Ebenso mag Selbststeuerung die Stärke Urteilsvermögen oder kritisches Denken abmildern, insbesondere wenn wir dazu neigen, sie zu sehr einzubringen, und die Übung von vornherein ablehnen, weil wir den Nutzen nicht sehen oder sie einfach albern finden. Andere Teilnehmer, bei denen der Sinn für Exzellenz und das Schöne besonders ausgeprägt ist, mögen von der Schönheit des Objekts oder dem Reichtum und der Vielfalt unserer Wahrnehmung begeistert sein. Andere werden vielleicht empfinden, dass ihre Weitsicht stimuliert ist, weil sie ein alltägliches Objekt in so vielen Weisen wahrnehmen können.

So betrachtet, ist es eine wirklich sinnvolle Übung, um unsere Wahrnehmung zu schärfen und zu verstehen, wie unsere Gewohnheiten uns hindern können, den Reichtum und die Vielfalt des Augenblicks voll zu erleben. Es ist eine Einladung, die Welt mit neuen Augen frisch und ohne Vorurteile und Annahmen wahrzunehmen sowie Vielfalt und Reichtum zu entdecken.

Hier liegt das riesige Potenzial dieser Übung, aber auch die Gefahr eines Missverständnisses. Kommt man ohne richtigen Kontext mit ihr in Berührung, ohne die Nuancen zu betrachten, könnte man denken, dass es bei Achtsamkeit einfach darum geht, was immer wir tun, so langsam und so bewusst wie möglich zu tun. Und tatsächlich denken einige Menschen so. Das wäre aber nicht Achtsamkeit, sondern bestenfalls aufmerksame Wahrnehmung in Zeitlupe. Grundlegend ist das erst mal in Ordnung. Erst wenn wir glauben, Achtsamkeit zu üben, indem wir unser Müsli besonders langsam essen, den Kaffee mit viel Muße trinken oder mit viel Bedacht unsere Zähne putzen, wird es zum Problem.

Ich schätze, das Argument ist klar: Der innere Abstand fehlt! Wir üben, genauer hinzusehen und wahrzunehmen.

Doch gesteigerte Aufmerksamkeit und Wahrnehmungsfähigkeit sind nicht unbedingt nützlich, wenn wir von zu viel Gedankenkreisen geplagt sind und eine Tendenz haben, in negative Gefühlsspiralen zu sinken.

Transformation durch Achtsamkeit basiert auf Decentering; sie hängt davon ab, dass wir eine nichtwertende Haltung zu Gedanken und Gefühlen üben. Die Rosinenübung kann daher eine hervorragende Einführung in bewusstes Wahrnehmen sein. Sie kann eine enorm nützliche Erfahrung vermitteln, wie wenig bewusst wir häufig sind und wie viel mehr wir mit mehr Aufmerksamkeit und weniger Autopilot wahrnehmen könnten. Dies kann zu einem wichtigen Meilenstein in der Entwicklung unserer Achtsamkeit werden. Wahrnehmung in Zeitlupe selbst ist jedoch nur ein erster Schritt auf dem Weg zur Achtsamkeit. Es ist nicht Achtsamkeit selbst. Verstehen wir dies falsch, entwickeln wir vielleicht eine sanfte Wahrnehmung und genießen reiche Augenblicke. Wir sollten jedoch nicht erwarten, dass uns dies für die Schwierigkeiten und Belastungen des Alltags wappnet. Meine Befürchtung ist sogar, dass uns Feingefühl und Sanftheit verletzlicher machen können, wenn sie nicht mit einer robusten Fähigkeit zum Decentering, zum inneren Abstand, verbunden werden.

Die Rosinenübung kann, wie gesagt, ein exzellenter Einstieg in die Beschäftigung mit Achtsamkeit sein. Sie kann die Begrenztheit unserer gewöhnlichen Wahrnehmung und die Idee vom Autopiloten vermitteln. Auf dieser Grundlage sollten wir dann weitere Qualitäten der Achtsamkeit entwickeln, insbesondere die Fähigkeit zur offenen, nichtwertenden Bewusstheit innerer Erfahrungen.

Charakterstärken achtsam anwenden

Obwohl Charakterstärken recht stabil und zentraler Bestandteil unseres überdauernden Charakters sind, lassen sie sich fördern und entwickeln. Das größte Entwicklungspotenzial liegt darin, zu einem optimalen Ausdruck jeder Stärke zu kommen. Optimal bedeutet hier, dass wir in jeder konkreten Situation und in jedem Kontext genau die richtigen Stärken in der richtigen Dosierung einsetzen, um den größtmöglichen Nutzen zu generieren, für so viele Menschen wie möglich und so langfristig und lang anhaltend wie möglich. Das ist ein großes und ehrenwertes Ziel. Vielleicht ist es sogar unerreichbar. Doch selbst wenn es sich utopisch anhört, halte ich es für einen guten Leitfaden und eine gute Inspiration, mein Leben wirklich zu nutzen.

In den 70er-Jahren brachte ein Werbeslogan diese Inspiration gut zum Ausdruck, sodass er mittlerweile zu einem Klassiker geworden ist:

Es gibt viel zu tun. Packen wir's an.

Die goldene Mitte

Die optimale Nutzung von Charakterstärken wird häufig mit der goldenen Mitte oder auch dem mittleren Weg beschrieben. Es bringt zum Ausdruck, dass es darum geht, die richtige Balance zwischen zwei Extremen zu finden. Die goldene Mitte bedeutet, jede einzelne Stärke weder zu wenig einzubringen noch sie zu übertreiben.

Im zweiten Kapitel haben wir uns jede Charakterstärke genauer angeschaut und dabei auch einen Blick darauf geworfen, wie wir erkennen können, wenn eine Stärke zu wenig oder zu viel ausgedrückt wird, und wie wir Charakterstärken in ausgeglichener Weise in unser Leben bringen können. Dieses Thema von zu viel *(overuse)*, zu wenig *(underuse)* und ausgeglichener Charakterstärke *(optimal use)* tritt in der Arbeit mit Charakterstärken immer mehr in den Mittelpunkt. Erste Studien zeigen mittlerweile, dass der Einsatz unserer Stärken direkt mit unserer Lebenszufriedenheit zusammenhängt, unserem Gefühl, ein blühendes Leben zu führen, und ebenso damit, ob wir uns depressiv fühlen. Drücken wir unsere Charakterstärken in optimaler Weise aus, geht dies mit größerem geistigen Wohlbefinden einher, während die Tendenz, sie entweder zu wenig oder zu viel zum Ausdruck zu bringen, mit geringerem Wohlbefinden zusammenhängt.[80]

Mit Achtsamkeit werden wir uns der eigenen Beweggründe, Gewohnheitstendenzen und Handlungsimpulse bewusster, handeln daher weniger auf Autopilot und sind besser in der Lage, unsere Stärken in weniger persönlich eingefärbter Weise auszudrücken weg: einzubringen. Achtsamkeit hilft uns zudem, auch unsere Mitmenschen, ihre Situationen, Wünsche und Bedürfnisse deutlicher wahrzunehmen und unsere Stärken der jeweiligen Situation entsprechend bestmöglich auszudrücken.

Viele Achtsamkeitsübungen trainieren unsere Selbststeuerung und Weitsicht, wie in der Charakterstärken-Atempause besonders deutlich wird. Für den ausgeglichenen Ausdruck unserer Stärken spielen diese beiden Charakterstärken eine besondere, übergeordnete Rolle. Selbststeuerung kann darauf einwirken, wie wir jede andere Stärke ausdrücken, sie entweder ein wenig dämpfen oder sie ein wenig anfeuern. Weitsicht sorgt für einen guten Überblick und eine Langzeitperspektive, damit wir uns nicht in Details verheddern.

Diese Perspektive betont insbesondere, dass unser Ausdruck von Stärken dem Kontext und der Situation angemessen sein muss. Was in einem Kontext oder in einer bestimmten Situation angemessen und passend ist, kann in einer anderen Situation völlig übertrieben und unangemessen sein.

Dementsprechend können manche Charakterstärken in einem Kontext eine größere Rolle spielen als in anderen. Soziale Intelligenz wird in allen zwischenmenschlichen Situationen relevant sein. Wir werden Güte sicherlich anders ausdrücken, wenn wir mit unserem dreijährigen Kind einen Plan schmieden, als wenn wir eine Projektbesprechung mit unserem Vorgesetzten haben. Planen wir mit unserem engen Freundeskreis eine Überraschung für die Hochzeitsfeier eines Freundespaars, werden sich unsere Kreativität und unsere Stärke Teamwork anders ausdrücken, als wenn wir im Treffen der Wohnungseigentümer die Renovierung des Treppenhauses planen. Unser Leben spielt sich in so vielen unterschiedlichen Kontexten ab, und innerhalb dieser Kontexte gibt es so viele verschiedene Situationen, dass die Auflistung möglicher Kontraste unendlich wäre.

An diesem Punkt möchte ich dich einfach dazu einladen, die Frage nach dem optimalen Einsatz deiner Stärken wirklich zu verinnerlichen und immer wieder darauf zurückzukommen, welche Stärke in welcher Weise in einer Situation am besten passt. Verschiedene Stellen im Buch können dabei eine Hilfestellung leisten. In Tabelle 5 findest du in kurzen Worten aufgelistet, wie sich der unausgeglichene Ausdruck einer Stärke zeigen kann. In den Merkblättern zu den einzelnen Charakterstärken (im Anhang) sind die jeweiligen Anzeichen ebenfalls genannt. Im ersten Teil des Buches findest du in der Beschreibung der einzelnen Stärken zudem weitere Überlegungen. Letztendlich wird der Nutzen am größten sein, wenn du durch Achtsamkeit die Türen zum optimalen Einsatz jeder Charakterstärke öffnest.

	Unter-beansprucht (zu wenig)	Ausgeglichen (goldene Mitte)	Über-beansprucht (zu viel)
Kreativität	konform	kreativ	exzentrisch
Neugier	gleichgültig	neugierig	aufdringlich
Urteils-vermögen	unreflektiert	kritisch hinter-fragend	engstirnig
Liebe zum Lernen	selbstzufrieden	wissbegierig	besserwisse-risch
Weitsicht	oberflächlich	weitsichtig	anmaßend
Tapferkeit	feige	tapfer	tollkühn
Ausdauer	träge, hilflos	ausdauernd	besessen, starr-sinnig
Ehrlichkeit	unecht	authentisch	rechthaberisch, selbstgerecht
Begeisterte Aktivität	ausgelaugt	enthusiastisch	hyperaktiv
Liebe	emotional isoliert	emotional ver-bunden	emotional promiskuitiv
Güte	lieblos, teil-nahmslos	freundlich	aufdringlich
Soziale Intelligenz	ahnungslos, stumpfsinnig	sozial intelli-gent	überinterpretie-rend
Teamwork	egoistisch, ein-zelgängerisch	teamfähig, zusammenar-beitend	abhängig
Fairness	parteiisch, vor-eingenommen	fair	abgehoben
Führungs-vermögen	folgsam	motivierend leitend	dominant, despotisch
Verzeihen	gnadenlos, nachtragend	vergebend, nachsichtig	zu nachgiebig
Bescheidenheit	arrogant	bescheiden	selbst-erniedrigend
Vorsicht	sensations-lüstern, rücksichtslos	vorsichtig	vermeidend
Selbst-steuerung	hemmungslos, impulsiv	ausgeglichen	gehemmt, steif

	Unter-beansprucht (zu wenig)	Ausgeglichen (goldene Mitte)	Über-beansprucht (zu viel)
Sinn für Exzellenz und das Schöne	abgestumpft, vernachlässigend	wertschätzend	perfektionistisch, angeberisch
Dankbarkeit	einfordernd, erwartend	dankbar	anbiedernd
Zuversicht	pessimistisch	zuversichtlich	beschönigend
Humor	verdrießlich, überernst	humorvoll	albern, lächerlich
Spiritualität	sinnentleert, richtungslos	spirituell	fanatisch

Tabelle 5: Die goldene Mitte: unterbeanspruchte, überbeanspruchte und ausgeglichene Anwendung von Charakterstärken

Missbrauch von Charakterstärken

Bisher ging es darum, durch nach innen und außen gerichtete Achtsamkeit und durch genaues Beobachten zu einem ausgeglichenen Ausdruck unserer Charakterstärken zu kommen. Wenn dies noch nicht ganz rundläuft, setzen wir unsere Stärken zu wenig oder zu viel ein.

Es ist jedoch auch möglich, dass wir viel mehr danebenliegen, nämlich wenn wir unsere Charakterstärken missbrauchen. Genau genommen handelt es sich dann nicht mehr um Stärken, um positive Charaktereigenschaften, sondern um Persönlichkeitsanteile, die eine negative, schädliche Ausrichtung haben. Wir hätten uns damit von übergreifenden Werten und Tugenden verabschiedet. Wenn unsere Handlung keinen wirklichen Nutzen für uns und andere bringen kann oder darauf abzielt, jemanden herabzusetzen, sind grundlegende Kriterien für Charakterstärken nicht erfüllt.

Wird beispielsweise Humor zu Schadenfreude, missbrauchen wir unsere Fähigkeit, etwas Witziges in einer Situation zu finden, und erfreuen uns stattdessen am Leid unserer Mitmenschen. Wenn wir uns über andere Personen lustig machen, um uns selbst zu erhöhen, ist dies nicht der Ausdruck positiver Eigenschaften, sondern ein Missbrauch unseres Potenzials, durch unsere Handlung Positives in die Welt zu bringen.

Es handelt sich nicht einfach um zu viel Humor – zu viel des Guten –, sondern um fehlgeleiteten Humor, der sich nicht mit unseren Tugenden in Einklang bringen lässt. Mit etwas Zuversicht und Vertrauen in menschliches Potenzial betrachtet, bleibt vielleicht der Hoffnungsschimmer, dass sich auch hinter der Schadenfreude die Fähigkeit zu menschlichem, positivem Humor verbirgt.

Aktivität:

- Sollte das Thema Charakterstärken-Missbrauch dein Interesse geweckt haben, könntest du dir ein wenig Zeit nehmen und dir überlegen, wie für jede der verbleibenden 23 Charakterstärken ein Beispiel für Stärkenmissbrauch aussehen könnte.
- Falls dir 23 Stärken zu viel sind, beschränke dich vielleicht auf deine Signaturstärken. Halte die »Lösungen« in deinem Stärken-Tagebuch fest.

Dein bestmögliches Selbst

Um unsere Charakterstärken konkret in unser Leben einzubauen, wird es nützlich sein, eine klare Idee von unseren Zielen zu entwickeln, verbunden mit einer eindeutigen Vorstellung, welche Charakterstärken wir benötigen und wie wir sie fördern können. Die Übung des bestmöglichen Selbst kann uns dabei unterstützen, unsere Charakterstärken in den Dienst unserer Werte und Lebensziele zu stellen.

Wissenschaftliche Untersuchungen zeigen klar, dass diese

Übung Wohlbefinden, Optimismus und positive Gefühle steigert.[81] In dieser Version wird die Standardübung mit einem
Fokus auf Charakterstärken verbunden.

Aktivität:

- Konzentriere dich kurz auf deinen Atem und bringe so Körper und Geist im gegenwärtigen Augenblick in Einklang.
- Erlaube dir dann ein paar Minuten, um einen Zeitpunkt in der
Zukunft zu wählen, der für dich gut passt, vielleicht in sechs
Monaten, einem Jahr oder drei Jahren. Visualisiere, wie du zu
diesem Zeitpunkt dein bestmögliches Selbst ausdrückst. Stell
es dir in einer Weise vor, die dir gefällt und die dich interessiert, mit allen Einzelheiten. Es kann die Vorstellung sein, wie
du dein volles Potenzial verwirklichst, wie du einen wichtigen Meilenstein oder ein wichtiges Ziel erreichst. Ebenso
kann es eine Situation sein, die dir besonders viel bedeutet,
vielleicht, wie du in deiner Partnerschaft die bestmögliche
Partnerin bist oder in der Familie der bestmögliche Vater.
Vielleicht ist es der Moment, in dem du einen deiner großen
Lebensträume verwirklichst. Visualisiere dein bestmögliches
Selbst, wenn du so gut bist, wie du nur sein kannst. Dabei ist
es wichtig, dass deine Vorstellung konkret ist – eine spezifische Situation oder ein bestimmter Lebensbereich – und dass
du es dir so präzise und realistisch wie möglich vorstellst.
- Wenn du eine einigermaßen klare Vorstellung aufgebaut
hast, nimm dein Charakterstärken-Tagebuch und notiere
die Einzelheiten. Mit dem Aufschreiben konkretisierst du
deine Vorstellung und bringst sie von vagen, unvollstän-
digen Ideen in die reale Wirklichkeit. Damit wird es wahrscheinlicher, dass die Vorstellungen konkrete Bedeutung für
deine Zukunft bekommen.
- Schreibe jetzt im nächsten Schritt all die Charakterstärken
auf, die du in dieser Vorstellung wahrgenommen hast. Wel-

che Stärken waren aktiv, als du dein bestmögliches Selbst ausgedrückt hast? Welche Charakterstärken musst du entwickeln, stärken oder ausbalancieren, damit die Vision deiner bestmöglichen Zukunft Wirklichkeit werden kann?

- Notiere die Ziele und Teilziele, die du erreichen willst, insbesondere auch, mit welchen Charakterstärken du in welcher Weise »arbeiten« möchtest, um sie in bestmöglicher Weise ausdrücken zu können.

Diese Übung besteht aus vier wesentlichen Schritten. Mit einer kurzen Achtsamkeitsmeditation schaffst du den inneren Raum, um dich auf die Übung einlassen zu können und die Kernpunkte klar im Geist halten zu können. Im zweiten Schritt nimmst du dir die Zeit, eine Zukunftsvorstellung von dir selbst mit bestmöglichen Eigenschaften aufzubauen. Im dritten Schritt fokussierst du dich dann auf Charakterstärken und wie sie dir helfen können, dein Ideal zu verwirklichen. Schließlich rundest du die Übung mit einem konkreten Plan ab.

Ohne Signaturstärken leben

Eine eindrucksvolle Übung, die meine Studenten immer wieder tief berührt und die mich selbst ziemlich verblüfft hat, ist die Subtraktion einer Charakterstärke. Sie geht wie folgt:

Aktivität:

- Konzentriere dich kurz auf deinen Atem und wähle dann eine deiner Signaturstärken aus, eine, mit der du dich sehr zu Hause fühlst und mit der du recht vertraut bist.
- Führe dir diese Stärke kurz vor Augen und lass wichtige Momente, in denen sie eine Rolle gespielt hat, an deinem inneren Auge vorbeiziehen. In welchen Handlungen war sie

besonders wichtig? Wie hat sie dir in zwischenmenschlichen Beziehungen geholfen? Hat sie zu Erfolgen, zu deinem Glück oder deiner Erfüllung beigetragen? Versuche, ein gutes Gespür für die Bedeutung dieser Stärke zu entwickeln.

- Verändere nun deine Vorstellung. Sagen wir mal, du könntest diese Signaturstärke einen ganzen Monat lang nicht einsetzen – 31 lange Tage, ohne diese Stärke hervorzubringen oder zu nutzen, selbst nicht im Kleinsten.
- Wie fühlt sich diese Vorstellung für dich an? Wie wäre dies für dich? Hättest du zum Beispiel Zuversicht gewählt: Was würde es für dich bedeuten, keinen einzigen positiven Gedanken an die Zukunft zu haben? Wie wäre es, nicht das leiseste Gefühl haben zu können, dass du Fortschritte machst und einem Ziel näherkommst? Wie würdest du deinem Kind begegnen, wenn es sich auf den nächsten Test in der Schule vorbereitet? Nimm dir ein paar Minuten Zeit, um in Ruhe all die verschiedenen Aspekte der Zuversicht und all die Bereiche, in denen diese Stärke eine Rolle spielt, zu beleuchten.
- Halte dann deine Betrachtungen und Vorstellungen in deinem Charakterstärken-Tagebuch fest. Wenn du magst, versuche, dein Gefühl oder deine Vorstellung bei dieser Übung in ein paar Worten zusammenzufassen. Als ich diese Übung mit begeisterter Aktivität als subtrahierter Charakterstärke durchgeführt habe, bin ich zum Beispiel auf Folgendes gekommen: »Wie ein Fisch in einem Eimer Leim.« Für einen Monat ohne Zuversicht las sich ein Beitrag: »Festgenagelt und wie vor einer Wand.«

Mit Signaturstärken dein Leben bereichern

Vielleicht geht es dir wie mir, und die vorherige Übung hinterlässt den Eindruck, ein Leben ohne Signaturstärke fühlt sich ein wenig an, wie zu ersticken. Doch lass uns den Spieß jetzt

umdrehen: mehr des Guten. Wie können wir unsere Signaturstärken einsetzen und nützlich machen?

Aktivität:

- In dieser Übung geht es darum, eine Signaturstärke in
  neuen Weisen zu verwenden. Beginne die Übung damit, dir
  zu überlegen, mit welcher Signaturstärke du dich besonders
  beschäftigen möchtest.
- Nachdem du die Stärke ausgewählt hast, nimm dir nun
  vor, diese Stärke eine Woche lang jeden Tag in einer neuen
  Weise einzusetzen.
- Tipp: Es kann sinnvoll sein, dir einen konkreten Plan zu
  erstellen. Zum Beispiel könntest du an jedem Morgen fünf
  Minuten reservieren, um dich auf die Aufgabe einzustellen
  und dich für eine neue Aktivität zu entscheiden. Ebenso
  würde ich an deiner Stelle jeden Abend ein paar Minuten
  verwenden, um zu reflektieren, wie du die Signaturstärke
  verwendet hast. Achte auch darauf, wie du dich gefühlt
  hast, als du die Stärke eingesetzt hast.
- Die Übung wird wirkungsvoller, wenn du deine Pläne, Vorsätze und Gedanken in deinem Charakterstärken-Tagebuch
  festhältst. Beziehst du dich auf den konkreten Kontext und
  spezifische Situationen – auf das Wann, Wo und Wie –, so
  werden die Zusammenhänge zwischen deinen Handlungen,
  deinen Gefühlen und der jeweiligen Situation deutlicher,
  und dein Lernen wird spezifischer.
- Lass am Ende der Woche die wichtigsten Eindrücke noch
  mal vor deinem geistigen Auge ablaufen, vielleicht, nachdem du diesen Rückblick mit einem kurzen Moment der
  Achtsamkeit eingeleitet hast.

Diese Übung wird meistens mit Signaturstärken durchgeführt,
und der wissenschaftliche Nachweis, dass sie zu mehr Lebens-

zufriedenheit führt, ist recht deutlich.[82] Trotzdem musst du dich nicht auf deine Top-Stärken beschränken und kannst sie in der gleichen Weise auf jede andere anwenden, die dein Interesse geweckt hat.

Es gibt eine weitere Übung zur Vertiefung unseres Verständnisses dafür, wie wir unsere Stärken verwenden können. Wir vergegenwärtigen uns eine Situation, als wir in Bestform waren.

Aktivität:

- Ein Moment der Achtsamkeit: Halt einen Moment inne und verankere dein Gewahrsein in der Gegenwart, indem du dich auf deinen Atem einstellst und Gedanken, Gefühle und Geräusche einfach vorbeiziehen lässt.
- Denk dann an eine Situation vor Kurzem oder vor einiger Zeit, als du in Bestform warst. Sowohl deine Gefühle als auch deine Handlungen waren auf wirklich hohem Niveau. Vielleicht hast du dich dabei besonders engagiert gefühlt oder du warst an etwas richtig Erfolgreichem beteiligt. Du hattest höchstwahrscheinlich dabei das Gefühl, dass du dein authentisches Selbst lebst – so, wie du bist. Es kann sich um eine bestimmte Erfahrung handeln, in deiner Partnerschaft, in der Schule, am Arbeitsplatz, oder um ein geselliges Beisammensein mit deinen besten Freunden. Wenn es nicht eine fest umschriebene konkrete Situation ist, fällt dir vielleicht ein bestimmter Zeitraum ein, in dem du in Höchstform warst.
- Stell dir diese »Geschichte« so genau wie möglich vor: mit Anfang, Mitte und Ende. Überleg dir nun auch, welche Charakterstärken du in dieser Geschichte eingesetzt hast.
- Um es besonders konkret zu machen und die positive Erfahrung noch mal nachzuerleben, könntest du die gesamte Geschichte mit Fokus auf deine Stärken wie ein Filmchen vor deinem inneren Auge ablaufen lassen.

- Vielleicht möchtest du diese Übung auch gemeinsam mit einer anderen Person machen. Nachdem du die Geschichte erzählt hast, könntet ihr euch gemeinsam überlegen – brainstormen – und konkret benennen, welche Charakterstärken dort vorkamen.

Erinnerungen zu erwecken, in denen wir unsere Stärken besonders überzeugend ausgedrückt haben, und diese Momente zu genießen kann uns noch bewusster mit unseren Stärken in Kontakt bringen und unsere Gewohnheit fördern, sie im Alltag zu erkennen und anzubringen. Ein paar Forschungsergebnisse legen auch nahe, dass es unser Wohlbefinden steigert, wenn wir uns in dieser Art an positive Lebenssituationen erinnern.

Stehen wir einem Problem gegenüber, ist es manchmal nützlich, die Situation aus einer anderen Perspektive zu betrachten, einen neuen Blick auf die Dinge zu werfen. Im besten Fall können wir mit dem Zugang Schwierigkeiten und Hindernisse völlig überwinden. Obwohl dies nicht immer möglich sein wird, hilft uns die folgende Übung zumindest, zu einer Neubewertung der Situation zu kommen, um sie dann mit mehr Gewissheit und Kraft angehen zu können.

Aktivität:

- Beginne die Übung damit, deine Aufmerksamkeit zu verankern, indem du sie auf den Atem lenkst. Halte einen Moment achtsamen Gewahrseins inne, um mit Körper und Geist ganz bei der Übung zu sein.
- Denk dann an ein relativ kleines Problem oder eine geringfügigere Herausforderung, mit der du gerade zu tun hast. Versuche, sie in allen Einzelheiten zu sehen – wie einen Film vor deinem geistigen Auge.
- Beobachte deine Gedanken und Gefühle so, wie sie während des »Films« auftauchen. Achte auch darauf oder finde

heraus, wo du deine Charakterstärken zu sehr oder zu wenig einsetzt, sie entweder über- oder unterbeanspruchst.

- Halte dann kurz inne und überlege, wie du deine Stärken optimal hättest einsetzen können.
- Lass nun den »Film« noch einmal ablaufen. Beobachte, wie du jetzt deine Charakterstärken optimal und erfolgreich einsetzt, um das Problem zu bewältigen oder das Hindernis zu überwinden.
- Kehre dann zu deinem Atem zurück und beobachte ihn mit achtsamem Gewahrsein.
- Zum Abschluss kannst du nun noch kurz überlegen, welche Einsicht dir diese Übung gebracht hat, und die Beobachtungen oder Erkenntnisse über den Einsatz deiner Charakterstärken im Tagebuch festhalten.

In einer leicht abgewandelten Version dieser Übung magst du dich vielleicht besonders darauf einstellen, wie du deine Signaturstärken einbringen könntest und wie der Film dann ablaufen würde.

Achtsamer Charakterstärken-Raum

In unserem hektischen Alltag, wenn wir mal wieder zu viele Aufgaben in zu wenig Zeit bewältigen müssen oder wir an unterschiedlichsten Stellen gleichzeitig gefordert sind, kann es schon passieren, dass wir zu sehr von den ablaufenden Prozessen gefangen sind. Hier wird eine kurze achtsame Auszeit nützlich sein, mit der wir unsere Charakterstärken erwecken. Verwenden wir die Charakterstärken-Atempause, die ich am Anfang des Kapitels eingeführt habe, rekrutieren wir die drei Stärken Neugier, Selbststeuerung und Weitsicht ganz direkt. Mit ihnen schaffen wir einen inneren Freiraum und verankern unsere Gedanken und Gefühle in der Gegenwart.

Die Übung, um die es jetzt geht, funktioniert ähnlich, doch bleibt der achtsame Charakterstärken-Raum ohne direkten Bezug auf bestimmte Stärken. Vielmehr geht es darum, dass wir unserer inneren Weisheit, unserer Intuition, den Raum geben, die Stärke hervorzubringen, die gerade passt. Mit der Übung öffnen wir uns geistig, sodass sich eine Charakterstärke von selbst zeigen kann.

In ihrem Buch *30 Days of Character Strengths* vergleicht Jane Anderson den Ablauf dieser Übung mit Roulette: Nachdem die Kugel geworfen wurde, warten wir einfach darauf, bei welcher Nummer sie zum Stillstand kommt.[83] Wenn wir mit Achtsamkeit den Charakterstärken-Raum geöffnet haben, warten wir einfach darauf, bei welcher der 24 Stärken unser Fokus landet.

Dieses wunderbare Bild macht deutlich, dass es hier nicht darum geht, eine bestimmte Charakterstärke zu pushen. Wir geben einfach den Raum, sodass sich zeigen kann, was gerade anliegt. Diese Übung ist sinnvoll, sobald wir einigermaßen mit den Charakterstärken vertraut sind und die meisten Stärken parat haben. Erlauben wir uns dann einen Moment geistiger Offenheit, können wir uns auf eine Stärke besinnen, die gerade von Bedeutung ist.

Aktivität:

* Halte einen Moment inne und richte deine Bewusstheit auf deinen Atem aus. Falls du magst, atme ein paarmal tiefer ein und aus. Das kann dabei helfen, ablaufende Gewohnheitsprozesse bewusst zu unterbrechen und dich mehr zu verankern, weil du deinen Körper direkt mit einbeziehst. Zudem kann tiefes Durchatmen dabei helfen, Verspannungen zu lösen. Halte dann für die nächsten acht bis zehn Atemzüge dein Bewusstsein bei den Empfindungen deines natürlichen Atems und lass alle anderen Gedankenströme

oder Gefühlsimpulse vorbeiziehen, ohne etwas mit ihnen zu tun.

- Wenn du so etwas Raum und Abstand geschaffen hast, stell dir selbst die eine Frage: Welche Charakterstärke möchte ich jetzt hervorbringen? Gib deinem Geist etwas Zeit, um eine Antwort anzubieten. Wenn es für dich passt, halte diese Stärke im Geist, und versuche, so gut es geht, ihre Kraft zu entfachen.

Diese Übung wird von vielen Menschen geschätzt, die ihr Leben mit Charakterstärken bereichern. Sie hilft ihnen, ihren Geist klar auf Charakterstärken und Achtsamkeit einzustimmen, sich einer konkreten Stärke zu besinnen. Zudem sagen viele, dass sie – so wie die meisten Achtsamkeitsübungen – den geistigen Autopiloten unterbricht.

Zentraler Punkt ist hier, dass du wirklich den geistigen Raum unvoreingenommen öffnest, damit diese Erfahrungen auftauchen können. Die Übung ist nicht als Mittel gedacht, um gezielt eine Stärke in den Vordergrund zu zwingen. Geht es dir jedoch um eine bestimmte Charakterstärke, dann passen andere Übungen, die ich eingeführt habe oder noch beschreibe, sicherlich besser, zum Beispiel »Achtsamer Fokus auf Charakterstärken«.

Achtsamkeit, Güte und Dankbarkeit

Im VIA-Charakterstärken-System spielen Menschlichkeit und zwischenmenschliche Stärken eine besondere Rolle, was sich auch in den Aussagen zahlreicher Teilnehmer widerspiegelt. Viele sagen, dass sich insbesondere Beziehungen zu nahen Mitmenschen und in manchen Fällen sogar weniger nahen, zum Beispiel Arbeits- oder Studienkollegen, deutlich verbessert haben. Ein wichtiger Grund dafür ist sicherlich die Betonung von Stärken, von dem, was in anderen Menschen und uns selbst gut, stark und bewundernswert ist.

Zudem gibt es verschiedene Übungen, die direkt darauf abzielen, zwischenmenschliche Stärken zu entwickeln, allen voran die Meditation auf Liebende Güte (Loving-Kindness-Meditation). Diese Meditation baut auf drei Bausteinen auf, Achtsamkeit, das geteilte menschliche Dasein sowie Güte und Mitgefühl.

Wir können uns in dieser Übung auf das Leid unserer Mitmenschen ausrichten und den Wunsch stärken, dass es gelindert wird. So betrachtet, bedeutet Achtsamkeit dann zu sehen, dass es sich um Leid handelt. Kontemplieren wir die Bedeutung des geteilten menschlichen Daseins, verstehen wir, dass Leid ein Bestandteil unseres Lebens ist. Mit Güte und Mitgefühl erzeugen wir dann den Wunsch, dass das Leiden abnimmt und die Person / en, auf die wir uns ausrichten, Sicherheit, Glück und Erfüllung findet / finden.

In einer besonderen Version dieser Meditation können wir die Herzensgüte auch auf uns selbst richten, insbesondere wenn wir Schwierigkeiten oder Leid erfahren. Achtsamkeit: »Dies ist ein Moment des Leidens.« Geteiltes Dasein: »Leid gehört zum Leben. Anderen geht es auch so.« Güte und Mitgefühl, zum Beispiel: »Möge ich mir selbst das Mitgefühl geben, das ich brauche. Möge ich mich so annehmen, wie ich bin.«

Aktivität:

- Finde einen ruhigen Ort und nimm dir genügend Zeit, mindestens 10 bis 15 Minuten, um dich auf die Meditation einzulassen.
- Beginne mit einer kurzen Achtsamkeitsmeditation, um Körper und Geist im gegenwärtigen Moment zu verankern.
- Denke nun an eine Person, die dir wirklich herzensnah ist, der du von ganzem Herzen – ohne jegliche Bedingungen – alles Glück und alle Erfüllung wünschen kannst, ohne jedes

Wenn und Aber, ohne jeglichen Zweifel. Häufig fällt dies besonders leicht, wenn wir uns auf ein Baby oder Kleinkind beziehen, für das uns bedingungslose Liebe und Güte natürlich erscheinen.

- Versuche, dir diese Person so deutlich wie möglich zu vergegenwärtigen. Versuche ebenso, den wirklich herzenswarmen Wunsch zu erzeugen, dass diese Person alles Glück, alle Erfüllung, alle Bedingungen für Glück erfährt und das bestmögliche Leben hat. Drücke dies durch die folgenden vier Wünsche aus: »Mögest du sicher sein. Mögest du glücklich sein. Mögest du gesund sein. Mögest du mit Leichtigkeit leben.«

- Wiederhole diese vier Wünsche so bewusst wie möglich, bis das ausgedrückte Gefühl dich völlig durchdringt.

- Weite an dem Punkt deine Wünsche aus und beziehe Personen ein, die dir sehr herzensnah sind. Das sind vielleicht drei bis fünf Menschen. Wiederhole die gleichen Wünsche für diese herzensnahen Menschen – wiederum, bis dich das Gefühl ganz durchdringt.

- Breite danach deinen Fokus, den Kreis der Menschen, die du in deine Wünsche mit einbeziehst, Schritt für Schritt in gleicher Weise weiter aus: nahe Freunde, nahe Bekannte, weitläufige Bekannte, Menschen, die du gar nicht kennst, Menschen, die dir nicht so recht geheuer sind, mögliche Feinde und dann die gesamte Menschheit.

- Am letzten Punkt werden dann die Güte und das Mitgefühl, die wir ausstrahlen, wirklich grenzenlos und münden in den Wunsch, dass die gesamte Menschheit, ohne Ausnahme, Glück erfährt, eine Welt frei von Schmerz, Krieg und Leid.

- Wenn du die Meditation abschließt, öffne dein Gewahrsein mit der Stärke Weitsicht wieder für deinen Alltag und nimm dir vor, deine Charakterstärke Güte im Herz zu halten und auszudrücken.

Abbildung 7 stellt dar, wie sich durch diese Meditation unsere liebende Güte auf immer mehr Menschen und letztendlich auf die gesamte Menschheit ausdehnen kann. Wenn du dich mit der Übung vertraut machst, ist es sinnvoll, deine Kreise nur so weit auszudehnen, wie es sich gerade passend anfühlt. Wie auch sonst in anderen Meditationen gehen wir sanft und voller Güte mit uns selbst um. Manchen Menschen fällt es zum Beispiel schwer, ihre guten Wünsche auf Menschen auszudehnen, die sie nicht besonders mögen oder die sogar feindselig sind. In diesem Falle würde ich raten, nicht weiterzugehen, als für dich an dem Punkt passend ist.

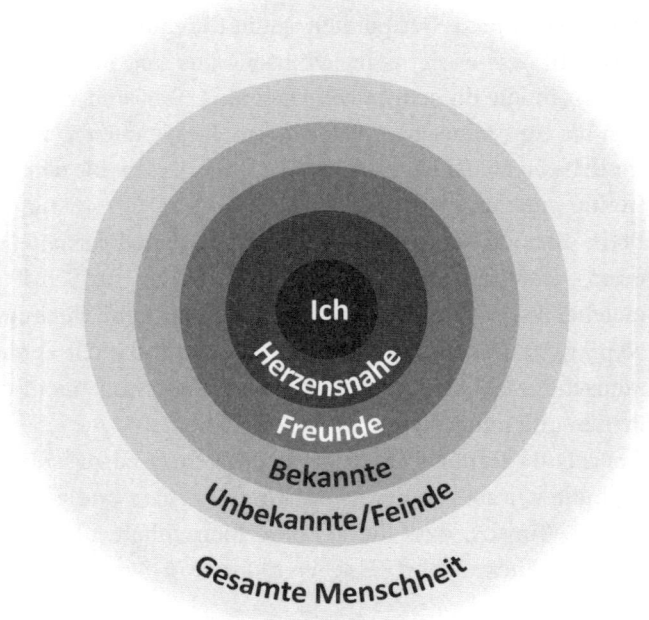

Abbildung 7: Konzentrische Kreise von Güte und Mitgefühl

Als kurze »Vorschau« würde ich dennoch sagen, dass eine Welt, in der es allen Menschen wirklich gut geht, die bestmögliche Welt wäre! Ich denke auch, die Beobachtung stimmt im Großen und Ganzen, dass sich Menschen, die wirklich zutiefst glücklich sind und Erfüllung erleben, in gütiger, mitfühlender Weise verhalten und unsere Welt bereichern. Ich behaupte jedoch nicht, dass diese Position für jeden zu jeder Zeit einfach zugänglich ist. Es hat mehr Sinn, mit sich selbst sanft umzugehen und eigene Grenzen zu beachten.

Sollten dich die Wünsche besonders interessieren und möchtest du eine weitere Inspiration dazu bekommen, dann schau dir die Liste mit Wünschen zur Liebenden Güte im Anhang an, in der verschiedene Variationen vorgeschlagen sind. Möchtest du noch tiefer in das Thema »Liebende Güte« einsteigen und darüber hinausgehende Aspekte dieser Meditationen kennenlernen, sind die Bücher und Beiträge von Sharon Salzberg meiner Meinung nach die beste Quelle.[84]

Mittlerweile ist eine abgeänderte Version dieser Meditation zum festen Bestandteil des MBSP-Programms geworden. Statt liebende Güte in die Welt zu schicken, erwecken wir in der Version ungehinderte Dankbarkeit. In der Meditation dehnen wir wiederum unser Gewahrsein Schritt für Schritt aus, wem wir dankbar sind und wofür wir dankbar sind. Wir beginnen damit, uns auf unsere konkrete Situation zu beziehen, auf bestimmte Aspekte, für die wir dankbar sind, bis unsere Dankbarkeit fast grenzenlos ist und sich zum Beispiel auf den Reichtum unseres Planeten als Teil dieses Sonnensystems ausrichtet. Die wiederholten Worte bestechen in ihrer Einfachheit: »Danke – danke – danke!«[85]

Achtsamer Fokus auf Charakterstärken

An verschiedenen Stellen dieses Buches findest du Ratschläge und Übungen, die auf ganz bestimmte Charakterstärken abzielen und dir helfen können, die jeweilige Stärke kennenzulernen oder weiterzuentwickeln. Einige dieser Übungen sind als Fragen zur Selbstbeobachtung oder als Aktivitäten in dem Kapitel »Die 24 Charakterstärken und sechs Tugenden« als reine Stärkenübungen beschrieben. In vielen Fällen können diese Übungen noch wirkungsvoller sein, wenn du sie direkt mit Achtsamkeit unterlegst. Besteht zum Beispiel eine Übung darin, über deinen Umgang mit einer bestimmten Charakterstärke nachzudenken, könntest du eine kurze Achtsamkeitsmeditation vorschieben. Dadurch beruhigst du den Autopiloten ein wenig, schaffst etwas Abstand zu gewohnheitsmäßiger Aktivität und hast mehr Freiraum, um dich ohne Ablenkung auf die Stärke einzulassen.

Ebenso könntest du dich dann, unterstützt von deiner Achtsamkeit, von verschiedenen Fragen zu der jeweiligen Charakterstärke leiten lassen. Hier ein paar Ideen:

Fragen zur Selbstbeobachtung:

- Was bedeutet es für dich, diese Stärke auszudrücken?
- Was passiert, wenn du diese Stärke zu wenig ausdrückst?
- Was passiert, wenn du sie zu sehr ausdrückst?
- In welchen Situationen kannst du diese Stärke einbringen?
- Welchen Nutzen bringt dir und deinen Mitmenschen diese Stärke?

Eine weitere Möglichkeit wäre, dich in deiner Achtsamkeitsmeditation direkt auf die Stärke auszurichten und diese mit einer offenen, neugierigen Haltung – ohne solch konkrete Fragen zu stellen – zu erforschen.

Aktivität:

- Bevor du mit der Übung beginnst, überleg dir kurz, auf welche Stärke du dich ausrichten möchtest. Wenn du sie »gefunden« hast, geh zum nächsten Schritt über.
- Nimm dir einen Moment, um dich auf die Empfindung des Ein- und Ausatmens einzustellen. Belasse Gedanken, Gefühle und Geräusche im Hintergrund, ohne sie zu bekämpfen oder ihnen viel Beachtung zu schenken.
- Richte jetzt deinen vollen Fokus auf die gewählte Stärke aus. Du kannst das in ganz unterschiedlicher Weise tun. Du kannst dir die Stärke bildlich vorstellen – oder wie sie in Bewegung ausschaut. Du kannst dir überlegen, was sie symbolisiert, wie es sich anfühlt, sie auszudrücken, oder wie eine andere Person reagiert, wenn du sie ausdrückst. Eine weitere Variante wäre, einfach den Namen der Stärke im Geist zu halten oder ihn innerlich zu wiederholen.
- Egal, in welcher Weise du dich auf die Stärke einstellst, bring deinen Fokus, wann immer er abschweift, einfach wieder zurück zu der Stärke.
- Was bedeutet die Stärke für dich?
- Sei einfach offen dafür, was dein Geist und dein Körper dir intuitiv anbieten. Beobachte mit Neugier, wie sich körperliche und geistige Eindrücke von Moment zu Moment verändern. Halte deine Wahrnehmung offen für Veränderungen in deinen Gedanken, Gefühlen, Erinnerungen, Bildern, Körperempfindungen und so weiter. Versuche, neugierig und offen zu bleiben und alle Erfahrungen so zu nehmen, wie sie sind – ohne Beurteilung, ohne etwas abzulehnen oder herbeizusehnen.
- Wenn du diese Übung abschließt, kannst du dir noch einen Moment der Reflexion gönnen und die wichtigsten Eindrücke und Gedanken in deinem Charakterstärken-Tagebuch festhalten.

- Alternativ oder zusätzlich könntest du versuchen, die Kernpunkte deiner Beobachtungen und Analysen aus dieser und der vorherigen Übung in einer kurzen Aussage – einem Motto – zusammenzufassen. Am Ende des Arbeitsblattes für Charakterstärken (Anhang und Download) steht dafür Platz zur Verfügung. Hier ein Beispiel, wie ein Teilnehmer es für eine geringere Stärke ausdrückte: »Mein Sinn für Exzellenz und das Schöne erinnert mich daran, selbst präzise zu sein und mich für die Stärken meiner Mitmenschen zu öffnen.«

Das erwähnte Arbeitsblatt soll dir dabei helfen, jede einzelne Charakterstärke konkret zu analysieren und die Kernpunkte systematisch festzuhalten.

In einem weiteren Zugang könntest du Tugenden und Charakterstärken auf unterschiedlichen Ebenen betrachten und dir überlegen, was sie für dein Leben bedeuten. Die in Abbildung 8 dargestellte Hierarchie beschreibt diese unterschiedlichen Ebenen und kann als eine Art Leitfaden dienen, um mit unterschiedlicher Auflösung auf deinen eigenen Charakter und das damit verbundene Erleben und Handeln zu schauen. Wenn du dich von oben nach unten durcharbeitest, wirst du dabei immer konkreter. Auf der obersten und abstraktesten Ebene drückt sich ein guter Charakter durch die drei Tugenden Wissbegierde, Fürsorge und Selbstbeherrschung aus. Als wir uns mit weiteren Unterteilungen und Facetten von Charakterstärken beschäftigten, sind wir auf diese drei Tugenden eingegangen. Möchtest du beobachten und erforschen, welche Bedeutung diese drei für dich haben, könntest du kurz innehalten und dir überlegen, welche von ihnen für dich Bedeutung haben und warum. Tendierst du mehr zu Wissbegierde oder Fürsorge? Wie erkennst du diese Tugenden in deinem Denken, Fühlen und Handeln? Solange wir mit der Betrachtung auf dieser ersten Ebene bleiben, ist es relativ einfach, über unsere Tugenden zu philosophieren. In gewissem Maße ist das auch auf der nächsten Ebene noch der Fall.

Guter Charakter

3 Tugenden

Wissbegierde	Fürsorge	Selbstkontrolle

6 Tugenden

Weisheit	Mut	Menschlich-keit	Gerechtig-keit	Mäßigung	Transzen-denz

24 Charakterstärken

Kreativität | Neugier | Urteilsvermögen | Liebe zum Lernen | Weisheit | Tapferkeit | Ausdauer | Ehrlichkeit | Begeisterte Aktivität | Liebe | Güte | Soziale Intelligenz | Teamfähigkeit | Fairness | Führungs-vermögen | Verzeihen | Bescheidenheit | Vorsicht | Selbststeuerung | Sinn fürs Schöne | Dankbarkeit | Hoffnung | Humor | Spiritualität

Kontext

Familie	Arbeitsplatz	Schule / Ausbildungsplatz	Gemeinde	Soziales

Situationen

Abbildung 8: Hierarchie der Charakterstärken von gutem Charakter über Tugenden bis zu spezifischen Situationen

Auch die sechs Tugenden sind noch recht abstrakt, doch sind sie schon ein konkreterer Ausdruck von universellen Wertesystemen. Etwas Reflexion sollte uns unserem Lebenssinn, den Werten, die uns ticken lassen, hier näherbringen. Die 24 darunterliegenden Charakterstärken sind Thema des gesamten Buches und bedürfen wohl hier keines weiteren Kommentars.

Doch bei den beiden verbleibenden Ebenen wird es wieder interessant. Wir drücken alle Charakterstärken in bestimmten Kontexten und bestimmten Situationen konkret aus. Zum Beispiel bringen wir in der Familie oder am Arbeitsplatz unsere Stärken in unterschiedlichen Weisen ein. Wie unterscheidet sich deine Ehrlichkeit, wenn du im Umkreis deiner engen Familie bist oder an einer sehr formalen Arbeitsbesprechung teilnimmst? Gibt es in diesen Kontexten Möglichkeiten, deine Ehrlichkeit noch nützlicher einzubringen?

Werden wir dann weiterhin konkreter und besinnen wir uns auf bestimmte Situationen innerhalb eines Kontextes, können wir noch mehr mit den feinen Nuancen der Charakterstärken vertraut werden. Gibt es Unterschiede, wie du deine Ehrlichkeit ausdrückst, wenn du mit deinem vierjährigen Kind über die Familienfinanzen redest oder sie mit deinem Ehepartner besprichst? Wie kannst du sie in beiden Situationen verbessern? Wie sieht optimale Ehrlichkeit in einem Kundengespräch aus und wie, wenn du mit deinem Abteilungsleiter redest?

Kurz gesagt, kann Abbildung 8 als Gedächtnisstütze dienen, wenn wir – wie gerade für Ehrlichkeit kurz angerissen – Tugenden und Stärken in ihrer Vielschichtigkeit betrachten wollen. Statt einzelne Charakterstärken auf den verschiedenen Ebenen zu betrachten, kannst du dich auch auf einen bestimmten Kontext ausrichten und die ganze Bandbreite an Stärken einbeziehen. Nimmst du beispielsweise deinen Arbeitsplatz als Kontext, kannst du überlegen, welche Charakterstärken hier besonders wichtig sind. Vielleicht ist es dein Teamwork, oder dein Beruf fordert insbesondere deine Kreativität. Und wie bringst du dein Teamwork in einer bestimmten Situation – sagen wir einer Besprechung – ein? Hilft dir vielleicht auch deine Achtsamkeit, genauer zuzuhören, was eine Kollegin zu sagen hat? Und hilft sie dir, dich in angemessener Weise auszudrücken – etwa mit besonderem Respekt? Ist in einer bestimmten Arbeitssituation eher Bescheidenheit gefragt, sodass Kollegen ihre Ideen einbringen können, oder braucht es jetzt deinen Mut, um auf Fehlentwicklungen hinzuweisen?

Im Anhang (und zum Download) sind dann auch noch 24 Merkblätter zusammengestellt, pro Stärke jeweils ein Blatt. Sie fassen wichtige Kernpunkte jeder Stärke zusammen und können als Gedächtnisstütze dienen.

Neben der Beschreibung jeder Stärke enthält jedes Merk-blatt, wie schon dargelegt, auch ein Zwei-Faktoren-Balken-diagramm, das die Stärke bezüglich der Kopf-Herz- und Per-sönlich-zwischenmenschlich-Dimension einordnet. In dieser Weise siehst du auf einen Blick, ob es sich durchschnittlich eher um eine kognitive (Kopf) oder emotionale (Herz) Stärke handelt, ob es also eher um Denken oder Fühlen geht. Ebenso zeigt dir das Diagramm, ob die Stärke eher mit innerem Erle-ben zu tun hat oder eine Charakterstärke ist, die sich im zwi-schenmenschlichen Miteinander ausdrückt. Kernübungen zu jeder Stärke sind kurz umrissen und die zentralen Schlagworte zur goldenen Mitte wiedergegeben. Die Merkblätter helfen dir, die wichtigsten Punkte jeder Stärke wachzurufen, damit du dich schnell auf sie einstellst, dein Verständnis auf dieser Grundlage vertiefen und die Stärken nutzbringend anwenden kannst.

Starke Achtsamkeit

Im vorherigen Kapitel hast du verschiedene Möglichkeiten kennengelernt, wie du Achtsamkeit einsetzen kannst, um deine Charakterstärken kennenzulernen, zu fördern und zu verfeinern. Nun geht es um die Umkehrung: Wie kannst du deine Stärken einsetzen, um deine Achtsamkeit zu fördern?

Charakterstärken und insbesondere unsere Signaturstärken treiben uns jeden Morgen aus dem Bett, füllen uns mit Energie. Wir erfahren sie als zentral und essenziell für unsere eigene Persönlichkeit. Wenn wir sie leben, haben wir das Gefühl, Sinn und Bedeutung sowie eine klare Ausrichtung in unsere Welt zu bringen. Signaturstärken sind also die praktisch gelebten positiven Teile eines starken Charakters. Durch sie drücken wir aus, wer wir sind.

Da Signaturstärken so zentral sind, können sie dir in den verschiedensten Situationen helfen. Häufig wird die Lösung eines Problems einfacher, wenn wir uns dieser Top-Stärken besinnen und uns fragen, wie sie uns helfen können oder wie wir sie einsetzen können, um ein Ziel zu erreichen. Viele der allgemeinen Charakterstärken-Übungen, die schon eingeführt wurden, kannst du natürlich konkret auf deine Signaturstärken beziehen.

Die Signaturstärken-Atempause

Diese kurze Meditationsübung verwendet die drei bekannten EVA-Schritte, um die Bewusstheit für deine Top-Stärken im gegenwärtigen Augenblick zu schärfen und die Stärken dann in nützlicher Weise einzusetzen. Im ersten Schritt – Erkennen – werden wir uns der Stärke bewusst. Im zweiten Schritt – Vertiefen – erforschen wir die Stärke weiter, um dann im dritten Schritt – Anwenden – aktive Abläufe zu planen.

Aktivität:

- *Erkennen:* Halte einen Moment inne und werde dir deines Atems bewusst. Stell dich dann auf eine deiner Signaturstärken ein, eine Stärke, mit der du dich lebendig und authentisch in der Welt fühlst. Während du atmest, erlebe die Stärke so komplett und klar wie möglich.
- *Vertiefen:* Bleib bei deinem Atem, um dich in der Gegenwart zu verankern. Erforsche nun deine Charakterstärke: Überleg dir, wie du sie in der Vergangenheit erfolgreich eingesetzt hast. Mach dir bewusst, wie die Stärke dein Leben bereichert und wie sie deinen Mitmenschen geholfen hat. Versuche, diese Erinnerungen zu vergegenwärtigen, während deine Aufmerksamkeit auf dem Atem ruht und du so in der Gegenwart verankert bleibst.
- *Anwenden:* Überleg dir nun, wie du diese Signaturstärke in der gegenwärtigen Situation einsetzen könntest. Erwecke deine Überzeugung, dass du sie in deinen Gedanken, Gefühlen oder Handlungen anwenden kannst. Bleib bei deinem Atem, um dich auf die Stärke zu konzentrieren, und schau mit Zuversicht auf die Möglichkeiten für Entwicklung. Wenn du die Meditation beendest, entscheide dich, deine Signaturstärke mitzunehmen: Atme mit Stärke.

Charakterstärken und achtsame Kommunikation

In dem Kapitel über achtsame Kommunikation haben wir uns schon ausführlich damit beschäftigt, wie wichtig eine achtsame Haltung ist, wenn wir einer Person wirklich zuhören und sie verstehen möchten, ebenso, wenn wir sprechen, um Information genau und korrekt zu vermitteln und um zwischenmenschliche Beziehungen zu fördern.

Stellen wir Achtsamkeit in den Vordergrund, geht es – wie wir gesehen haben – besonders darum, unsere Automatismen und Gewohnheiten zu durchschauen, damit wir nicht unseren eigenen Interpretationen erliegen, sondern offen für neue Information sind, die wir möglichst ungefiltert und unverschleiert von unseren eigenen Voreinstellungen aufnehmen. Zumindest sollte uns Achtsamkeit dabei helfen, uns unserer Automatismen bewusst zu sein und unseren eigenen (Vor-) Urteilen mit etwas Skepsis oder Abstand zu begegnen.

Du kannst deine achtsame Kommunikation noch weiter optimieren, indem du verschiedene Stärken ganz bewusst aktivierst. Um achtsam zu reden, benötigen wir Ehrlichkeit, Bescheidenheit, Urteilsvermögen und Weitsicht, damit wir uns in prägnanter, konkreter und direkter Weise mitteilen. Güte und Großzügigkeit helfen uns zudem, von Herzen zu sprechen und so zu guten Beziehungen beizutragen. Diese Charakterstärken verhindern auch, dass wir abschweifen, uns in Rechtfertigungen, Schutzbehauptungen oder unnötigen Wiederholungen ergehen oder uns verletzend äußern.

Aktivität:

- Halte einen Moment inne und überlege dir, in welcher Weise diese Stärken dich in deinem achtsamen Ausdruck unterstützen können. Kannst du dir konkrete Beispiele vorstellen?
- Gibt es weitere Charakterstärken, die für dich eine besondere Rolle spielen?

Um achtsam zuhören und unserem Gesprächspartner die volle Aufmerksamkeit schenken zu können, brauchen wir zuallererst Selbststeuerung, um nicht von eigenen Impulsen abgelenkt zu sein oder vorschnellen Bewertungen aufzusitzen. Neugier, Weitsicht, Güte und soziale Intelligenz unterstützen unser echtes warmherziges Interesse an unserem Gegenüber und dem, was es zu teilen hat.

Aktivität:

- Halte nochmals inne und überlege dir, in welcher Weise die genannten Stärken dein achtsames Zuhören fördern können. Kannst du dir konkrete Beispiele vorstellen?
- Gibt es weitere Charakterstärken, die für dich eine besondere Rolle spielen?

All die Prinzipien und Erwägungen zur achtsamen Kommunikation betreffen nicht nur gesprochene Kommunikation, sondern sind ebenso für unseren schriftlichen Austausch wichtig. Ich würde sogar so weit gehen zu sagen, dass sie in manchen Fällen geschriebener Kommunikation noch wichtiger sind. Wenn wir einen lebenden Menschen vor uns haben, bekommen wir viele nonverbale Signale, die uns helfen, die Situation und Nachricht besser zu interpretieren. Haben wir hingegen eine E-Mail oder Textnachricht vor uns, fällt all das weg. Wir sind körperlich nicht am gleichen Ort und meistens auch geistig mit ganz anderen Dingen beschäftigt. Sicherlich können sich viele Leser an Situationen erinnern, in denen sie zu schnell auf eine E-Mail reagiert oder eine Textnachricht abgefeuert haben, ohne ganz bei der Sache zu sein. Sind wir allein auf den Wortlaut angewiesen, füllen unsere eigene Stimmungslage und Gewohnheitstendenzen schnell die bestehenden Lücken.

Software-Entwickler haben das Problem erkannt und bieten

daher technische Lösungen an, die vor jeder Antwort automatisch eine Verzögerung einbauen. So können wir zumindest kurz durchatmen und mit ein wenig Abstand auf unsere Kreation blicken, bevor wir sie in die Welt schicken.

Die verschiedensten äußeren Faktoren und inneren Prozesse haben Einfluss darauf, wie ich eine Mitteilung interpretieren werde. Autopilot, Vorurteile, Gewohnheitstendenzen und gefühlsmäßig eingefärbte Wahrnehmungen sind Probleme für jede Form von Kommunikation, die aber um einiges verschärft sind, wenn nonverbale Signale und Kontexte fehlen und wir allein auf ein paar Zeilen Text angewiesen sind. Es braucht keiner weiteren Ausführung, dass Achtsamkeit und Charakterstärken hier einen riesigen Unterschied machen können.

Kommen wir aber zur direkten zwischenmenschlichen Kommunikation in Fleisch und Blut zurück. Hast du den Wunsch, gemeinsam mit deinem Partner oder deiner Partnerin die Kommunikation in eurer Beziehung zu verfeinern und noch mehr Erfüllung zu schaffen, passt euch vielleicht die folgende gemeinsame Übung.

Bevor ihr mit der Übung beginnt, sollten beide mit den Grundideen achtsamer Kommunikation vertraut sein und auch für sich selbst eine klare Vorstellung haben, welche Charakterstärken für sie dabei eine besondere Rolle spielen. Ihr solltet euch einig sein, dass ihr die Übung beide gerne ausprobieren wollt, auch weil die grundlegenden Ideen von Achtsamkeit und Charakterstärken für euch beide sinnvoll sind und ihr beide den Gedanken habt, dass dies bereichernd sein kann.

Aktivität:

- Mit starker Achtsamkeit kommunizieren:[86] Bevor ihr mit der eigentlichen Übung beginnt, sollte jeder von euch die Motivation zum Ausdruck bringen, dass ihr eure Kommunikation verbessern oder bereichern wollt. Danach solltet ihr einen konkreten Plan aufstellen, wann genau ihr in den nächsten sieben Tagen diese tägliche Übung machen wollt.

- Es empfiehlt sich, mit 15 Minuten pro Tag zu beginnen und dann auch bei dem Zeitplan zu bleiben, um nicht den Fokus zu verlieren. In erster Linie geht es hier um Qualität, nicht um Quantität.
- Bevor es losgeht, solltet ihr euch auch auf ein paar Grundregeln einigen, zum Beispiel, dass die Handys ausgeschaltet bleiben, dass ihr an einem Ort seid, wo ihr ungestört bleibt, dass jeweils nur eine Person redet und dass ihr euch an die Struktur der Übung haltet.
- Wenn ihr bereit seid, könnt ihr eine Münze werfen, um zu entscheiden, wer beginnt. Es ist auch gut, einen Wecker oder eine Eieruhr zu haben, die anzeigen, wenn die Zeit um ist, sodass ihr euch ganz auf das Gespräch konzentrieren könnt.
- Bevor das Gespräch beginnt und die Zeit läuft, sollte sich jeder noch einen Moment gönnen, sich kurz auf den Atem konzentrieren und für sich selbst die Charakterstärken wachrufen, die hier eine besondere Rolle spielen.
- Auch während der gesamten Übung, während Momenten der Stille, wenn ihr zuhört, während des Wechsels und zwischen den Sätzen könnt ihr eure Achtsamkeit auf dem Atem belassen.
- Fünf Minuten: Person A spricht, und Person B hört zu. Person A übt achtsam, über etwas zu reden, was an dem Tag geschehen ist, positiv, negativ oder neutral. Person B übt, achtsam zuzuhören.
- Fünf Minuten: Die Rollen werden nun vertauscht, und Person B wird zum achtsamen Sprecher, während Person A achtsam zuhört.
- Fünf Minuten: offene und flexible achtsame Kommunikation, die hin und her wechselt. Diese Phase ähnelt mehr natürlicher, dynamischer Kommunikation und ermöglicht,

Achtsamkeit und Charakterstärken in schnellen Abfolgen zu üben.

- Wenn ihr möchtet, könnt ihr euch nach der abgelaufenen Zeit auch noch über eure Erfahrung mit der Übung austauschen, natürlich auch mit achtsamer und wertschätzender Haltung. Ebenso könnt ihr euch darauf einigen, die Übungszeit etwas zu verlängern, jedoch ohne die Qualität dabei aus dem Auge zu verlieren.

Unsere Meditation mit Stärken festigen

Im vorherigen Kapitel hast du die Charakterstärken-Atempause kennengelernt. In den drei Schritten dieser Meditation bringen wir die Stärke Neugier an, gefolgt von Selbststeuerung und dann von Weitsicht. Obwohl es sich um eine recht eingängige Abfolge handelt, ist es nicht immer einfach, dabei wirklich konzentriert zu bleiben. Und bei anderen Meditationen ist es nicht anders. Dank unseres Urteilsvermögens können wir verstehen, dass wir mit dieser Erfahrung nicht allein dastehen. In der Meditation abgelenkt zu sein ist tatsächlich viel verbreiteter, als man häufig denkt. Es ist die Regel, nicht die Ausnahme.

Da wir unseren Gewohnheitsgeist nicht einfach abschalten können und uns ebenso nicht zwingen können, nun wirklich konzentriert zu sein und zu bleiben, hilft ein wenig Realitätssinn. Unser kritisches Denken und Urteilsvermögen erlauben uns zu sehen, dass unsere Aufmerksamkeit dynamisch ist, aber auch, dass wir ihr bisher ziemlich freien Lauf gelassen haben. Unser *monkey mind,* unsere Gewohnheit, immer zu dem interessantesten oder intensivsten Eindruck zu springen, ist daher enorm stark. Ohne uns bewusst dafür zu entscheiden, haben wir diese Gewohnheit ein Leben lang kultiviert. Daher sind ein wenig Güte und Vergebung für uns selbst angebracht.

Seit vielen Jahren haben wir unserer Aufmerksamkeit unge-zügelten Lauf gelassen und starke Gewohnheitsmuster ent-wickelt. Nun braucht es ein wenig Zeit, diese wieder etwas aufzuweichen. Gut Ding will Weile haben. Und wenn wir bei der Sache bleiben, wird sich unsere Konzentrationsfähigkeit recht schnell entwickeln.

Achtsamkeit ist wie ein Vergrößerungsglas. Wenn wir genauer beobachten, was in unserem Bewusstsein abläuft, sehen wir unser *monkey mind* deutlicher als je zuvor. Plötz-lich scheint unser Geist wilder und abgelenkter, als er jemals war. Dieser erste Schock, den Meditation auslösen kann, wird schon in uralten traditionellen Meditationstexten beschrieben. Weitsicht und Urteilsvermögen helfen uns hier, diese Erfah-rung richtig einzuordnen. Unser Geist ist nicht plötzlich wild geworden, nur weil wir versuchen, achtsam zu sein. Vielmehr sehen wir durch Achtsamkeit einfach deutlicher, wie wild er wirklich ist.

Meditation macht unseren Geist nicht wild. Wir sehen deutlicher, wie wild er schon immer war.

Wie wäre es mit etwas Humor? Vielleicht ein inneres Lächeln, während du dein *monkey mind* beobachtest? Und noch eine Frage: Kriegst du es hin, ihn nicht zu füttern?

Es gibt Grund für Zuversicht: Psychologische Forschung und jahrtausendealte Traditionen sind sich einig. Mit regel-mäßigen Meditationsübungen wirst du recht schnell mehr Geistesruhe entwickeln. Es ist einfach eine Frage davon, ob du deine Ausdauerstärke aktivierst und etwas Zeit und Energie investierst.

Ein abschweifender Geist ist zweifelsohne das häufigste Hindernis in der Meditation. Im Verlauf des Buches sind wir mehrfach an diesen Punkt gekommen, und ich habe ein paar Tipps gegeben, wie du damit umgehen kannst. Tabelle 6 fasst zusammen, wie uns Charakterstärken helfen können, mit abschweifender Aufmerksamkeit umzugehen.

Weitsicht Jedes Mal, wenn du deinen abschweifenden Geist ertappst, kannst du dir zum Erfolg gratulieren. Ein weiteres Mal hat deine Achtsamkeit funktioniert, und ein weiteres Mal konntest du üben, zum Atem zurückzukehren.

Selbststeuerung Jedes Mal, wenn du Ablenkung erkennst und den Fokus einfängst, stärkst du deine Selbststeuerungsstärke.

Ausdauer Es ist noch kein (Meditations)meister vom Himmel gefallen. Jede Meditationsübung und jeder achtsame Augenblick ist ein Schritt in deiner Entwicklung. Innere Flexibilität und Freiheit als Ziel vor Augen, entscheidest du dich, den Weg voller Ausdauer zu gehen.

Zuversicht Der Geist ist dynamisch. Selbst die größte Ablenkung kann nicht für immer bleiben und verläuft sich mit der Zeit. Mit Übung lässt sich selbst der wildeste Geist zähmen.

Güte Meditiere nicht mit der Brechstange, sondern halte deine Achtsamkeit voller Güte und Leichtigkeit.

Bescheidenheit Etwas Bescheidenheit erlaubt uns zu sehen, dass wir nicht die perfekten Meditierenden sind. Es gibt etwas zu lernen und etwas zu entwickeln.

Neugier Wie interessant und faszinierend, die Dynamik des eigenen Bewusstseins zu beobachten!

Liebe zum Lernen Gleitet deine Aufmerksamkeit immer wieder in das gleiche Thema ab, kann dies ein Hinweis sein, dass es dort – außerhalb der Meditation – mehr zu entdecken und zu erforschen gibt.

Tabelle 6: Dem abschweifenden Geist mit Charakterstärken begegnen

Manchmal stellt sich jedoch nicht die Frage, wie wir unserem wilden Geist in Meditation begegnen und wie wir am besten mit Ablenkung umgehen, sondern wie wir überhaupt zur Meditation kommen. Wie finden wir die richtige Motivation?

Wie im unteren Teil von Abbildung 5 dargestellt, ist Intention einer der drei zentralen Bausteine von Achtsamkeitsmeditation. Intention – oder Motivation – bringt uns zur Achtsamkeitspraxis und Intention wird auch entscheiden, ob wir bei der Stange bleiben. Denn unser Leben ist viel zu interessant, um uns ohne klare Intention auf ein regelmäßiges geistiges Training einzulassen.

Unsere Signaturstärken sind unser Weg zu einem authentischen und sinnerfüllten Leben und durchfluten uns mit Tatkraft und Energie. Eine Möglichkeit, deine Motivation zu stärken, ist daher, dich auf deine Signaturstärken zu besinnen. Vielleicht hilft dir die folgende Übung dabei.

Aktivität:

- Ruf dir deine Signaturstärken ins Gedächtnis und frag dich, ob eine dieser Top-Stärken besonders heraussticht. Gibt es die eine, die alle anderen mitzieht? Wenn ja, wähle diese Stärke aus. Sticht jedoch keine heraus, halt einen Moment inne, um dich zu fragen, ob eine dieser Stärken für deine Meditation besonders wichtig ist. Dann wähle diese aus. Ansonsten entscheide dich einfach für die Signaturstärke, mit der du dich am meisten verbunden fühlst.
- Stell dich für einen Moment auf deinen Atem ein und vergegenwärtige dir dann die gewählte Stärke. Atme eine Weile mit ihr. Dann frag dich, welche Bedeutung sie für dich hat. Warum fühlst du dich so lebendig, wenn du sie ausdrückst? Mit welchen Werten verbindet dich diese Stärke?
- Überleg dir nun, ob du diese Charakterstärke jederzeit optimal und im vollen Umfang ausdrückst. Wenn nicht,

wo liegt das Entwicklungspotenzial? Vielleicht fehlt dir manchmal der volle Überblick über eine Situation, das tiefere Verständnis für einen Mitmenschen oder für ein Team?

- Kannst du nachvollziehen, dass du deine Signaturstärke in manchen Situationen mit mehr Achtsamkeit noch nützlicher für dich selbst und / oder andere einsetzen könntest? Wenn ja, lass eine Situation vor deinem inneren Auge ablaufen, in der du diese Stärke verbunden mit Achtsamkeit bestmöglich in dein Leben bringst.
- Denk nun darüber nach, wie du deine Achtsamkeit stärken könntest, und mach einen konkreten Plan.
- Statt dich auf deine Top-Signaturstärke auszurichten, könntest du für diese Reflexion auch jede andere Charakterstärke wählen, die von mehr Achtsamkeit profitieren würde.

Alle 24 Charakterstärken, von der geringsten bis zur größten, sind unsere Wege zu den Tugenden, ob es die klassischen sechs Tugenden des VIA-Systems sind oder die drei empirisch ermittelten Tugenden Wissbegierde, Fürsorge und Selbstbeherrschung.

Fragen zur Selbstbeobachtung:

- Welche dieser Tugenden haben in deinem Leben eine herausragende Bedeutung? Welche beleben dich besonders und geben dir Energie, Tatkraft und eine klare Ausrichtung?
- Welche Rolle spielt Achtsamkeit für diese Tugend(en)? Ist die Verbindung von bestimmten Charakterstärken und Achtsamkeit für dich eine Möglichkeit, um diese Tugend(en) zu leben?

Um einen Weg zu finden, der genau zu dir und zu deinen Charakterstärken passt, ist es wichtig, für dich selbst herauszufinden, welche Tugenden und Werte in deinem Leben eine

Leitfunktion haben. Dazu gehört auch, dass du herausfindest, welche Stärken deine Meditation besonders stützen. Daher nenne ich im Folgenden nur ein paar Beispiele dafür, welche Stärken möglicherweise eine Rolle spielen, welche Stärken dir dabei helfen können, deine Achtsamkeit auf solide Füße zu stellen.

Achtsamkeitsmeditation ist mehr als Aufmerksamkeitstraining und kann uns mit unserem tieferen Lebenssinn verbinden. Für mich selbst ist Spiritualität die wichtigste Triebfeder für meine Meditationspraxis. Welche Bedeutung hat es für dich, Achtsamkeit mit tiefem, transformierenden und überpersönlichen Sinn zu verbinden?

Achtsamkeit soll uns inneren Freiraum und Flexibilität geben. Wie wichtig ist dir Humor, wenn du deine eigenen geistigen Prozesse oder deine Anstrengungen in der Meditation beobachtest? Hilft dir diese Stärke, etwas Raum zu schaffen und die Dinge weniger persönlich zu nehmen?

Wir befinden uns in einer außerordentlichen Situation. Wir haben unmittelbaren Zugang zu einer Unmenge an Information und können Antworten auf alle möglichen Fragen finden. Wir haben in der Regel die Möglichkeit, eine hervorragende Ausbildung zu bekommen, und die enorme Freiheit, unser Leben so zu leben, wie wir es möchten. Achtsamkeitsübungen und Informationen über Charakterstärken sind zugänglicher, als sie jemals waren. Erwecken diese oder andere, mehr persönliche Überlegungen Dankbarkeit in dir? Was bedeutet dies für deine Entschlossenheit in der Meditation?

Achtsamkeitsmeditation heißt, einen leichten, aufmerksamen, klaren, offenen und nichtwertenden Geisteszustand zu kultivieren. Hilft dir Güte, die du auf dich selbst ausrichtest, förderliche Bedingungen zu schaffen? Wie steht es mit deiner Stärke, dir selbst zu verzeihen, wenn die Meditation nicht ganz so rund läuft, wie du es gerne hättest?

Welche anderen Charakterstärken kannst du noch mehr betonen, um deine Achtsamkeitspraxis aufzuladen?

Schaffst du es, eine Routine aufzubauen, und läuft deine Meditationspraxis, gibt es noch einen weiteren Tipp. Es kann sinnvoll sein, es nicht zu übertreiben – die goldene Mitte zu finden. Beende deine Achtsamkeitsübung, während es noch Spaß macht, oder allgemeiner: solange es dir noch nicht zu viel geworden ist. Beenden wir eine Übung mit einem guten Gefühl, dann fällt es bei der nächsten Gelegenheit viel leichter, wieder einzusteigen, als wenn wir die letzte Meditation bis zum Unbehagen weitergetrieben haben. Für jemanden, der die Tendenz hat, etwas unbedacht weit über die eigenen Grenzen hinauszuschießen, kann ein mittlerer Weg – ausgeglichene Ausdauer – der Schlüssel sein.

Ein weiteres Hindernis können wir umschiffen, indem wir eine möglichst konstante Tagesroutine festlegen. Unter Umständen kann unsere persönliche Lage dies fast unmöglich machen, zum Beispiel wenn die Familiensituation oder Berufstätigkeit besonders große Flexibilität verlangen. In den meisten Fällen ist es aber durchaus möglich, einen konstanten Rhythmus zu finden und regelmäßig – vielleicht sogar täglich – zur gleichen Zeit und am gleichen Ort Achtsamkeit zu üben. Eine konsequente Routine bewahrt uns vor dem ständigen Entscheidungsdruck, ob jetzt die perfekte Zeit ist und ob wir hier am perfekten Ort sind. Da meistens weder Zeit noch Ort perfekt sind, wäre es wahrscheinlich, dass wir meistens gar nicht meditieren. Hast du andererseits festgelegt, dass du jeden Morgen nach dem Zähneputzen an deinen Meditationsplatz gehst und die nächsten 15 Minuten deinen Achtsamkeitsübungen widmest, fallen das Entscheiden und mögliche Lamentieren weg, und du hast mehr Energie für die Übung selbst. Welche Charakterstärken können dir zusätzlich zur Selbststeuerung helfen, eine Routine aufzubauen?

In diesem Kapitel haben wir uns damit beschäftigt, wie Charakterstärken unsere Achtsamkeit fördern können: starke Achtsamkeit. Verschiedene Übungen zielen in unterschiedlichen Weisen darauf ab, das Verständnis unserer Stärken zu vertiefen und dann praktisch für unsere Achtsamkeitsübungen nützlich zu machen. Damit haben wir den zweiten und dritten Schritt unserer EVA-Schleife, Vertiefen und Anwenden, mehrmals durchlaufen.

Viele der vorgeschlagenen Übungen sollten als Beispiele und Anregung deiner Kreativität verstanden werden. Mittlerweile bist du hoffentlich so sehr mit Achtsamkeit und den Stärken vertraut, dass du sie in verschiedenen Weisen kombinieren und die Übungen so abändern kannst, dass sie für dich und deine Ziele passen.

Das VIA-Charakterstärken-System basiert auf dem Verständnis, dass wir alle einmalig sind und jeder sein persönliches Charaktergemisch besitzt. Das System ist, wie gesagt, beschreibend, nicht vorschreibend. Ich hoffe, dass es dir Rahmen und Vokabular gibt, um die größten Stärken hervorzubringen und deinen Charakter damit weiter zu festigen. Letztendlich liegt es an dir, Charakterstärken und Achtsamkeit in dein Leben zu bringen und wachzuhalten.

Das Acht-Wochen-Mindfulness-Based-Strengths-Practice-Programm

Wer sich mit diesem Ansatz in systematischer und strukturierter Weise weiterentwickeln möchte, für den steht das Mindfulness-Based-Strengths-Practice-Programm zur Verfügung. Bis vor Kurzem wurde es ausschließlich in englischer Sprache angeboten. Mit zunehmender Popularität und dem jüngst etablierten Zertifizierungsprogramm für MBSP-Trainer gibt es mittlerweile auch deutschsprachige Angebote.

In der Grundstruktur ähnelt das Programm dem bekannten Programm »Mindfulness-Based Stress Reduction« (MBSR), das im deutschsprachigen Raum auch als achtsamkeitsbasierte Stressreduktion bekannt ist. MBSP besteht ebenfalls aus acht wöchentlich stattfindenden Einheiten plus einem optionalen Tages-Retreat, das meistens in die fünfte oder sechste Programmwoche eingebaut wird.

MBSP kann sowohl als Präsenzprogramm wie auch als reines Online-Angebot belegt werden. Im Jahre 2014 veröffentlichte Ryan Niemiec im Buch *Mindfulness and Character Strengths* die erste Version des Programms mit einem detaillierten Manual.[87] Die Veröffentlichung der weiterentwickelten, zweiten Version des Programms ist mittlerweile in Vorbereitung. Meine Beschreibungen des Programms beziehen sich auf diese neue, zweite Programmversion.

Weltweit gibt es eine Gruppe von 15 Charter-Mitgliedern, die an der Etablierung des Zertifizierungsprogramms beteiligt waren. Neben mir selbst gehören zwei weitere deutschsprachige Kollegen dieser Gruppe an, Elke Müller in München und Lutz Hempel in Zürich.

Im MBSP-Programm machen sich die Teilnehmer erst mit Achtsamkeit vertraut, dann mit dem Charakterstärken-Ansatz und, ab der dritten Einheit, mit dem Zusammenspiel von Achtsamkeit und Charakterstärken:

1. Achtsamkeit und Autopilot
2. Signaturstärken
3. Hindernisse sind Gelegenheiten
4. Achtsamkeit im Alltag
5. Beziehungen wertschätzen
6. Die goldene Mitte
7. Authentizität und Edelsinn
8. Dein »Engagement« im Leben

Woche 1: Achtsamkeit und Autopilot

In der ersten Woche werden die Grundprinzipien von Achtsamkeit und Achtsamkeitsmeditation eingeführt, und die Bedeutung von Achtsamkeit für den Umgang mit Gewohnheiten und unserem Autopiloten hervorgehoben.

Schon an dieser Stelle wird die Bedeutung achtsamer Kommunikation hervorgehoben, um die Dynamik zu bereichern – und natürlich ebenso, um die Gruppenarbeit sogleich als Übungsmöglichkeit verwenden zu können. Wie auch sonst bei der Einführung von Achtsamkeit üblich, liegt ein erster Schwerpunkt darauf, die Bedeutung von geschärfter Aufmerksamkeit und Wahrnehmung näherzubringen, indem den Teilnehmern eine Erfahrung ermöglicht wird, wie reich ein Moment des Erlebens wirklich ist, zum Beispiel mit der Rosinenmeditation. Ebenso wird die Kehrseite betont, eine Erfahrung davon, wie wenig gewahr wir häufig sind, weil wir in geistigen Gewohnheitsmustern gefangen sind.

Woche 2: Signaturstärken

In der zweiten Woche schwenkt die Betonung dann auf Charakterstärken um, insbesondere Signaturstärken. Die Teilnehmer haben zu diesem Zeitpunkt schon den VIA-Survey ausgefüllt. Ihr persönliches Charakterstärken-Profil kann somit zum Ausgangspunkt für die Beschäftigung mit Stärken werden. Von Anfang an werden die essenziellsten Punkte eingeführt, zum Beispiel, dass alle Charakterstärken wichtig sind und Signaturstärken besondere Bedeutung haben. Die Teilnehmer lernen, dass das Entdecken von Stärken bei ihnen selbst sowie bei ihren Mitmenschen eine wichtige Übung ist, die das Gespür für Charakterstärken entwickelt und verfeinert. Das geistige Subtrahieren einer Charakterstärke wird als eindrucksvolle Übung eingeführt, um zu vermitteln, wie zentral Stärken für unser Leben sind, selbst wenn wir uns ihrer nicht unbedingt bewusst sind.

Woche 3: Hindernisse sind Gelegenheiten

Diese Woche hat das Ziel, das Verständnis dafür zu entwickeln, wie unser Umgang mit Hindernissen nützlich wird, indem wir sie als Möglichkeiten zur Entwicklung sehen. Dabei werden die Teilnehmer angeregt, Erfahrungen zu machen, wie sie starke Achtsamkeit entwickeln können, indem sie Hindernisse mit Charakterstärken und Achtsamkeit direkt angehen. Viele Studenten haben betont, dass der Erkenntnisgewinn aus dieser Woche in ihrem Leben besondere Bedeutung angenommen hat.

Woche 4: Achtsamkeit im Alltag

Nachdem in den ersten drei Wochen viele wichtige Grundlagen gelegt wurden, geht es nun darum, diese noch mehr mit dem Alltag in Verbindung zu bringen. Diese Einheit betont, wie unsere Meditation noch kraftvoller werden kann, wenn wir sie mit Charakterstärken unterstützen. Zudem vermittelt sie die Idee vom achtsamen Leben, wie sich Achtsamkeit in die verschiedensten Aktivitäten integrieren lässt. Als praktisches Beispiel wird hier häufig achtsames Gehen angeführt, wobei die wichtigsten Punkte sind, dass wir auch in Bewegung achtsam sein können und dass sich eine alltägliche Tätigkeit – Gehen – eignet, um Achtsamkeit zu entwickeln.

Woche 5: Beziehungen wertschätzen

Für viele Teilnehmer meiner MBSP-Kurse hat sich die zwischenmenschliche Dimension, das zentrale Thema der fünften Einheit, als die wichtigste herausgestellt. Wir können ein erstaunliches Gefühl von Nähe entwickeln, wenn wir uns auf die Stärken unserer nahen Mitmenschen ausrichten, wenn wir die Stärken entdecken und dann unsere Wahrnehmungen mit ihnen teilen. Durch verschiedene Übungen und Aktivitäten vertiefen die Teilnehmer ihre Fähigkeit, achtsam zu kommunizieren und sich über Charakterstärken auszutauschen. Weitere Übungen führen Meditationen zur Förderung zwischenmenschlicher Stärken ein, insbesondere die Meditation der Liebenden Güte und Dankbarkeit.

Woche 6: Die goldene Mitte

In dieser Woche geht es dann um eine noch nuanciertere Betrachtung und Anwendung unserer Charakterstärken. In verschiedenen Übungen wird erfahren und trainiert, wie wir unsere Stärken auf der Grundlage von Achtsamkeit in ausgeglichener Weise verwenden können: weder zu viel noch zu wenig einer bestimmten Stärke.

Woche 7: Authentizität und Edelsinn

Dem Ende des Kurses langsam näher kommend, setzt sich diese siebte Einheit insbesondere mit den Werten auseinander, die unserem Handeln Richtung geben. Sind wir in der Lage, Achtsamkeit und Charakterstärken damit zu verbinden, was unserem Leben Sinn gibt und wo wir Erfüllung finden, wird es leichter sein, diesen Zugang auch längerfristig zu einem Teil unseres Lebens zu machen. Daher liegt hier die Aufmerksamkeit darauf, in unserem Handeln wirklich wir selbst zu sein. Insbesondere wenn wir unsere Signaturstärken leben, kann dies ein Ausdruck unserer Authentizität sein. Zudem kommen wir hier auch zu dem Grundthema des VIA-Charakterstärken-Systems zurück, der grundlegend positiven Ausrichtung. Unsere Stärken zu leben erlaubt uns, unseren Edelsinn auszudrücken, das Gute in uns wirklich zu leben.

Woche 8: Dein »Engagement« im Leben

Die letzte Woche ist dann sowohl Rückblick als auch Ausblick. Die Teilnehmer werden dazu eingeladen, auf das gesamte Programm zurückzublicken, ihre eigene Entwicklung zu betrachten und sich zu überlegen, welche Einsichten für sie selbst am wichtigsten waren. Der Blick nach vorne inspiriert die Teilnehmer, all das, was für sie Bedeutung hat, mitzunehmen und einen Weg voller Achtsamkeit und Bewusstsein von Charakterstärken zu beschreiten.

Zu guter Letzt:
Deinen Charakter festigen

Jetzt sind wir schon am Ende des Buches angekommen, und es stellt sich die Frage, wie du Achtsamkeit und Charakterstärken in deinen Alltag integrieren kannst, um die Resultate deiner Entwicklung zu festigen, aufrechtzuerhalten, zu vertiefen und weiter zu entfalten.

Mein Ratschlag ist hier, das Prinzip der achtsamen EVA-Schleife wirklich zu verinnerlichen und immer wieder darauf zurückzukommen, sowohl im Großen als auch im Kleinen: im Großen, indem du dich breit mit dem Thema auseinandersetzt, weitere Nuancen, Details und Ansätze kennenlernst (Erkennen), dein Verständnis dann weiter vertiefst – zum Beispiel, indem du dir Zeit für achtsame Selbstbeobachtung nimmst – (Vertiefen) und dann auch konkrete Schritte in deinem Alltag unternimmst, um dein vertieftes Verständnis anzuwenden (Anwenden). Im Kleinen kannst du EVA-Schleifen auf eng umschriebene Themen beziehen.

Am Beispiel der Signaturstärken-Atempause haben wir gesehen, wie sich alle drei Schritte einsetzen lassen, wenn wir uns mit einer Charakterstärke genauer bekannt machen wollen. In ähnlicher Weise kannst du dies auf konkrete Situationen anwenden. Zum Beispiel kannst du überlegen oder beobachten, welche Stärken in der Situation eine Rolle spielen (Erkennen), dann analysieren, wie diese Stärken miteinander interagieren oder welche Hindernisse bestehen (Vertiefen), um dann im dritten Schritt einen konkreten Handlungsplan zu entwerfen und umzusetzen (Anwenden).

Wenn du dann zusätzlich ein Übungsprogramm entwirfst und ausführst, mit dem du regelmäßig deine Achtsamkeit, deine Charakterstärken oder eine Kombination von beidem trainierst, hast du alle Weichen gestellt, um deine achtsamen Charakterstärken zu pflegen, zu entwickeln und zu erhalten. Vielleicht können wir dann von einer EVA-Schleife reden, die sich in eine Aufwärtsspirale entwickelt hat.

Mit Achtsamkeit und Bewusstheit für deine Stärken kannst du so Augenblicke der Stärke ansammeln. Mit der Zeit wird diese Sammlung größer und vielschichtiger werden und sich zu deinem persönlichen Schatz an Stärkenerfahrung entwickeln. Da Charakterstärken die Wege zu Tugenden und Lebenssinn sind, kann sich dadurch auch eine klare Ausrichtung auf mehr Sinngehalt und ein authentisch gelebtes Leben ergeben.

Unsere Charakterstärken sind vielfältig, sie sind dynamisch, stehen miteinander in Wechselwirkung und können sich gegenseitig ausgleichen. Richten wir uns auf Stärken aus, sehen wir die positiven Eigenschaften bei uns selbst, bei Familie, Freunden, Kollegen und ebenso bei wildfremden Menschen. Sehen wir, was gut und stark ist, fällt menschliche Nähe leicht. Konzentrieren wir uns hingegen ausschließlich auf unsere eigenen Mängel oder die Mängel anderer Personen, fällt menschliche Nähe schwerer.

Charakterstärken sind ein Teil von uns. Wo wir sind, sind auch unsere Stärken. Zeigen wir in einer Situation keine unserer Charakterstärken, dann bringen wir zu wenig von uns selbst ein, und ein zentraler Teil von uns bleibt außen vor.

Aktivität:

- Wende dich in deinem Leben noch eine Milliarde Mal dem gegenwärtigen Augenblick zu, mit achtsamer Stärke.
- Erkenne die Samen und Sprösslinge der Charakterstärken bei deinen Mitmenschen und versuche, sie zu fördern.

- Blicke auf deine Reise mit diesem Buch zurück. Wie gründlich hast du das EVA-Modell angewendet?
- Wenn du eine einzige Einsicht aus dem Buch benennen solltest, was wäre deine Perle der Weisheit?

Zur weiteren Vertiefung

Im deutschsprachigen Bereich ist die Arbeit mit Charakterstärken weniger verbreitet als in der anglofonen Welt. Du hältst das erste deutschsprachige Buch in den Händen, das Achtsamkeit und Charakterstärken zusammenbringt. Willst du noch tiefer in die Arbeit mit Charakterstärken einsteigen, kann ich an deutscher Lektüre nur das Buch *Charakterstärken: Trainings und Interventionen für die Praxis* von Ryan Niemiec empfehlen.[88] Es richtet sich besonders an Personen, die Charakterstärken in ihre Arbeit mit anderen Menschen integrieren wollen. Diese recht gelungene deutsche Übersetzung des Standardwerkes zu Charakterstärken-Interventionen verankert Charakterstärken wissenschaftlich und bietet einen hervorragenden Leitfaden für die praktische Anwendung durch Therapeuten, Coaches, Lehrer, Trainer und so weiter. Die mehr als 70 konkreten Übungen, die das Buch enthält, sind sicherlich auch nützlich, wenn du nur ein privates Interesse hast.

Wer sich einen weiteren, sehr kurz gehaltenen Überblick anschauen möchte, den mag Teresa Kellers *Persönliche Stärken entdecken und trainieren* interessieren.[89] Die Autorin legt das Augenmerk vorranging auf die Anwendung unserer Charakterstärken im Berufsalltag, aber häufig lassen sich diese Betrachtungen verallgemeinern oder auf andere Kontexte übertragen. An manchen Stellen liest sich das Buch, als ginge es um die Frage, ob wir eine bestimmte Charakterstärke besäßen oder nicht, was natürlich nicht ganz passt, da bei uns allen alle 24 Stärken eine Rolle spielen. Liest du das Buch mit diesem weiteren Verständnis, bietet es in jedem Fall auf wenigen Seiten eine sinnvolle Übersicht.

Fühlst du dich mit der englischen Sprache ausreichend vertraut, öffnet sich die gesamte Welt der Charakterstärken. Die Webseite des VIA-Instituts[90] bietet immer mehr und immer aktuelle Ressourcen an für die allgemeine Öffentlichkeit, für Personen, die beruflich mit Charakterstärken arbeiten, ebenso für Wissenschaftler und Forscher. Die Seite ist Dreh- und Angelpunkt, wenn es um Charakterstärken geht. Sie bietet Information und Arbeitsmaterial wie zum Beispiel Videos, Blogbeiträge, Arbeitsblätter und Poster, um die Vermittlung von Charakterstärken zu unterstützen.

Da dort ebenso alle relevanten englischsprachigen Bücher vorgestellt werden, sehe ich davon ab, hier ziemlich deckungsgleiche Empfehlungen zu wiederholen. Bisher ist auch nur ein Buch über die Verbindung von Achtsamkeit und Charakterstärken erschienen, Niemiecs *Mindfulness and Character Strengths: A Practical Guide to Flourishing,*[91] das voraussichtlich bald in zweiter, überarbeiteter Ausgabe aufgelegt wird.

Auf meinen eigenen Webseiten findest du zudem weitere Ressourcen zum Thema.[92] Auch werden alle Arbeits- und Merkblätter aus dem Anhang dieses Buches als PDF-Dateien zum Download bereitstehen (den Link dazu findest du ebenfalls im Anhang). Die Seite meditation-research.org.uk[93] bietet mehr Information über die wissenschaftlichen Hintergründe von Meditation und Achtsamkeit.

Am Ende des Buches angekommen, solltest du nun ein tiefgründigeres Verständnis vom Charakter und insbesondere vom wissenschaftlich fundierten VIA-Charakterstärken-System entwickelt haben. Wenn du den Anregungen und Ratschlägen gefolgt bist und dich auf die verschiedenen Aktivitäten einlassen konntest, ist dies kein rein theoretisches Verständnis geblieben. Untermauert von Achtsamkeit, kannst du nun Charakterstärken deutlicher ausmachen, bei dir selbst und bei deinen Mitmenschen. Fast automatisch geht damit eine besondere Wertschätzung des Guten im Menschen einher. Du wirst ebenso in der Lage sein, Charakterstärken bewusster und gezielter einzusetzen und konkreter über sie zu reden. Damit wirst du auch andere Menschen dazu inspirieren, ihre Charakterstärken zu erkennen und zu schätzen. Kurz gesagt, wirst du mehr Charakterstärke ausdrücken können.

Aktivität:

- Es scheint mir passend, das Buch mit einer letzten Aktivität abzuschließen. Du kannst nun nochmals den VIA-IS-Fragebogen ausfüllen und deine beiden Charakterstärken-Profile direkt miteinander vergleichen.
- Gibt es Unterschiede und Verschiebungen? Haben sich vielleicht die Signaturstärken verschoben? Sind geringe Stärken aufgestiegen?
- Kannst du nun mehr mit allen 24 Charakterstärken anfangen als am Anfang des Buches?

Und zu guter Letzt: Ich wünsche dir und denen, die dir nahestehen, dass alle Charakterstärken erblühen und dir / euch Weitsicht, Freiheit, Freude und Kraft für ein authentisches und erfülltes Leben geben.

ANHANG

Arbeits- und Merkblätter,
Liste Wünsche zur Liebenden Güte

In diesem Anhang findest du Arbeits- und Merkblätter, die dich in der Beschäftigung mit Charakterstärken unterstützen. Auf https://charakter.petermalinowski.eu stehen sie zudem auch als PDF-Dateien zum Download zur Verfügung:

- Arbeitsblatt 1:
  Charakterstärke im Fokus

- Arbeitsblatt 2:
  Zwei-Faktoren-Gleichgewicht

- Merkblatt 1: Kreativität

- Merkblatt 2: Neugier

- Merkblatt 3: Urteilsvermögen

- Merkblatt 4: Liebe zum Lernen

- Merkblatt 5: Weitsicht

- Merkblatt 6: Tapferkeit

- Merkblatt 7: Ausdauer

- Merkblatt 8: Ehrlichkeit

- Merkblatt 9:
  Begeisterte Aktivität

- Merkblatt 10: Liebe

- Merkblatt 11: Güte

- Merkblatt 12:
  Soziale Intelligenz

- Merkblatt 13: Teamwork

- Merkblatt 14: Fairness

- Merkblatt 15:
  Führungsvermögen

- Merkblatt 16: Verzeihen

- Merkblatt 17: Bescheidenheit

- Merkblatt 18: Vorsicht

- Merkblatt 19: Selbststeuerung

- Merkblatt 20: Sinn für
  Exzellenz und das Schöne

- Merkblatt 21: Dankbarkeit

- Merkblatt 22: Zuversicht

- Merkblatt 23: Humor

- Merkblatt 24: Spiritualität

- Tabelle mit Wünschen zur
  liebenden Güte

Arbeitsblatt 1: Charakterstärke im Fokus

Charakterstärke im Fokus:	
Position in meinem Profil:	

Tugend (6er-Gruppe aus dem Standard-VIA-System)

☐	☐	☐	☐	☐	☐
Weisheit und Wissen	Mut	Menschlich-keit	Gerechtigkeit	Mäßigung	Transzendenz

Tugend (3er-Gruppe, die empirisch ermittelt wurde)

☐	☐	☐
Fürsorge	Selbstbeherrschung	Wissbegierde

Welche Art von Stärke ist sie für mich?

☐	☐	☐	☐	☐
Signatur-stärke	Geringe Stärke	Glücksstärke	Phasische Stärke	Unterstüt-zende Stärke

Meine Stärke im Zwei-Faktoren-Modell

	Persönlich	Zwischenmenschlich
Herz		
Kopf		

Zwei-Faktoren-Profil der Charakterstärke

Persönlich 10 8 6 4 2 | 2 4 6 8 10 Zwischen-menschlich

Kopf | Herz

Achtsame Charakterstärke	Wie hilft mir Achtsamkeit, diese Stärke auszudrücken?

Starke Achtsamkeit	Wie hilft mir diese Stärke, achtsamer zu sein?

Mein Motto zu dieser Charakterstärke

Arbeitsblatt 2: Zwei-Faktoren-Gleichgewicht

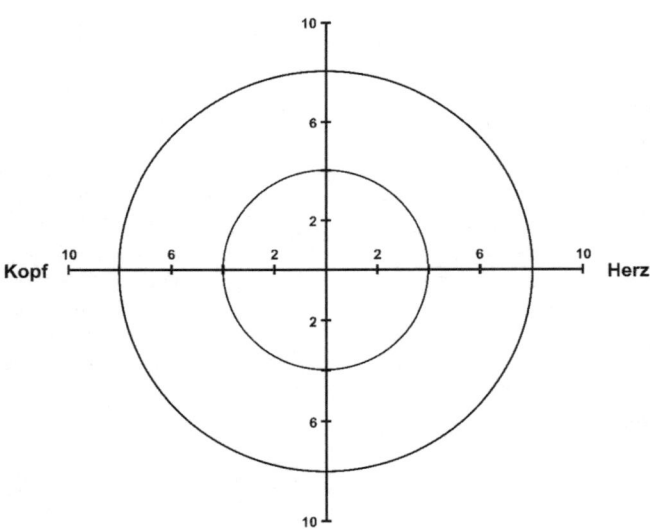

Du kannst dieses Fadenkreuz verwenden, um eine oder mehrere deiner Charakterstärken anhand ihrer Kopf-Herz- und Persönlich-Zwischenmenschlich-Dimensionen zu positionieren. Entweder verwendest du dieses Diagramm direkt, um die Stärke(n) zu verorten, oder du überträgst die Abschätzung der beiden Dimensionen, die du gemacht hast, als du dich mit dem Zwei-Faktoren-Modell beschäftigt hast.

Das Beispiel zeigt unten links eine Charakterstärke, die jemand als sehr gefühlsbetont (Herz: 5) und vorrangig zwischenmenschlich (7) einschätzt, vielleicht Güte. Im rechten Fadenkreuzdiagramm ist diese Stärke dann verordnet. Das rechte Diagramm enthält zusätzlich eine zweite Charakterstärke, die einen stärkeren Kopfanteil hat (2) und vorrangig persönlich ist (3), vielleicht Weitsicht.

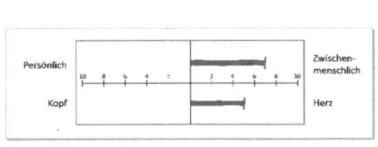

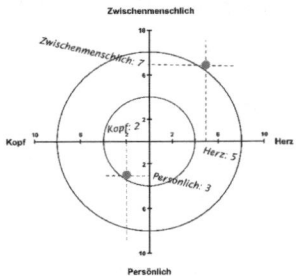

Merkblatt 1: Kreativität

Charakterstärke:	**Kreativität**	
Tugend:	**Weisheit und Wissen**	

Definition:	Deine Fähigkeit, neue und effektive Wege zu finden, Dinge zu erschaffen, zu tun oder zu erreichen.
Auf Englisch:	*creativity*
Tugend 2:	Wissbegierde
Beschreibung:	Große und kleine Kreativität. An einem Ende des Kreativitätsspektrums stehen herausragendes künstlerisches Schaffen, technischer Fortschritt oder wissenschaftliche Durchbrüche (»große Kreativität«). Am anderen Ende steht die Kreativität, die sich in unserem Alltag zeigt (»kleine Kreativität«). Sie bedeutet, im alltäglichen Leben die passenden Ideen zu haben, um Probleme zu überwinden, neue Lösungen zu finden, in neuen Weisen über verschiedene Prozesse nachdenken oder unerwartete zwischenmenschliche Impulse setzen zu können.

Zwei-Faktoren-Balken:

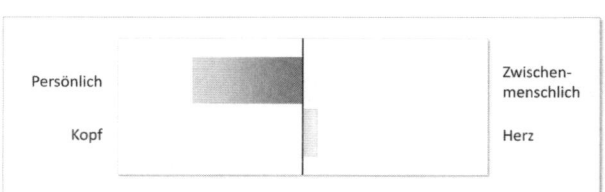

Übungen:

- Über die Bedeutung von Kreativität im eigenen Leben nachdenken.
- Für ein bestehendes Problem so viele Lösungsansätze wie möglich generieren.
- In der Partnerschaft gemeinsam Ideen für neue oder ungewöhnliche Weisen entwickeln, um gemeinsame Freizeit zu verbringen.
- Bei der Arbeit bewusst Raum für Brainstorming und das Generieren von Ideen einplanen.

Die goldene Mitte:

Merkblatt 2: Neugier

Charakterstärke:	**Neugier**	
Tugend:	**Weisheit und Wissen**	

Definition:	Du hast Interesse an aktuell Erlebtem, an deinen Mitmenschen und der Umwelt. Du erforschst und entdeckst gerne.
Auf Englisch:	*curiosity*
Tugend 2:	Wissbegierde
Beschreibung:	Faszination neuer Erfahrungen. Neugierde zeigt sich als Interesse an Erfahrung und Geschehen selbst. Es ist das Interesse und die Faszination für verschiedenste Themen und die Freude daran, zu erforschen und Unbekanntes zu entdecken, Herausforderungen anzunehmen, neue Fähigkeiten zu entwickeln oder sich neues Wissen anzueignen. Es ist die grundlegende Offenheit für neue Erfahrungen, das Interesse an neuen Aktivitäten, Ideen und Mitmenschen.

Zwei-Faktoren-Balken:

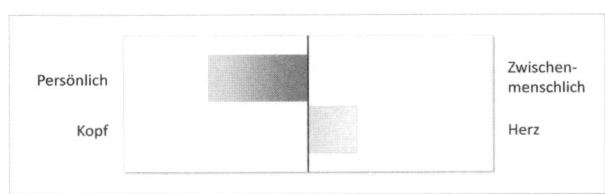

Übungen:

- Beobachte, in welchen Lebensbereichen Neugier besonders wichtig für dich ist.
- Überlege dir, wie du in verschiedenen Situationen deine Neugier in ausgeglichener Weise anbringen kannst.
- In einer Charakterstärken-Meditation betone besonders die erste Phase der Neugier, indem du ihr mehr Zeit gibst und versuchst, so klar und offen wie möglich zu sein.

Die goldene Mitte:

gleichgültig

Merkblatt 3: Urteilsvermögen

Charakterstärke:	**Urteilsvermögen**	
Tugend:	**Weisheit und Wissen**	

Definition:	Es liegt dir, Dinge genau zu durchdenken und von allen Seiten zu betrachten.
Auf Englisch:	*judgement*
Tugend 2:	Wissbegierde / Selbstbeherrschung
Beschreibung:	Kritisches Denken, Aufgeschlossenheit. Personen mit ausgeprägtem Urteilsvermögen analysieren Situationen und Sachverhalte, hinterfragen sie kritisch und beleuchten sie aus unterschiedlichen Perspektiven, um die bestmöglichen Entscheidungen zu treffen. Sie neigen nicht zu voreiligen Schlüssen, sondern versuchen, Informationen abzuwägen. Sie sind offen für Veränderungen.

Zwei-Faktoren-Balken:

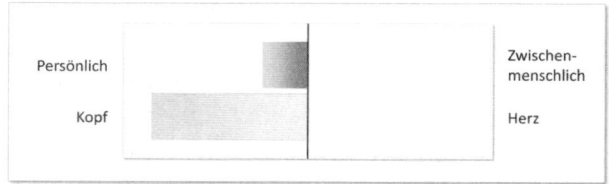

Übungen:

- Sammle Argumente und Gründe für eine Meinung, die deiner eigenen nicht entspricht.
- Ist unklar, wie ein Ziel am besten anzugehen ist, versuche, so viele Lösungsansätze wie möglich zu generieren und kritisch abzuwägen.
- Versuche, Gegenargumente für eine bestimmte Position (zum Beispiel ein wissenschaftliches Argument oder eine politische Ausrichtung) zu finden.

Die goldene Mitte:

unreflektiert

Merkblatt 4: Liebe zum Lernen

Charakterstärke:	**Liebe zum Lernen**	
Tugend:	**Weisheit und Wissen**	

Definition:	Es macht dir Freude, neue Fähigkeiten zu erlernen oder dir Wissen anzueignen.
Auf Englisch:	*love of learning*
Tugend 2:	Wissbegierde
Beschreibung:	Lernbereitschaft und Lernfähigkeit. Liebe zum Lernen bedeutet, sich leidenschaftlich neues Wissen anzueignen, das Neue in all dem Reichtum und mit allen Facetten kennenzulernen und zu verinnerlichen, die Begeisterung für Wissen und dafür, etwas im Detail zu kennen und zu verstehen. Man ist offen für Lernmöglichkeiten und versteht, Wissen und Erfahrungen zu vertiefen.

Zwei-Faktoren-Balken:

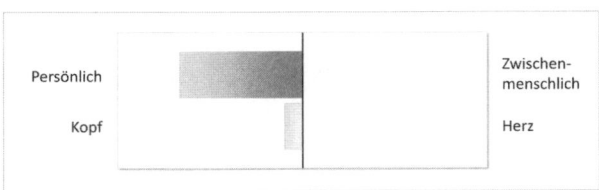

Übungen:

- Was belebt dich beim Lernen am meisten, der Prozess des Lernens oder das Wissen selbst? Versuche, dein Lernen entsprechend zu optimieren.
- Erforsche jede der 24 Charakterstärken so tiefgründig wie möglich, zum Beispiel eine Woche lang pro Stärke.

Die goldene Mitte:

selbst-zufrieden

zu wenig

wissbegierig

ausgeglichen

besser-wisserisch

zu viel

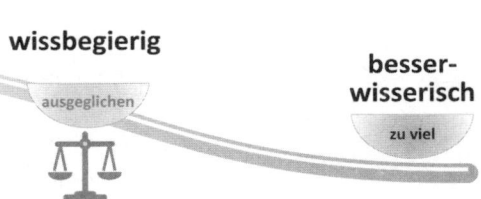

Merkblatt 5: Weitsicht

Charakterstärke:	**Weitsicht**	
Tugend:	**Weisheit und Wissen**	

Definition:	Du bewahrst den Überblick, siehst das große Ganze und bist in der Lage, Entwicklungen vorherzusehen.
Auf Englisch:	*perspective*
Tugend 2:	Selbstbeherrschung / Wissbegierde
Beschreibung:	Weisheit, Überblick. Die Stärke bedeutet, dass du in der Lage bist, den Überblick zu wahren, Zusammenhänge zu sehen, langfristige Abläufe zu überblicken und unterschiedliche Sichtweisen, Zugänge und Lösungen berücksichtigen zu können. Du kannst das »große Ganze« sehen. Daher fragen dich Mitmenschen gerne nach weisem Rat.

Zwei-Faktoren-Balken:

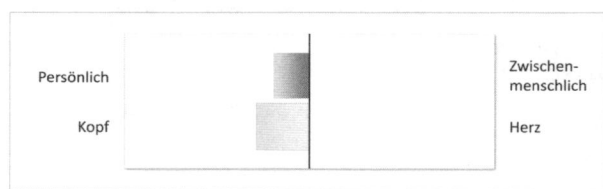

Übungen:

- Fühlst du dich gerade unter Druck oder sehr gestresst, erlaube dir eine kurze achtsame Pause, und stell dir vor, wie du in fünf Jahren auf diese Situation zurückschaust. Häufig sehen wir im Nachhinein deutlicher, dass selbst stressige Situationen weniger dramatisch sind, als wir gerade denken.

- Kannst du dich an Situationen erinnern, die im Nachhinein betrachtet weniger bedeutend sind, als sie im Eifer des Gefechts erschienen?

Die goldene Mitte:

oberflächlich

zu wenig

weitsichtig

anmaßend

ausgeglichen

zu viel

Merkblatt 6: Tapferkeit

Charakterstärke:	**Tapferkeit**	
Tugend:	**Mut**	

Definition:	Du stellst dich Herausforderungen und begibst dich in Gefahr, um dich Bedrohung oder Schmerz nicht zu beugen.
Auf Englisch:	*bravery*
Tugend 2:	Wissbegierde
Beschreibung:	Heldenmut. Tapferkeit bezieht sich auf konkrete Handlung, wenn man sich einem Risiko, Schwierigkeiten oder Unannehmlichkeiten aussetzt, Schmerz hinnimmt, um für etwas Bedeutendes einzustehen oder etwas Wichtiges zu erreichen. Es bedeutet auch, eigene Ängste und Zögern zu überwinden, um Herausforderungen und Widrigkeiten zu meistern. Neben heldenhafter, besonders sichtbarer Tapferkeit spielt auch die psychologische eine wichtige Rolle. Sie bedeutet, ehrlich zu uns selbst zu sein und geistige und emotionale Schwierigkeiten direkt anzugehen, statt sie zu vermeiden.

Zwei-Faktoren-Balken:

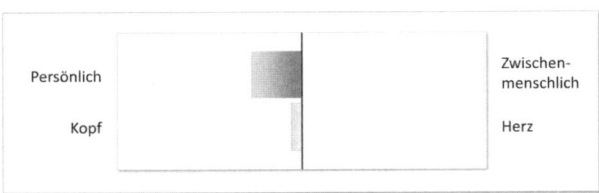

Persönlich		Zwischen-menschlich
Kopf		Herz

Übungen:
- Stell dir vor, wie du ein angstbesetztes Thema ohne Angst angehen würdest. Lass deine »angstfreie« Handlung vor deinem inneren Auge ablaufen, und nimm dir vor, dies in die Tat umzusetzen.

Die goldene Mitte:

feige — zu wenig

tapfer — ausgeglichen

tollkühn — zu viel

Merkblatt 7: Ausdauer

Charakterstärke:	**Ausdauer**	
Tugend:	Mut	

Definition: Du vollendest, was du begonnen hast, auch wenn es mit Schwierigkeiten verbunden ist.

Auf Englisch: *perseverance*

Tugend 2: Selbstbeherrschung

Beschreibung: Beharrlichkeit, Fleiß. Ausdauer bedeutet, bei einer Sache zu bleiben, bis sie vollendet ist, selbst wenn es schwierig wird und mit Hindernissen verbunden ist. Es bedeutet, Engagement über lange Zeiträume aufrechterhalten und auch eine hohe Intensität mobilisieren zu können, um Ziele zu erreichen.

Zwei-Faktoren-Balken:

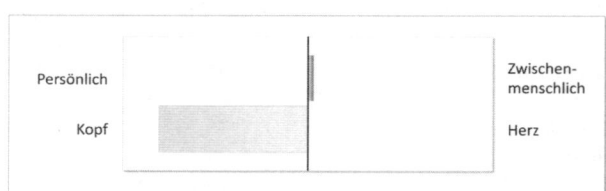

Übungen:
- Überlege dir ein Ziel, das du in der näheren Zukunft erreichen möchtest. Lege es genau fest, und definiere dann Teilziele, kleinere konkrete Schritte. Wähle eine Methode, um diese Teilziele festzuhalten und dann zu notieren, ob oder wann du jedes Teilziel erreicht hast. Mit diesem »Tracking« bekommst du positives Feedback, unterstützt Ausdauer, und es wird wahrscheinlicher, dass du durchhältst.

Die goldene Mitte:

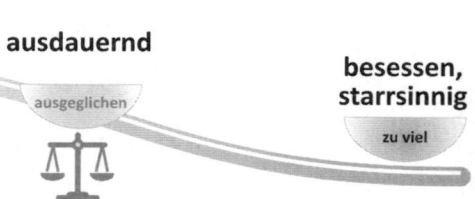

träge, hilflos
zu wenig

ausdauernd
ausgeglichen

besessen, starrsinnig
zu viel

Merkblatt 8: Ehrlichkeit

Charakterstärke:	**Ehrlichkeit**	
Tugend:	**Mut**	

Definition:	Dir ist es wichtig, die Wahrheit zu sagen und aufrichtig und authentisch aufzutreten und zu leben.
Auf Englisch:	*honesty*
Tugend 2:	Selbstbeherrschung / (Fürsorge)
Beschreibung:	Aufrichtigkeit, Authentizität, Integrität. Die Stärke bedeutet, im Einklang mit den eigenen Werten zu leben und sich so zu verhalten, wie man wirklich ist. Man kann die Wahrheit sagen, auch wenn es wehtut, und sieht sich verantwortlich für das eigene Handeln. Als Grundlage für Vertrauenswürdigkeit ist es wichtige Voraussetzung für tiefe zwischenmenschliche Beziehungen.

Zwei-Faktoren-Balken:

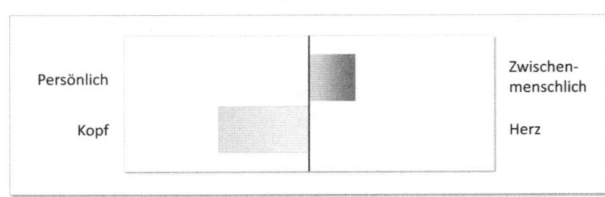

Übungen:

- Wie leicht fällt es dir einzugestehen, wenn du einen Fehler gemacht hast?
- Überlege, was dich ausmacht, vielleicht auch, was deine Signaturstärken oder wichtigsten Werte sind. Versuche, diese in allen wichtigen Lebensbereichen authentisch zu leben.

Die goldene Mitte:

unecht

authentisch

rechthaberisch, selbstgerecht

Charakterstärke:	**Begeisterte Aktivität**	
Tugend:	**Mut**	

Definition:	Du begeisterst dich leicht für verschiedenste Themen und Aktivitäten und engagierst dich voller Schwung und Tatkraft.
Auf Englisch:	*zest*
Tugend 2:	Wissbegierde
Beschreibung:	Enthusiasmus, Vitalität, Elan, Energie, Begeisterung, Tatendrang. Diese Stärke ist Ausdruck für Begeisterung für das Leben. Man kann in verschiedenen Lebensbereichen viel Energie mobilisieren, es fällt leicht, neue Projekte auf den Weg zu bringen, am Laufen zu halten und fertigzustellen. Hochenergetisch kann man sich voller Freude kraftvoll einsetzen.

Zwei-Faktoren-Balken:

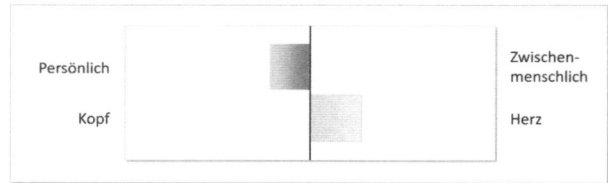

Übungen:

- Versuche, den Reichtum, das Besondere und Begeisternde einer Situation ganz bewusst wahrzunehmen und deine Wertschätzung dafür zu teilen – sofern es angemessen erscheint.
- Richte deine Aufmerksamkeit auf die Charakterstärken deiner Mitmenschen und versuche, ihre Qualitäten so deutlich wie möglich wahrzunehmen.

Die goldene Mitte:

ausgelaugt

Merkblatt 10: Liebe

Charakterstärke:	**Liebe**	
Tugend:	**Menschlichkeit**	

Definition:	Du schätzt menschliche Nähe, und es fällt dir leicht, sie herzustellen.
Auf Englisch:	*love*
Tugend 2:	Fürsorge
Beschreibung:	Bindungsfähigkeit, Beziehungsfähigkeit. Die Stärke drückt aus, dass wir fähig sind, zu lieben und geliebt zu werden. Ist Liebe ausgeprägt, so sind Menschen warmherzig und aufrichtig zu anderen, und es ist ihnen wichtig, anderen Personen nahe zu sein und enge Verbindungen zu pflegen. Diese Charakterstärke impliziert auch Offenheit für intime Nähe, ist aber keineswegs darauf beschränkt.

Zwei-Faktoren-Balken:

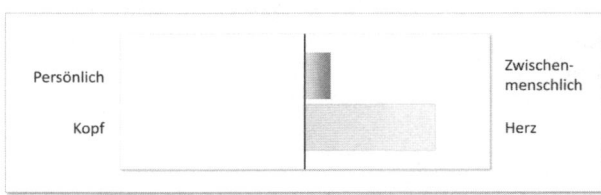

Übungen:

- Welche Schritte wären angemessen, um eine Beziehung, die dir wichtig ist, zu stärken und deine Liebe auszudrücken? Versuche, diese Ideen umzusetzen und deine Liebe konkret auszudrücken.

- Denk an deine Beziehungen mit großer menschlicher Nähe. Hast du den Eindruck, dass dein Geben und Erhalten von Liebe ausgeglichen ist? Wenn nicht, was könntest du tun, um zu einer besseren Balance zu kommen?

Die goldene Mitte:

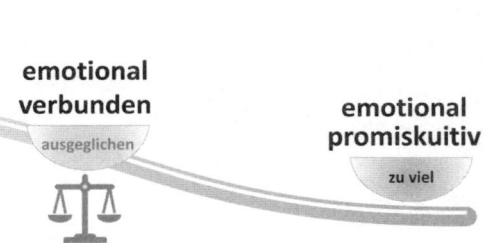

Merkblatt 11: Güte

Charakterstärke:	**Güte**	
Tugend:	**Menschlichkeit**	

Definition:	Du hast eine positive und freundliche Einstellung zu deinen Mitmenschen, die du in Kommunikation und Handeln ausdrückst.
Auf Englisch:	*kindness*
Tugend 2:	Fürsorge
Beschreibung:	Freundlichkeit, Großzügigkeit, Fürsorge, Mitgefühl, Altruismus, »Nettigkeit«. Diese Stärke bedeutet, dass man Mitmenschen grundlegend wertschätzt. Güte involviert eine emotionale Wärme und Verbundenheit, die sich situationsangemessen im Handeln zeigt. Man hilft, tut Gutes, ist großzügig und kümmert sich um andere, weil man Mitmenschen mag und wertschätzt.

Zwei-Faktoren-Balken:

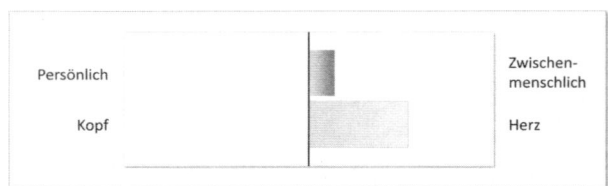

Übungen:

- Halte einen Moment inne, bevor du eine Textnachricht oder E-Mail abschickst. Schau noch mal drauf, und stell sicher, dass sie so viel Wertschätzung, Güte und Mitgefühl ausdrückt, wie in der Situation angemessen ist.

- Baue ab und zu einen Tag mit *random acts of kindness* in deinen Alltag ein.

Die goldene Mitte:

lieblos, teilnahmslos

zu wenig

freundlich

ausgeglichen

aufdringlich

zu viel

Merkblatt 12: Soziale Intelligenz

Charakterstärke:	**Soziale Intelligenz**
Tugend:	**Menschlichkeit**

Definition: Es fällt dir leicht, deine eigenen Beweggründe und Gefühle sowie die deiner Menschen zu erkennen.

Auf Englisch: *social intelligence*

Tugend 2: (Fürsorge) / (Wissbegierde)

Beschreibung: Emotionale Intelligenz. Die Stärke bedeutet, zwischenmenschliches Feingefühl zu besitzen, auf soziale Nuancen und Gefühle der Mitmenschen zu achten und empathisch und einfühlsam zu sein. Man fühlt sich in sozialen Situationen zu Hause.

Zwei-Faktoren-Balken:

Persönlich		Zwischen-menschlich
Kopf		Herz

Übungen:
- Versuche, die Gefühle und Beweggründe anderer Menschen so deutlich wie möglich wahrzunehmen.
- Mach es zu einer Gewohnheit, kurz achtsam innezuhalten und die eigenen Gefühlszustände zu beobachten, ohne von ihnen mitgerissen zu werden.

Die goldene Mitte:

ahnungslos, stumpfsinnig

zu wenig

sozial intelligent

ausgeglichen

über-interpretierend

zu viel

Merkblatt 13: Teamwork

Charakterstärke:	**Teamwork**
Tugend:	**Gerechtigkeit**

Definition: Du kannst gut als Mitglied eines Teams arbeiten.

Auf Englisch: *teamwork*

Tugend 2: Fürsorge

Beschreibung: Teamfähigkeit, soziale Verantwortung, Loyalität. Ist diese Charakterstärke ausgeprägt, empfinden Menschen hohe Loyalität und Verpflichtung für ihr Team oder ihre Gruppe. Sie können gut in Gruppen und Teams mitarbeiten, um zum gemeinsamen Erfolg beizutragen. Gemeinsame Ziele sind wichtig, selbst wenn es bedeuten kann, eigene Interessen zurückzustellen.

Zwei-Faktoren-Balken:

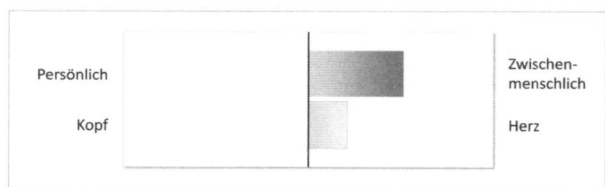

Persönlich		Zwischenmenschlich
Kopf		Herz

Übungen:
- Ermutige andere Gruppenmitglieder, sich so kreativ und offen wie möglich auszudrücken.
- Gibt es Probleme, überlege dir ganz konkret, wie sie sich gemeinschaftlich angehen lassen, und versuche, sie in dieser Weise zu lösen.

Die goldene Mitte:

**egoistisch,
einzelgängerisch**

zu wenig

**teamfähig,
zusammenarbeitend**

ausgeglichen

abhängig

zu viel

Merkblatt 14: Fairness

| Charakterstärke: | **Fairness** |  |
| Tugend: | **Gerechtigkeit** | |

Definition:	Dir sind Gleichheit und Gerechtigkeit wichtig. Du legst großen Wert darauf, alle Menschen nach diesem Prinzip zu behandeln.
Auf Englisch:	*fairness*
Tugend 2:	Fürsorge / Selbstbeherrschung
Beschreibung:	Die Gerechtigkeitsstärke per se. Sie drückt aus, dass es wichtig ist, allen die gleichen Chancen und Möglichkeiten zu geben, sich gegen Ungerechtigkeit zu stellen. Ebenso ist man sich eigener Gewohnheiten oder Vorurteile bewusst. Man behandelt Mitmenschen so, wie man selbst behandelt werden möchte. Sieht man Unrecht, bemüht man sich, es zu reduzieren.

Zwei-Faktoren-Balken:

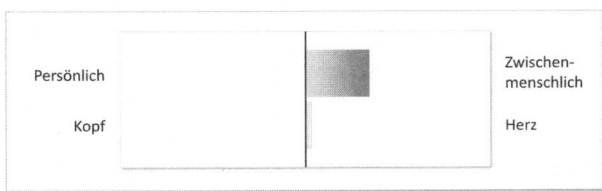

Übungen:

- Wenn du eine Entscheidung treffen musst, versuche allen Betroffenen die Argumente und Beweggründe so klar wie möglich darzulegen.
- Beobachte so deutlich wie möglich, welche Rolle Fairness in deiner Familie und deinem Freundeskreis spielt. Solltest du entdecken, dass an einer Stelle mehr Fairness angemessen wäre, versuche, die Situation zu verbessern.

Die goldene Mitte:

parteiisch, voreingenommen

zu wenig

fair

ausgeglichen

abgehoben

zu viel

Merkblatt 15: Führungsvermögen

Charakterstärke:	**Führungsvermögen**	
Tugend:	**Gerechtigkeit**	

Definition:	Es liegt dir, innerhalb von Gruppen Verantwortung zu übernehmen, sie zu leiten, Aktivitäten zu ermöglichen und zu organisieren.
Auf Englisch:	*leadership*
Tugend 2:	Fürsorge / (Selbstbeherrschung)
Beschreibung:	Leadership. Mit dieser Stärke hat man positiven Einfluss auf Menschen, die man anleitet und führt. Ist die Stärke ausgeprägt, fällt es leicht, Gruppen und Teams zu organisieren und Verantwortung zu übernehmen, damit ein Ziel erreicht wird.

Zwei-Faktoren-Balken:

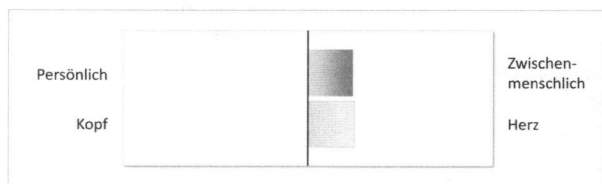

Übungen:

- Bist du gewohnt, stets die Führungsrolle zu übernehmen, versuche auch mal, einen Schritt nach hinten zu machen und Führung abzugeben.

- Wenn du Führung übernimmst, achte besonders darauf, diese Stärke ausgeglichen einzusetzen, weder zu wenig noch zu viel.

- Welche weiteren Charakterstärken sind für dich am wichtigsten, wenn du eine Gruppe leitest?

Die goldene Mitte:

folgsam

motivierend leitend

ausgeglichen

dominant, despotisch

zu viel

zu wenig

Merkblatt 16: Verzeihen

Charakterstärke:	**Verzeihen**	
Tugend:	Mäßigung	

Definition:	Du kannst denen verzeihen, die dich verletzt oder dir Unrecht zugefügt haben.
Auf Englisch:	*forgiveness*
Tugend 2:	Fürsorge
Beschreibung:	Vergebung, Vergebungsbereitschaft, Gnade. Man kann Verletzungen loslassen und vergeben, wenn einem Unrecht getan wurde. Die Stärke bedeutet, Menschen eine weitere Chance zu geben, wenig nachtragend zu sein und keine Rache zu suchen. Ein Anteil ist auch zu verstehen, dass Menschen Fehler machen.

Zwei-Faktoren-Balken:

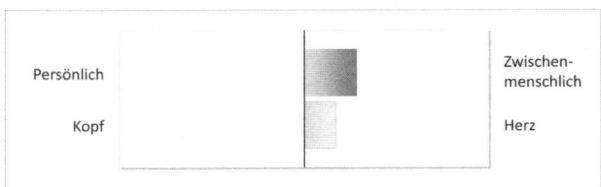

Übungen:

- Versuche, dich in die Lage einer anderen Person zu versetzen und zu verstehen, wie eine Situation aus ihrer Sicht aussieht. Wie ist es dazu gekommen, dass sie in einer Weise gehandelt hat, die dich irritiert oder verletzt? Was waren die Gedankenprozesse, Motive oder Beweggründe? Hätte sie vielleicht anders gehandelt, wenn sie deine Sichtweise oder Erwartungen besser gekannt hätte?

Die goldene Mitte:

gnadenlos, nachtragend

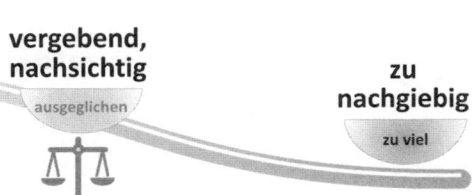

vergebend, nachsichtig

zu nachgiebig

Merkblatt 17: Bescheidenheit

Charakterstärke:	**Bescheidenheit**
Tugend:	Mäßigung

Definition:	Du kannst die eigene Leistung gut einschätzen und das Erreichte für sich selbst sprechen lassen.
Auf Englisch:	*humility*
Tugend 2:	Selbstbeherrschung / (Fürsorge)
Beschreibung:	Orientierung am Gemeinwohl. Bescheidene Menschen haben einen guten Realitätssinn und können ihre eigenen Stärken und Schwächen gut einschätzen. Wer diese Stärke entwickelt hat, legt Wert auf das Gemeinwohl und ist nicht an Selbstdarstellung interessiert. Daher haben bescheidene Menschen Interesse an den Meinungen anderer und sind offen für Feedback, Hinweise und Anregungen.

Zwei-Faktoren-Balken:

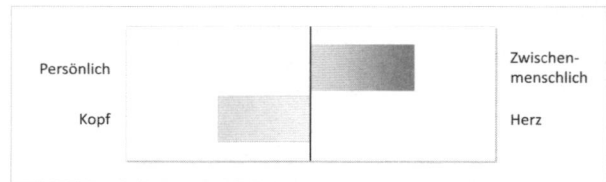

Übungen:

- Kennst du Menschen, die Musterbeispiele für angemessene Bescheidenheit sind? Was zeichnet sie besonders aus? Schreib die wichtigsten Punkte auf. Sind diese Punkte für dich relevant, und könntest du bestimmte Merkmale selbst entwickeln?

- Wie ausgeglichen ist deine Bescheidenheit? Wie findest du eine Balance mit dem Bedürfnis nach Bestätigung und Anerkennung?

Die goldene Mitte:

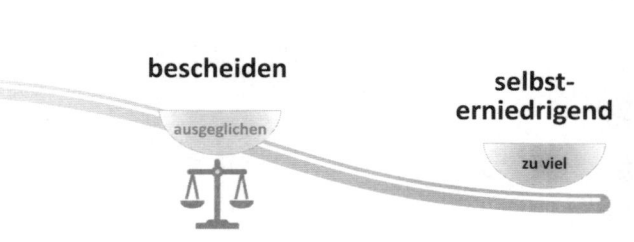

arrogant

bescheiden

selbst-erniedrigend

zu wenig

ausgeglichen

zu viel

Merkblatt 18: Vorsicht

Charakterstärke:	**Vorsicht**	
Tugend:	Mäßigung	

Definition:	Du kannst Impulsen widerstehen und handelst so, dass du es später nicht bereuen musst.
Auf Englisch:	*prudence*
Tugend 2:	Selbstbeherrschung
Beschreibung:	Umsicht, Behutsamkeit. Bei gut entwickelter Vorsicht sind Menschen umsichtig, weise und bedacht. Sie achten darauf, sich selbst und andere keinen unangemessenen oder unnötigen Gefahren auszusetzen, und ziehen längerfristige Folgen in Betracht, wenn sie Für und Wider abwägen.

Zwei-Faktoren-Balken:

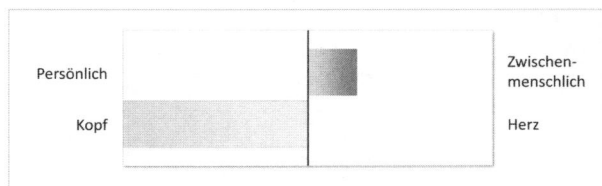

Übungen:

- Nimm dir vor einer Entscheidung bewusst eine Auszeit, um etwas inneren Abstand zu gewinnen. Notiere alle Argumente und Gegenargumente, und entscheide erst, wenn du alle relevanten Perspektiven abgewogen hast.

- Wie sieht für dich das Zusammenspiel von Vorsicht und Tapferkeit aus. Neigst du eher zu Tapferkeit oder zu Vorsicht, und wie bringst du beide in Balance?

Die goldene Mitte:

sensationslüstern, rücksichtslos

Merkblatt 19: Selbststeuerung

Charakterstärke:	**Selbststeuerung**	
Tugend:	**Mäßigung**	

Definition:	Du bist dir deiner Handlungen und Gefühle bewusst und kannst sie in angemessener Weise regulieren.
Auf Englisch:	*self-regulation*
Tugend 2:	Selbstbeherrschung
Beschreibung:	Impulskontrolle, Disziplin. Die Stärke bedeutet die Fähigkeit zur Disziplin und zu zielgerichtetem Handeln. Man kann gut mit den eigenen Impulsen und Gefühlen umgehen und die Balance finden, um die eigene Energie angemessen einzusetzen. Auch unter Druck kann man relativ gelassen und entspannt bleiben.

Zwei-Faktoren-Balken:

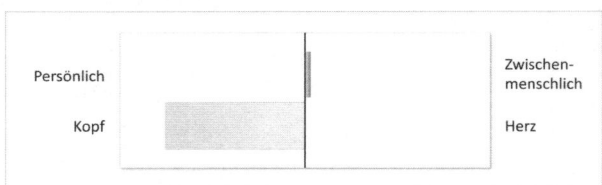

Persönlich	Zwischen-menschlich
Kopf	Herz

Übungen:

- Achtsamkeitsmeditation ist eine effektive Übung, um Selbststeuerung zu trainieren.
- Möchtest du disziplinierter handeln? Setz dir kleine, konkrete und erreichbare Teilziele, und notiere sie. Halte auch fest, ob du den Plan umgesetzt und die Ziele (Teilziele) erreicht hast.

Die goldene Mitte:

hemmungslos, impulsiv

ausgeglichen

gehemmt, steif

zu wenig

ausgeglichen

zu viel

Charakterstärke:	**Sinn für Exzellenz und das Schöne**
Tugend:	**Transzendenz**

Definition: Du hast ein Gespür für Exzellenz und Schönheit. Du erkennst und schätzt beide in verschiedensten Lebensbereichen.

Auf Englisch: *appreciation of beauty and excellence*

Tugend 2: Fürsorge / Wissbegierde

Beschreibung: Ehrfurcht, Bewunderung. Diese Stärke ist Ausdruck dafür, dass man Schönheit und Exzellenz in seinem Umfeld wahrnimmt und wertschätzt. Sie bezieht sich unter anderem auf Anmut, Schönheit, Exzellenz in den Fähigkeiten, den Handlungen und dem Schaffen, in der Natur und in der moralischen oder ethischen Kraft von Mitmenschen.

Zwei-Faktoren-Balken:

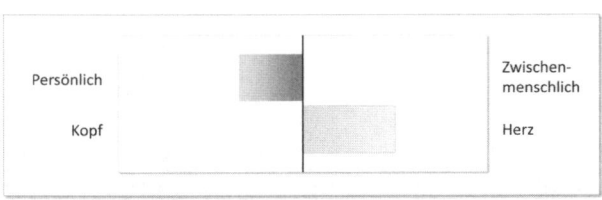

Persönlich — Zwischenmenschlich

Kopf — Herz

Übungen:
- Versuche, die Schönheit des Augenblicks auch im Kleinen zu entdecken.
- Richte deinen Sinn für Exzellenz und das Schöne auf dich selbst. Kannst du Exzellenz, Präzision oder Schönheit in deinen eigenen Handlungen sehen und wertschätzen?

Die goldene Mitte:

abgestumpft, vernachlässigend

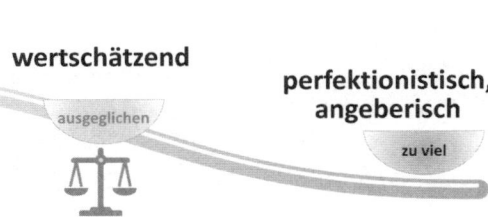

zu wenig

wertschätzend

ausgeglichen

perfektionistisch, angeberisch

zu viel

Merkblatt 21: Dankbarkeit

Charakterstärke:	**Dankbarkeit**	
Tugend:	**Transzendenz**	

Definition:	Dir fällt es leicht, gute Dinge, die dir widerfahren, zu schätzen und deinen Dank auszudrücken.
Auf Englisch:	*gratitude*
Tugend 2:	Fürsorge
Beschreibung:	Wertschätzung des Guten. Die Stärke beschreibt eine innere Haltung, dank deren man sich bewusst ist, wenn einem etwas Positives widerfährt, was man sich nicht selbst direkt verdient oder erarbeitet hat. Man erlebt diese Dankbarkeit in vielen Lebenssituationen regelmäßig und drückt sie auch aus.

Zwei-Faktoren-Balken:

Übungen:

- Nimm dir eine Woche lang abends etwas Zeit, um auf den Tag zurückzublicken. Notiere drei Dinge, für die du dankbar bist, die Gründe dafür und wie es zu der Situation kam. Achte darauf, nicht die gleichen Punkte zu wiederholen.

- Gibt es Personen, bei denen es dir schwerfällt, dankbar zu sein oder deine Dankbarkeit auszudrücken? Warum? Könnten andere Charakterstärken helfen, diese Situation zu verbessern?

Die goldene Mitte:

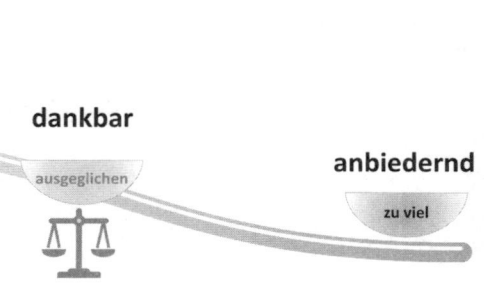

einfordernd, erwartend

zu wenig

dankbar

ausgeglichen

anbiedernd

zu viel

Merkblatt 22: Zuversicht

Charakterstärke:	**Zuversicht**	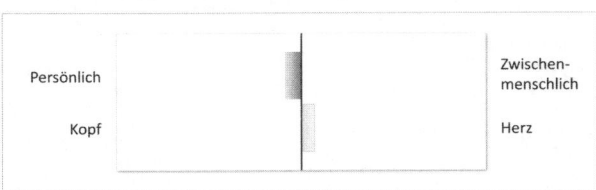
Tugend:	**Transzendenz**	

Definition:	Du hast eine positive Ausrichtung auf die Zukunft, erwartest gute Ergebnisse und setzt dich dafür ein, diese zu erreichen.
Auf Englisch:	*hope*
Tugend 2:	Wissbegierde
Beschreibung:	Hoffnung, Optimismus, positiver Zukunftssinn, Zukunftsorientierung. Zuversichtliche Menschen haben grundlegend eine positive Sicht der Zukunft. Sie erwarten, dass ihr Einsatz zu guten Ergebnissen führen wird, verbunden mit einem realistischen Gewahrsein möglicher Hindernisse und Stolpersteine auf dem Weg.

Zwei-Faktoren-Balken:

Persönlich	Zwischen-menschlich
Kopf	Herz

Übungen:

- Fühlt sich eine Situation zu pessimistisch an, versuche, ganz bewusst, positive Impulse beizusteuern. Welche Charakterstärken könnten dabei helfen, deine Zuversicht auszudrücken?

- Wende die Übung »Dein bestmögliches Selbst« aus Teil 3 an, um mit Zuversicht in die Zukunft zu blicken.

Die goldene Mitte:

pessimistisch

zu wenig

zuversichtlich

ausgeglichen

beschönigend

zu viel

Merkblatt 23: Humor

Charakterstärke:	**Humor**	
Tugend:	**Transzendenz**	

Definition:	Du schätzt Frohsinn, Lachen und Humor und bringst andere Menschen gerne zum Lachen.
Auf Englisch:	*humour*
Tugend 2:	(Fürsorge) / (Wissbegierde)
Beschreibung:	Verspieltheit. Diese Stärke bedeutet, in einer Situation das Witzige, Absurde, Widersprüchliche oder Inkongruente zu erkennen, mit diesen Wahrnehmungen in einer heiteren und spielerischen Weise umzugehen und sich in einer Weise auszudrücken, die andere erheitert oder zum Lachen bringt. Humor kann Verbindungen schaffen und stärken, kann Situationen entspannen und eine gewisse Leichtigkeit erzeugen.

Zwei-Faktoren-Balken:

Übungen:

- Beobachte eine besonders frohsinnige, humorvolle Person. Wie drückt sie ihren Humor aus? Welche weiteren Charakterstärken spielen eine Rolle, um Humor in einer ausgeglichenen Weise anzubringen?

- Nimm dir eine Woche lang jeden Abend ein paar Minuten Zeit, um dir mindestens drei oder vier witzige, spielerische oder humorvolle Ereignisse aus deinem Alltag vor Augen zu führen. Wie fühlt es sich an, auf die amüsanten Seiten des Lebens zu achten?

Die goldene Mitte:

verdrießlich, überernst

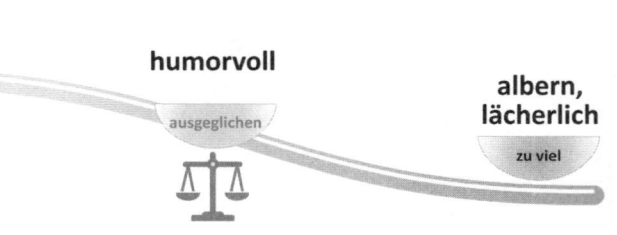

Merkblatt 24: Spiritualität

Charakterstärke:	**Spiritualität**	
Tugend:	**Transzendenz**	

Definition: Du hast kohärente Überzeugungen über Sinn und Bedeutung des Lebens, die deiner Haltung und deinem Verhalten eine klare Ausrichtung geben.

Auf Englisch: *spirituality*

Tugend 2: (Fürsorge)

Beschreibung: Glaube, Vertrauen in Lebenssinn. Die Stärke ist ganz konkret auf einen übergeordneten Sinn ausgerichtet, vielleicht eine übergeordnete Kraft. Sie bezieht sich auf den Glauben oder ein grundlegendes Vertrauen in einen Sinn des Lebens oder eine Gewissheit, dass es »mehr« im Dasein gibt, als wir mit den Sinnen wahrnehmen. Sie ist Ausdruck davon, dass das eigene Leben von einer sinnstiftenden Orientierung getragen ist.

Zwei-Faktoren-Balken:

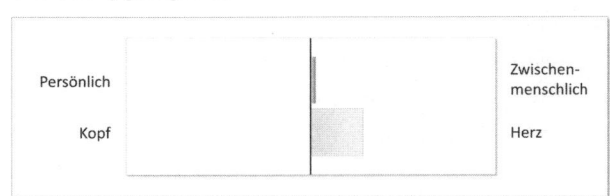

Übungen:
- Nimm dir bewusst regelmäßig etwas Zeit, um nach innen zu schauen und dich zu fragen, was deinem Leben Halt, Sicherheit und Ausrichtung gibt. Wie sehr lebst du diese Gewissheit oder »Zuflucht«? Welche Charakterstärken – insbesondere Signaturstärken – könnten dir helfen, noch authentischer zu leben?

Die goldene Mitte:

sinnentleert, richtungslos

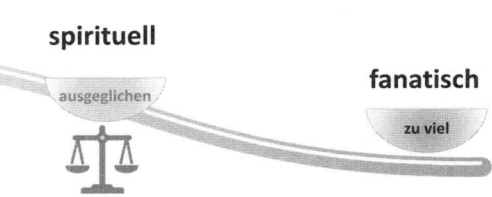

Liste Wünsche zur Liebenden Güte

Beispiele verschiedener Wünsche, die du in dieser oder abge-
änderter Weise in der Meditation zur Liebenden Güte *(Loving
Kindness Meditation)* verwenden kannst.

Mögest du sicher sein.
Mögest du glücklich sein.
Mögest du gesund sein.
Mögest du mit Leichtigkeit leben.

Insight Meditation Society

Mögest du sicher sein.
Mögest du in Frieden sein.
Mögest du gütig zu dir sein.
Mögest du dich selbst annehmen.
Mögest du dir selbst vergeben.

Kristin Neff und Chris Germer

Mögest du frei von Gefahr sein.
Mögest du geistiges Glück erfahren.
Mögest du körperliches Glück erfahren.
Mögest du in Leichtigkeit und Wohlbefinden leben.

*Sharon Salzberg: Loving-Kindness:
The Revolutionary Art of Happiness*

Mögest du dich sicher und geborgen fühlen.
Mögest du dich zufrieden und froh fühlen.
Möge dein Körper dir Kraft geben.
Möge sich dein Leben ruhig und sanft entfalten.

Sylvia Boorstein:
Pay Attention, For Goodness' Sake:
The Buddhist Path of Kindness

Mögen alle Wesen mit liebender Güte erfüllt sein.
Mögen alle Wesen von inneren und äußeren Gefahren
geschützt sein.
Möge es allen Wesen in Körper und Geist gut gehen.
Mögen alle Wesen glücklich und frei sein.

Jack Kornfield: The Art of Forgiveness,
Loving-kindness, and Peace.

Mögest du großen und natürlichen Frieden erfahren.
Mögest du die natürliche Freude, lebendig zu sein, erfahren.
Möge dein Herz und Geist erwachen.
Mögest du frei sein.

Tara Brach: Radical Acceptance:
Embracing Your Life with the Heart of a Buddha

Diese Wünsche sind von verschiedenen Quellen inspiriert (siehe die jeweiligen Verweise).

Literaturverzeichnis

Alle angegebenen Links waren zum Zeitpunkt der Drucklegung abrufbar.

Akay, A., Bargain, O., Dolls, M., Neumann, D., Peichl, A., & Siegloch, S. (2012). »Income, taxes and happiness. Income Taxation and Well-Being.« *IZA Discussion Paper* (No. 6999)

Alexander, R., Aragon, O.R., Bookwala, J., Cherbuin, N., Gatt, J.M., Kahrilas, I.J., & Styliadis, C. (2021). »The neuroscience of positive emotions and affect: Implications for cultivating happiness and wellbeing.« *Neuroscience and Biobehavioral Reviews, 121,* 220–249. doi:10.1016/j.neubiorev.2020.12.002

Anderson, J.S. (2018). *30 Days of Character Strengths: A Guided Practice to Ignite Your Best.* O.O.: Strength Based Living LLC

Baer, R.A., Smith, G.T., Hopkins, J., Krietemeyer, J., & Toney, L. (2006). »Using self-report assessment methods to explore facets of mindfulness.« *Assessment, 13*(1), 27–45

Bayerisches Staatsministerium für Unterricht und Kultus (2022). »Schulen bilden auch Herz und Charakter.« https://www.km.bayern.de/ministerium/schule-und-ausbildung/erziehung/werteerziehung.html

Bays, J.C. (2009). *Achtsam essen: Vergiss alle Diäten und entdecke die Weisheit deines Körpers* (C. Kolarik, Übers.). Freiburg: Arbor

Bennett, M.P., Knight, R., Patel, S., So, T., Dunning, D., Barnhofer, T., & Dalgleish, T. (2021). »Decentering as a core component in the psychological treatment and prevention of youth anxiety and depression: a narrative review and insight report.« *Translational Psychiatry, 11*(1), 288. doi:10.1038/s41398-021-01397-5

Bernstein, A., Hadash, Y., & Fresco, D.M. (2019). »Metacognitive processes model of decentering: emerging methods and insights.« *Current Opinion in Psychology, 28,* 245–251. doi:10.1016/j.copsyc.2019.01.019

Bernstein, A., Hadash, Y., Lichtash, Y., Tanay, G., Shepherd, K., & Fresco, D.M. (2015). »Decentering and related constructs: A critical review and metacognitive processes model.« *Perspectives on Psychological Science, 10*(5), 599–617. doi:10.1177/1745691615594577

Bishop, S.R., Lau, M.A., Shapiro, S.L., Carlson, L.E., Anderson, N.D., Carmody, J., & Devins, G. (2004). »Mindfulness: A proposed operational definition.« *Clinical Psychology: Science and Practice, 11*(3), 230–242. doi:10.1093/clipsy.bph077

Boroditsky, L. (2018). »Language and the construction of time through space.« *Trends in Neurosciences,* 41(10), 651–653. doi:j. tins.2018.08.004

Carrillo, A., Rubio-Aparicio, M., Molinari, G., Enrique, A., Sanchez-Meca, J., & Banos, R. M. (2019). »Effects of the best possible self intervention: A systematic review and meta-analysis.« *PloS One,* 14(9), e0222386. doi:journal.pone.0222386

Chang, Y.-Y., & Shih, H.-Y. (2019). »Work curiosity: A new lens for understanding employee creativity.« *Human Resource Management Review,* 29(4), 100672

Craske, M. G., & Barlow, D. H. (2006). *Mastery of Your Anxiety and Panic.* Oxford, New York u. a.: Oxford University Press

Crothers, T. (2017). *Das Schachmädchen: Der erstaunliche Weg der Phiona Mutesi.* München: btb

Csikszentmihalyi, M. (1998). *Flow. Das Geheimnis des Glücks.* Stuttgart: Klett-Cotta

Curry, O. S., Rowland, L. A., Van Lissa, C. J., Zlotowitz, S., McAlaney, J., & Whitehouse, H. (2018). »Happy to help? A systematic review and meta-analysis of the effects of performing acts of kindness on the well-being of the actor.« *Journal of Experimental Social Psychology,* 76, 320–329. doi:10.1016/j.jesp.2018.02.014

Dahlsgaard, K., Peterson, C., & Seligman, M. E. P. (2005). »Shared virtue: The convergence of valued human strengths across culture and history.« *Review of General Psychology,* 9(3), 203–213. doi:10.1037/1089-2680.9.3.203

Datu, J. A. D. (2021). »Beyond passion and perseverance: Review and future research initiatives on the science of grit.« *Frontiers in Psychology,* 11. doi:10.3389/fpsyg.2020.545526

Davis, D. E., Choe, E., Meyers, J., Wade, N., Varjas, K., Gifford, A., & Griffin, B. J. (2016). »Thankful for the little things: A meta-analysis of gratitude interventions.« *Journal of Counseling Psychology,* 63(1), 20–31. doi:10.1037/cou0000107

Dunn, E. W., Aknin, L. B., & Norton, M. I. (2008). »Spending money on others promotes happiness.« *Science,* 319(5870), 1687–1688. doi:10.1126/science.1150952

Eliot, T. S. (1988). *Die Dramen.* Frankfurt a. M.: Suhrkamp

Engel, S. (2011). »Children's need to know: Curiosity in schools.« *Harvard Educational Review,* 81(4), 625–645

Fernández-Martín, F. D., Arco-Tirado, J. L., & Hervás-Torres, M. (2020). »Grit as a predictor and outcome of educational, professional, and personal success: a systematic review.« *Psicología Educativa,* 26(2), 163–164. doi:10.5093/psed2020a11

Fredrickson, B. L., Boulton, A. J., Firestine, A. M., Van Cappellen, P., Algoe, S. B., Brantley, M. M., & Salzberg, S. (2017). »Positive emotion correlates of meditation practice: a comparison of mindfulness meditation and loving-kindness meditation.« *Mindfulness,* 8(6), 1623–1633. doi:10.1007/s12671-017-0735-9

Fredrickson, B. L., Cohn, M. A., Coffey, K. A., Pek, J., & Finkel, S. M. (2008). »Open hearts build lives: positive emotions, induced through loving-kindness meditation, build consequential personal resources.« *Journal of Personality and Social Psychology,* 95(5), 1045–1062. doi:10.1037/a0013262

Freidlin, P., Littman-Ovadia, H., & Niemiec, R. M. (2017). »Positive psychopathology: Social anxiety via character strengths underuse and overuse.« *Personality and Individual Differences,* 108, 50–54. doi:10.1016/j.paid.2016.12.003

Gao, F., Li, Y., & Bai, X. (2022). »Forgiveness and subjective well-being: A meta-analysis review.« *Personality and Individual Differences,* 186, 111350. doi:10.1016/j.paid.2021.111350

Garssen, B., Visser, A., & Pool, G. (2021). »Does spirituality or religion positively affect mental health? Meta-analysis of longitudinal studies.« *The International Journal for the Psychology of Religion,* 31(1), 4–20. doi:10.1080/10508619.2020.1729570

Goethe, J. W. (2000). *Dichtung und Wahrheit, 2. Teil.* Frankfurt a. M.: Insel

Grant, A. (2016). *Geben und Nehmen. Warum Egoisten nicht immer gewinnen und hilfsbereite Menschen weiterkommen.* München: Droemer

Huber, A., Strecker, C., Kachel, T., Höge, T., & Höfer, S. (2020). »Character strengths profiles in medical professionals and their impact on well-being.« *Frontiers in Psychology,* 11(3761). doi:10.3389/fpsyg.2020.566728

Inzlicht, M., Werner, K. M., Briskin, J. L., & Roberts, B. W. (2021). »Integrating models of self-regulation.« *Annual Review of Psychology,* 72, 319–345. doi:10.1146/annurev-psych-061020-105721

Jans-Beken, L., Jacobs, N., Janssens, M., Peeters, S., Reijnders, J., Lechner, L., & Lataster, J. (2020). »Gratitude and health: An updated review.« *The Journal of Positive Psychology,* 15(6), 743–782. doi:10.1080/17439760.2019.1651888

Kashdan, T. B., Goodman, F. R., Disabato, D. J., McKnight, P. E., Kelso, K., & Naughton, C. (2020). »Curiosity has comprehensive benefits in the workplace: Developing and validating a multidimensional workplace curiosity scale in United States and German employees.« *Personality and Individual Differences,* 155, 109717

Kashdan, T. B., & Rottenberg, J. (2010). »Psychological flexibility as a fundamental aspect of health.« *Clinical Psychology Review*, 30(7), 865–878. doi:10.1016/j.cpr.2010.03.001

Keller, T. (2017). *Persönliche Stärken entdecken und trainieren: Hinweise zur Anwendung und Interpretation des Charakterstärken-Tests.* Wiesbaden: Springer

Kılıç, A., Hudson, J., McCracken, L. M., Ruparelia, R., Fawson, S., & Hughes, L. D. (2021). »A systematic review of the effectiveness of self-compassion-related interventions for individuals with chronic physical health conditions.« *Behavior Therapy*, 52(3), 607–625. doi:10.1015/j.beth.2020.08.001

Levin, M. E., MacLane, C., Daflos, S., Seeley, J., Hayes, S. C., Biglan, A., & Pistorello, J. (2014). »Examining psychological inflexibility as a transdiagnostic process across psychological disorders.« *Journal of Contextual Behavioral Science*, 3(3), 155–163. doi:10.1016/j.jcbs.2014.06.003

Littman-Ovadia, H., & Freidlin, P. (2019). »Positive psychopathology and positive functioning: OCD, flourishing and satisfaction with life through the lens of character strength underuse, overuse and optimal use.« *Applied Research in Quality of Life*, 15(2), 529–549. doi:10.1007/s11482-018-9701-5

Lupyan, G., Rahman, R. A., Boroditsky, L., & Clark, A. (2020). »Effects of language on visual perception.« *Trends in Cognitive Sciences*, 24(11), 930–944. doi:10.1016/j.tics.2020.08.005

Malinowski, P. (2010). *Flourishing – Welches Glück hätten Sie gern? Positive Eigenschaften kultivieren und Schwierigkeiten meistern.* München: Random House / Irisiana

Malinowski, P. (2013). »Neural mechanisms of attentional control in mindfulness meditation.« *Frontiers in Neuroscience*, 7, 8. doi:10.3389/fnins.2013.00008

Malinowski, P. (2019). *Vielfalt Meditation: Ein Überblick über Meditations- und Achtsamkeitsübungen.* Wiesbaden: Springer Nature

McGrath, R. E. (2019). *Technical Report: The VIA Assessment Suite for Adults: Development and Initial Evaluation* (rev. ed.). Cincinnati, OH: VIA Institute on Character

McGrath, R. E., Greenberg, M. J., & Hall-Simmonds, A. (2018). »Scarecrow, Tin Woodsman, and Cowardly Lion: The three-factor model of virtue.« *Journal of Positive Psychology*, 13(4), 373–392. doi:10.10 80/17439760.2017.1326518

McHugh, M. C. (2016). »Experiencing flow: Creativity and meaningful task engagement for senior women.« *Women & Therapy*, 39(3–4), 280–295. doi:10.1080/02703149.2016.1116862

Mischel, W. (2015). *Der Marshmallow-Test: Willensstärke, Belohnungsaufschub und die Entwicklung der Persönlichkeit* (T. Schmidt, Übers.). München: Siedler

Mussel, P. (2013). »Introducing the construct curiosity for predicting job performance.« *Journal of Organizational Behavior,* 34(4), 453–472. doi:10.1002/job.1809

Niemiec, R. M. (2019). *Charakterstärken: Trainings und Interventionen für die Praxis* (B. Müller-Lankow, Übers.). Bern: Hogrefe

Niemiec, R. M. (2019). »Finding the golden mean: the overuse, underuse, and optimal use of character strengths.« *Counselling Psychology Quarterly,* 32(3–4), 453–471. doi:10.1080/09515070.2019.1617674

Niemiec, R. M. (2014). *Mindfulness and Character Strengths: A Practical Guide to Flourishing.* Cambridge, MA, US: Hogrefe Publishing

Niemiec, R. M. (2019). *The Strengths-Based Workbook for Stress Relief: A Character Strengths Approach to Finding Calm in the Chaos of Daily Life.* Oakland, CA: New Harbinger Publications

Niemiec, R. M., & Pearce, R. (2021). »The practice of character strengths: Unifying definitions, principles, and exploration of what's soaring, emerging, and ripe with potential in science and in practice.« *Frontiers in Psychology,* 11, 590220. doi:10.3389/fpsyg.2020.590220

Ouweneel, E., Le Blanc, P. M., & Schaufeli, W. B. (2014). »On being grateful and kind: Results of two randomized controlled trials on study-related emotions and academic engagement.« *The Journal of Psychology,* 148(1), 37–60. doi:10.1080/00223980.2012.742854

Pang, D., & Ruch, W. (2019). »Fusing character strengths and mindfulness interventions: Benefits for job satisfaction and performance.« *Journal of Occupational Health Psychology,* 24(1), 150–162. doi:10.1037/ocp0000144

Park, N., Peterson, C., & Seligman, M. E. (2004). »Strengths of character and well-being.« *Journal of Social and Clinical Psychology,* 23(5), 603–619. doi:10.1521/jscp.23.5.603.50748

Peterson, C. (2006). *A Primer in Positive Psychology.* Oxford u. a.: Oxford University Press

Peterson, C., & Seligman, M. E. P. (2004). *Character Strengths and Virtues: A Handbook and Classification.* New York, NY: Oxford University Press

Pozuelos, J. P., Mead, B. R., Rueda, M. R., & Malinowski, P. (2019). »Short-term mindful breath awareness training improves inhibitory control and response monitoring.« *Progress in Brain Research,* 244, 137–163. doi:10.1016/bs.pbr.2018.10.019

Proyer, R. T., Gander, F., Wellenzohn, S., & Ruch, W. (2015). »Strengths-based positive psychology interventions: a randomized placebo-controlled online trial on long-term effects for a signature strengths- vs. a lesser strengths-intervention.« *Frontiers in Psychology,* 6, 456. doi:10.3389/fpsyg.2015.00456

Querstret, D., Morison, L., Dickinson, S., Cropley, M., & John, M. (2020). »Mindfulness-based stress reduction and mindfulness-based cognitive therapy for psychological health and well-being in nonclinical samples: A systematic review and meta-analysis.« *International Journal of Stress Management,* 27(4), 394–411. doi:10.1037/str0000165

Quist Møller, S. A., Shapiro, S. L., & Sami, S. (2019). »Health benefits of (mindful) self-compassion meditation and the potential complementarity to mindfulness-based interventions: A review of randomized-controlled trials.« *OBM Integrative and Complementary Medicine,* 4(1), 002. doi:10.21926/obm.icm.1901002

Reinecke, L., Gilbert, A., & Eden, A. (2022). »Self-regulation as a key boundary condition in the relationship between social media use and well-being.« *Current Opinion in Psychology,* 45, 101296. doi:10.1016/j.copsyc.2021.12.008

Roosevelt, E. (2018). *The Autobiography of Eleanor Roosevelt.* London u. a.: Bloomsbury Publishing

Sakaki, M., Yagi, A., & Murayama, K. (2018). »Curiosity in old age: A possible key to achieving adaptive aging.« *Neuroscience and Biobehavioral Reviews,* 88, 106–116. doi:10.1016/j.neubiorev.2018.03.007

Salzberg, S. (2003). *Metta Meditation – Buddhas revolutionärer Weg zum Glück: Geborgen im Sein.* Freiburg: Arbor

Salzberg, S. [2014]. *Umarme deinen Feind: Buddhistische Techniken zur Befreiung von inneren und äußeren Widersachern.* München: Lotos

Schutte, N. S., & Malouff, J. M. (2020). »Connections between curiosity, flow and creativity.« *Personality and Individual Differences,* 152, 109555

Schutte, N. S., & Malouff, J. M. (2019). »The impact of signature character strengths interventions: A meta-analysis.« *Journal of Happiness Studies,* 20(4), 1179–1196. doi:10.1007/s10902-018-9990-2

Seligman, M. (2015). *Wie wir aufblühen: Die fünf Säulen des persönlichen Wohlbefindens* (S. Schuhmacher, Übers.). München: Goldmann

Seligman, M., & Csikszentmihalyi, M. (2000). »Positive psychology: An introduction.« *American Psychologist,* 55, 5–14

Shapiro, S. L., Carlson, L. E., Astin, J. A., & Freedman, B. (2006). »Mechanisms of mindfulness.« *Journal of Clinical Psychology,* 62(3), 373–386. doi:10.1002/jclp.20237

Sherman, A., & Shavit, T. (2018). »The thrill of creative effort at work: An empirical study on work, creative effort and well-being.« *Journal of Happiness Studies,* 19(7), 2049–2069. doi:10.1007/s10902-017-9910-x

Simonsson, O., Fisher, S., & Martin, M. (2021). »Awareness and experience of mindfulness in Britain.« *Sociological Research Online,* 26(4), 833–852. doi:10.1177/1360780420980761

Stanley, S., Purser, R. E., & Singh, N. N. (Hg.) (2018). *Handbook of Ethical Foundations of Mindfulness.* Augusta, GA: Springer

Tabassum, F., Mohan, J., & Smith, P. (2016). »Association of volunteering with mental well-being: a lifecourse analysis of a national population-based longitudinal study in the UK.« *BMJ Open,* 6(8), e011327. doi:10.1136/bmjopen-2016-011327

Taylor, H., Strauss, C., & Cavanagh, K. (2021). »Can a little bit of mindfulness do you good? A systematic review and meta-analyses of unguided mindfulness-based self-help interventions.« *Clinical Psychology Review,* 89, 102078. doi:10.1016/j.cpr.2021.102078

Thirioux, B., Birault, F., & Jaafari, N. (2016). »Empathy is a protective factor of burnout in physicians: New neuro-phenomenological hypotheses regarding empathy and sympathy in care relationship.« *Frontiers in Psychology,* 7. doi:10.3389/fpsyg.2016.00763

Viswanath, K., Reddy, K. J., & Reddy, S. V. (2015). »Effect of mental health on creativity.« *Indian Journal of Health & Wellbeing,* 6(11), 1109–1113

von Stumm, S., Hell, B., & Chamorro-Premuzic, T. (2011). »The hungry mind: Intellectual curiosity is the third pillar of academic performance.« *Perspectives on Psychological Science,* 6(6), 574–588. doi:10.1177/1745691611421204

Whillans, A. V., Aknin, L. B., Ross, C. J., Chen, L., & Chen, F. S. (2020). »Common variants of the oxytocin receptor gene do not predict the positive mood benefits of prosocial spending.« *Emotion,* 20(5), 734–749. doi:10.1037/emo0000589

Anmerkungen

Alle angegebenen Links waren zum Zeitpunkt der Drucklegung abrufbar.

Einleitung

1 Niemiec, R. M. (2014). *Mindfulness and Character Strengths: A Practical Guide to Flourishing.* Cambridge, MA: Hogrefe Publishing.
2 Zum Beispiel Pang, D., & Ruch, W. (2019). »Fusing character strengths and mindfulness interventions: Benefits for job satisfaction and performance.« *Journal of Occupational Health Psychology,* 24(1), 150–162. doi:10.1037/ocp0000144.

Teil 1: Charakterstärken und Tugenden

3 Bayerisches Staatsministerium für Unterricht und Kultus (2022). »Schulen bilden auch Herz und Charakter.« https://www.km.bayern. de/ministerium/schule-und-ausbildung/erziehung/werteerziehung. html.
4 Schutte, N. S., & Malouff, J. M. (2019). »The impact of signature character strengths interventions: A meta-analysis.« *Journal of Happiness Studies,* 20(4), 1179–1196. doi:10.1007/s10902-018-9990-2.
5 Seligman, M., & Csikszentmihalyi, M. (2000). »Positive psychology: An introduction.« *American Psychologist,* 55, 5–14; Peterson, C. (2006). *A Primer in Positive Psychology.* Oxford u.a.: Oxford University Press.
6 International Classification of Diseases, 11th Revision. Siehe Bundesamt für Arzneimittel und Medizinprodukte. https://www.bfarm.de/ DE/Kodiersysteme/Klassifikationen/ICD/ICD-11/_node.html.
7 Zum Beispiel »Affektive Störungen« oder »Angst- und furchtbezogene Störungen«.
8 Christopher Peterson war einer der renommiertesten Psychologen. Er verstarb im Jahr 2012 viel zu früh. Sein Buch *A Primer in Positive Psychology* gilt noch immer als herausragender Beitrag zur Positiven Psychologie.

9 Peterson, C., & Seligman, M. E. P. (2004). *Character Strengths and Virtues: A Handbook and Classification.* New York, NY: Oxford University Press.

10 Ibd.

11 VIA Institute on Character (https://viacharacter.org); die gemeinnützige Organisation, die es sich zur Aufgabe gemacht hat, die Wissenschaft der Charakterstärken in die Welt zu tragen.

12 Stand Juli 2022.

13 McGrath, R. E. (2019). *Technical Report: The VIA Assessment Suite for Adults: Development and Initial Evaluation* (rev. ed.). Cincinnati, OH: VIA Institute on Character.

14 Auf Deutsch erschienen als: Crothers, T. (2017). *Das Schachmädchen: Der erstaunliche Weg der Phiona Mutesi.* München: btb.

15 Woman Candidate Master, verliehen vom Weltschachverband FIDE.

16 Der Charakterstärken-Fragebogen wurde ursprünglich als »Values in Action Inventory of Strengths« bezeichnet. Während die Kurzbezeichnung VIA-IS beibehalten wurde, wurde der direkte Bezug zu *values in action* zugunsten der Neuinterpretation von VIA als Weg aufgegeben.

17 Im Folgenden werde ich »VIA-System« gelegentlich als Kurzform für Charakterstärken-System verwenden.

18 Dahlsgaard, K., Peterson, C., & Seligman, M. E. P. (2005). »Shared virtue: The convergence of valued human strengths across culture and history.« *Review of General Psychology,* 9(3), 203–213. doi:10.1037/1089-2680.9.3.203.

19 Viswanath, K., Reddy, K. J., & Reddy, S. V. (2015). »Effect of mental health on creativity.« *Indian Journal of Health & Wellbeing,* 6(11), 1109–1113.

20 McHugh, M. C. (2016). »Experiencing flow: Creativity and meaningful task engagement for senior women.« *Women & Therapy,* 39(3–4), 280–295. doi:10.1080/02703149.2016.1116862.

21 Sherman, A., & Shavit, T. (2018). »The thrill of creative effort at work: An empirical study on work, creative effort and well-being.« *Journal of Happiness Studies,* 19(7), 2049–2069. doi:10.1007/s10902-017-9910-x.

22 Malinowski, P. (2010). *Flourishing – Welches Glück hätten Sie gern? Positive Eigenschaften kultivieren und Schwierigkeiten meistern.* München: Random House / Irisiana; Seligman, M. (2015). *Wie wir aufblühen: Die fünf Säulen des persönlichen Wohlbefindens* (S. Schuhmacher, Übers.). München: Goldmann.

23 Roosevelt, E. (2018). *The Autobiography of Eleanor Roosevelt,* S. XVIII. London u. a.: Bloomsbury Publishing (Übersetzung durch den Autor).

24 Engel, S. (2011). »Children's need to know: Curiosity in schools.« *Harvard Educational Review,* 81(4), 625–645; von Stumm, S., Hell, B., & Chamorro-Premuzic, T. (2011). »The hungry mind: Intellectual curiosity is the third pillar of academic performance.« *Perspectives on Psychological Science,* 6(6), 574–588. doi:10.1177/1745691611421204.

25 Sakaki, M., Yagi, A., & Murayama, K. (2018). »Curiosity in old age: A possible key to achieving adaptive aging.« *Neuroscience and Biobehavioral Reviews,* 88, 106–116. doi:10.1016/j.neubiorev.2018.03. 007.

26 Mussel, P. (2013). »Introducing the construct curiosity for predicting job performance.« *Journal of Organizational Behavior,* 34(4), 453–472. doi:10.1002/job.1809; Kashdan, T. B., Goodman, F. R., Disabato, D. J., McKnight, P. E., Kelso, K., & Naughton, C. (2020). »Curiosity has comprehensive benefits in the workplace: Developing and validating a multidimensional workplace curiosity scale in United States and German employees.« *Personality and Individual Differences,* 155, 109717.

27 Chang, Y.-Y., & Shih, H.-Y. (2019). »Work curiosity: A new lens for understanding employee creativity.« *Human Resource Management Review,* 29(4), 100672; Schutte, N. S., & Malouff, J. M. (2020). »Connections between curiosity, flow and creativity.« *Personality and Individual Differences,* 152, 109555.

28 Datu, J. A. D. (2021). »Beyond passion and perseverance: Review and future research initiatives on the science of grit.« *Frontiers in Psychology,* 11. doi:10.3389/fpsyg.2020.545526; Fernández-Martín, F. D., Arco-Tirado, J. L., & Hervás-Torres, M. (2020). »Grit as a predictor and outcome of educational, professional, and personal success: a systematic review.« *Psicología Educativa,* 26(2), 163–164. doi:10.5093/psed2020a11.

29 Tabassum, F., Mohan, J., & Smith, P. (2016). »Association of volunteering with mental well-being: a lifecourse analysis of a national population-based longitudinal study in the UK.« *BMJ Open,* 6(8), e011327. doi:10.1136/bmjopen-2016-011327.

30 Whillans, A. V., Aknin, L. B., Ross, C. J., Chen, L., & Chen, F. S. (2020). »Common variants of the oxytocin receptor gene do not predict the positive mood benefits of prosocial spending.« *Emotion,* 20(5), 734–749. doi:10.1037/emo0000589.

31 Akay, A., Bargain, O., Dolls, M., Neumann, D., Peichl, A., & Siegloch, S. (2012). »Income, taxes and happiness.« *Income Taxation and Well-Being. IZA Discussion Paper,* 6999; Dunn, E. W., Aknin, L. B., & Norton, M. I. (2008). »Spending money on others promotes happiness.« *Science,* 319(5870), 1687–1688. doi:10.1126/science.1150952.

32 Grant, A. (2016). *Geben und Nehmen. Warum Egoisten nicht immer gewinnen und hilfsbereite Menschen weiterkommen.* München: Droemer.

33 Quist Møller, S. A., Shapiro, S. L., & Sami, S. (2019). »Health benefits of (mindful) self-compassion meditation and the potential complementarity to mindfulness-based interventions: A review of randomized-controlled trials.« *OBM Integrative and Complementary Medicine,* 4(1), 002. doi:10.21926/obm.icm.1901002; Kılıç, A., Hudson, J., McCracken, L. M., Ruparelia, R., Fawson, S., & Hughes, L. D. (2021). »A systematic review of the effectiveness of self-compassion-related interventions for individuals with chronic physical health conditions.« *Behavior Therapy,* 52(3), 607–625. doi:10.1016/j.beth.2020.08.001.

34 Fredrickson, B. L., Cohn, M. A., Coffey, K. A., Pek, J., & Finkel, S. M. (2008). »Open hearts build lives: positive emotions, induced through loving-kindness meditation, build consequential personal resources.« *Journal of Personality and Social Psychology,* 95(5), 1045–1062. doi:10.1037/a0013262; Fredrickson, B. L., Boulton, A. J., Firestine, A. M., Van Cappellen, P., Algoe, S. B., Brantley, M. M., & Salzberg, S. (2017). »Positive emotion correlates of meditation practice: a comparison of mindfulness meditation and loving-kindness meditation.« *Mindfulness,* 8(6), 1623–1633. doi:10.1007/s12671-017-0735-9.

35 Curry, O. S., Rowland, L. A., Van Lissa, C. J., Zlotowitz, S., McAlaney, J., & Whitehouse, H. (2018). »Happy to help? A systematic review and meta-analysis of the effects of performing acts of kindness on the well-being of the actor.« *Journal of Experimental Social Psychology,* 76, 320–329. doi:10.1016/j.jesp.2018.02.014.

36 Ouweneel, E., Le Blanc, P. M., & Schaufeli, W. B. (2014). »On being grateful and kind: Results of two randomized controlled trials on study-related emotions and academic engagement.« *The Journal of Psychology,* 148(1), 37–60. doi:10.1080/00223980.2012.742854.

37 Thirioux, B., Birault, F., & Jaafari, N. (2016). »Empathy is a protective factor of burnout in physicians: New neuro-phenomenological hypotheses regarding empathy and sympathy in care relationship.« *Frontiers in Psychology,* 7. doi:10.3389/fpsyg.2016.00763.

38 Gao, F., Li, Y., & Bai, X. (2022). »Forgiveness and subjective wellbeing: A meta-analysis review.« *Personality and Individual Differences,* 186, 111350. doi:10.1016/j.paid.2021.111350.

39 Textauszug aus: T. S. Eliot, Die Cocktailparty, in: ders., Werke in vier Bänden – 1: Die Dramen. Aus dem Englischen von Erich Fried, Rudolf Alexander Schröder, Peter Suhrkamp und Nora Wydenbruck. © der deutschen Ausgabe Suhrkamp Verlag Frankfurt am Main 1988 – mit freundlicher Genehmigung.

40 Mischel, W. (2015). *Der Marshmallow-Test: Willensstärke, Belohnungsaufschub und die Entwicklung der Persönlichkeit* (T. Schmidt, Übers.). München: Siedler.

41 Reinecke, L., Gilbert, A., & Eden, A. (2022). »Self-regulation as a key boundary condition in the relationship between social media use and well-being.« *Current Opinion in Psychology,* 45, 101296. doi:10.1016/j.copsyc.2021.12.008.

42 Jans-Beken, L., Jacobs, N., Janssens, M., Peeters, S., Reijnders, J., Lechner, L., & Lataster, J. (2020). »Gratitude and health: An updated review.« *The Journal of Positive Psychology,* 15(6), 743–782. doi:10.1080/17439760.2019.1651888.

43 Davis, D. E., Choe, E., Meyers, J., Wade, N., Varjas, K., Gifford, A., & Griffin, B. J. (2016). »Thankful for the little things: A meta-analysis of gratitude interventions.« *Journal of Counseling Psychology,* 63(1), 20–31. doi:10.1037/cou0000107.

44 Huber, A., Strecker, C., Kachel, T., Höge, T., & Höfer, S. (2020). »Character strengths profiles in medical professionals and their impact on well-being.« *Frontiers in Psychology,* 11(3761). doi:10.3389/fpsyg.2020.566728.

45 Garssen, B., Visser, A., & Pool, G. (2021). »Does spirituality or religion positively affect mental health? Meta-analysis of longitudinal studies.« *The International Journal for the Psychology of Religion,* 31(1), 4–20. doi:10.1080/10508619.2020.1729570.

46 Ich nenne Atheisten und Agnostiker hier nur, weil sie im Zusammenhang mit Glauben häufig erwähnt werden. Es geht mir nicht darum, diese Überzeugungen zu definieren oder zu diskutieren.

47 Baer, R. A., Smith, G. T., Hopkins, J., Krietemeyer, J., & Toney, L. (2006). »Using self-report assessment methods to explore facets of mindfulness.« *Assessment,* 13(1), 27–45.

48 Die Gebühr beträgt momentan 15 US-Dollar. Der Bericht ist bisher nur auf Englisch erhältlich (Stand Juli 2022).

49 McGrath (2019). *Technical Report,* a. a. O.

50 Proyer, R. T., Gander, F., Wellenzohn, S., & Ruch, W. (2015). »Strengths-based positive psychology interventions: a randomized placebo-controlled online trial on long-term effects for a signature strengths- vs. a lesser strengths-intervention.« *Frontiers in Psychology,* 6, 456. doi:10.3389/fpsyg.2015.00456.

51 Niemiec, R. M., & Pearce, R. (2021). »The practice of character strengths: Unifying definitions, principles, and exploration of what's soaring, emerging, and ripe with potential in science and in practice.« Ibd., 11, 590220. doi:10.3389/fpsyg.2020.590220.

52 Niemiec, R. M. (2019). »Finding the golden mean: the overuse, underuse, and optimal use of character strengths.« *Counselling Psy-*

chology Quarterly, 32(3–4), 453–471. doi:10.1080/09515070.2019.
1617674.

53 Niemiec & Pearce (2021). »The practice of character strengths«, a. a. O.

54 Park, N., Peterson, C., & Seligman, M. E. (2004). »Strengths of character and well-being.« *Journal of Social and Clinical Psychology,* 23(5), 603–619. doi:10.1521/jscp.23.5.603.50748.

55 Niemiec, R. M. (2019). *The Strengths-Based Workbook for Stress Relief: A Character Strengths Approach to Finding Calm in the Chaos of Daily Life.* Oakland, CA: New Harbinger Publications.

56 In Anlehnung an Abbildung 2–2 in Niemiec, R. M. (2019). *Charakterstärken: Trainings und Interventionen für die Praxis* (B. Müller-Lankow, Übers.). Bern: Hogrefe.

57 McGrath, R. E., Greenberg, M. J., & Hall-Simmonds, A. (2018). »Scarecrow, Tin Woodsman, and Cowardly Lion: The three-factor model of virtue.« *Journal of Positive Psychology,* 13(4), 373–392. doi:10.1080/17439760.2017.1326518.

58 Die Kategorisierungen und Schätzungen der Evidenz sind von McGrath et al. (2018) abgeleitet.

Teil 2: Achtsamkeit

59 Simonsson, O., Fisher, S., & Martin, M. (2021). »Awareness and experience of mindfulness in Britain.« *Sociological Research Online,* 26(4), 833–852. doi:10.1177/1360780420980761.

60 Bishop, S. R., Lau, M. A., Shapiro, S. L., Carlson, L. E., Anderson, N. D., Carmody, J., & Devins, G. (2004). »Mindfulness: A proposed operational definition.« *Clinical Psychology: Science and Practice,* 11(3), 230–242. doi:10.1093/clipsy.bph077.

61 In meinen Büchern *Flourishing: Welches Glück hätten Sie gerne?* und *Vielfalt Meditation* gehe ich auf diese Punkte noch mehr im Detail ein.

62 Alexander, R., Aragon, O. R., Bookwala, J., Cherbuin, N., Gatt, J. M., Kahrilas, I. J., & Styliadis, C. (2021). »The neuroscience of positive emotions and affect: Implications for cultivating happiness and wellbeing.« *Neuroscience and Biobehavioral Reviews,* 121, 220–249. doi:10.1016/j.neubiorev.2020.12.002; Csikszentmihalyi, M. (1998). *Flow. Das Geheimnis des Glücks.* Stuttgart: Klett-Cotta.

63 Pozuelos, J. P., Mead, B. R., Rueda, M. R., & Malinowski, P. (2019). »Short-term mindful breath awareness training improves inhibitory control and response monitoring.« *Progress in Brain Research,* 244, 137–163. doi:10.1016/bs.pbr.2018.10.019.

64 Malinowski, P. (2013). »Neural mechanisms of attentional control in mindfulness meditation.« *Frontiers in Neuroscience, 7*, 8. doi:10.3389/fnins.2013.00008.

65 Ibd.; siehe auch https://meditation-research.org.uk/download-explainer-pack/.

66 Querstret, D., Morison, L., Dickinson, S., Cropley, M., & John, M. (2020). »Mindfulness-based stress reduction and mindfulness-based cognitive therapy for psychological health and well-being in non-clinical samples: A systematic review and meta-analysis.« *International Journal of Stress Management, 27*(4), 394–411. doi:10.1037/str0000165; Taylor, H., Strauss, C., & Cavanagh, K. (2021). »Can a little bit of mindfulness do you good? A systematic review and meta-analyses of unguided mindfulness-based self-help interventions.« *Clinical Psychology Review, 89*, 102078. doi:10.1016/j.cpr.2021.102078.

67 Shapiro, S. L., Carlson, L. E., Astin, J. A., & Freedman, B. (2006). »Mechanisms of mindfulness.« *Journal of Clinical Psychology, 62*(3), 373–386. doi:10.1002/jclp.20237.

68 Bennett, M. P., Knight, R., Patel, S., So, T., Dunning, D., Barnhofer, T., & Dalgleish, T. (2021). »Decentering as a core component in the psychological treatment and prevention of youth anxiety and depression: a narrative review and insight report.« *Translational Psychiatry, 11*(1), 288. doi:10.1038/s41398-021-01397-5; Bernstein, A., Hadash, Y., & Fresco, D. M. (2019). »Metacognitive processes model of decentering: emerging methods and insights.« *Current Opinion in Psychology, 28*, 245–251. doi:10.1016/j.copsyc.2019.01.019; Bernstein, A., Hadash, Y., Lichtash, Y., Tanay, G., Shepherd, K., & Fresco, D. M. (2015). »Decentering and related constructs: A critical review and metacognitive processes model.« *Perspectives on Psychological Science, 10*(5), 599–617. doi:10.1177/1745691615594577.

69 Shapiro, Carlson, Astin & Freedman (2006). »Mechanisms of mindfulness«, a. a. O.

70 Inzlicht, M., Werner, K. M., Briskin, J. L., & Roberts, B. W. (2021). »Integrating models of self-regulation.« *Annual Review of Psychology, 72*, 319–345. doi:10.1146/annurev-psych-061020-105721.

71 Levin, M. E., MacLane, C., Daflos, S., Seeley, J., Hayes, S. C., Biglan, A., & Pistorello, J. (2014). »Examining psychological inflexibility as a transdiagnostic process across psychological disorders.« *Journal of Contextual Behavioral Science, 3*(3), 155–163 doi:10.1016/j.jcbs.2014.06.003.

72 Kashdan, T. B., & Rottenberg, J. (2010). »Psychological flexibility as a fundamental aspect of health.« *Clinical Psychology Review, 30*(7), 865–878. doi:10.1016/j.cpr.2010.03.001.

73 Goethe, J. W. (2000). *Dichtung und Wahrheit, 2. Teil*, S. 337–338. Frankfurt a. M.: Insel.

74 Craske, M. G., & Barlow, D. H. (2006). *Mastery of Your Anxiety and Panic*. Oxford, New York u. a.: Oxford University Press.

75 Falls du dich mehr für dieses Thema interessierst, kann ich ein herausragendes Buch von Jan Chozen Bays empfehlen: Bays, J. C. (2009). *Achtsam essen: Vergiss alle Diäten und entdecke die Weisheit deines Körpers* (C. Kolarik, Übers.). Freiburg: Arbor.

76 Malinowski (2010). *Flourishing*, a. a. O.

Teil 3: Achtsamkeit und Charakterstärken

77 Stanley, S., Purser, R. E., & Singh, N. N. (Hg.) (2018). *Handbook of Ethical Foundations of Mindfulness*. Augusta, GA: Springer.

78 Malinowski, P. (2019). *Vielfalt Meditation: Ein Überblick über Meditations-und Achtsamkeitsübungen*. Wiesbaden: Springer Nature.

79 Boroditsky, L. (2018). »Language and the construction of time through space.« *Trends in Neurosciences*, 41(10), 651–653. doi:j.tins. 2018.08.004; Lupyan, G., Rahman, R. A., Boroditsky, L., & Clark, A. (2020). »Effects of language on visual perception.« *Trends in Cognitive Sciences*, 24(11), 930–944. doi:10.1016/j.tics.2020.08.005.

80 Freidlin, P., Littman-Ovadia, H., & Niemiec, R. M. (2017). »Positive psychopathology: Social anxiety via character strengths underuse and overuse.« *Personality and Individual Differences*, 108, 50–54. doi:10.1016/j.paid.2016.12.003; Littman-Ovadia, H., & Freidlin, P. (2019). »Positive psychopathology and positive functioning: OCD, flourishing and satisfaction with life through the lens of character strength underuse, overuse and optimal use.« *Applied Research in Quality of Life*, 15(2), 529–549. doi:10.1007/s11482-018-9701-5.

81 Carrillo, A., Rubio-Aparicio, M., Molinari, G., Enrique, A., Sanchez-Meca, J., & Banos, R. M. (2019). »Effects of the best possible self intervention: A systematic review and meta-analysis.« *PloS One*, 14(9), e0222386. doi:journal.pone.0222386.

82 Schutte & Malouff (2019). »The impact of signature character strengths interventions«, a. a. O.

83 Anderson, J. S. (2018). *30 Days of Character Strengths: A Guided Practice to Ignite Your Best*. O. O.: Strength Based Living LLC.

84 Salzberg, S. (2003). *Metta Meditation – Buddhas revolutionärer Weg zum Glück: Geborgen im Sein*. Freiburg: Arbor; Salzberg, S. (2014). *Umarme deinen Feind: Buddhistische Techniken zur Befreiung von inneren und äußeren Widersachern*. München: Lotos.

85 Eine von Ryan Niemiec auf Englisch angeleitete Meditation vermittelt einen guten Eindruck: https://youtu.be/s0APSFmBNew.

86 Angelehnt an: Niemiec (2014). *Mindfulness and Character Strengths*, a. a. O.

87 Ibd.

88 Niemiec (2019). *Charakterstärken*, a. a. O.

89 Keller, T. (2017). *Persönliche Stärken entdecken und trainieren: Hinweise zur Anwendung und Interpretation des Charakterstärken-Tests*. Wiesbaden: Springer.

90 VIA Institute on Character. Bring Your Strengths to Life & Live More Fully. https://www.viacharacter.org/.

91 Niemiec (2014). *Mindfulness and Character Strengths*, a. a. O.

92 Dr Peter Malinowski. »... helping people to flourish and thrive ...« https://petermalinowski.eu.

93 Meditation Research – making the science of meditation accessible. https://meditation-research.org.uk/.